KB156044

중국의 근대 혁명과 전통 사상 사이에서

유사배 평전

사가 다카시[嵯峨 隆]

1952년 아키타현[秋田縣] 출생, 게이오[慶應義塾]대학 졸업, 법학박사
시즈오카[靜岡] 縣立大學 國際關係學部 교수
저서: 『戴季陶の對日觀と中國革命』(東邦書店, 東京, 2003)
『中國黑色革命論－師復とその思想』(社會評論社, 東京, 2001)
『近代中國アナキズムの硏究』(硏文出版, 東京, 1994)
『原典中國アナキズムの史料集成』(共編, 綠蔭書房, 東京, 1994)
『中國アナキズム運動の回想』(共編譯, 總和社, 東京, 1992)

역자 李元錫

1959년 경북 안동 출생
동국대 사학과, 대학원 졸업, 문학박사, 동국대 강의초빙교수
논저: 『近代中國의 國學과 革命思想』(국학자료원, 2002)
『문화콘텐츠와 퍼블릭 도메인 스토리』(동국대출판부, 2010, 공저)
『중국의 예치시스템』(청계출판사, 2002, 공역)
「朴趾原의 『熱河日記』와 陽明學的 思想世界」
「19世紀 전반 揚州學派 汪喜孫의 經世論」 외 다수

중국의 근대 혁명과 전통 사상 사이에서 유사배 평전

초판 인쇄 2012년 5월 22일
초판 발행 2012년 5월 29일
저자 사가 다카시, 역자 이원석
펴낸이 한정희
펴낸곳 경인문화사
편 집 신학태 김우리 김지선 문영주 맹수지 안상준
영 업 이화표
관 리 하재일
주 소 서울 마포구 마포동 324-3
전 화 02-718-4831~2
팩 스 02-703-9711
등 록 1973년 11월 8일 제10-18호
이메일 kyunginp@chol.com
홈페이지 www.kyunginp.co.kr / www.mkstudy.net
정 가 17,000원
ISBN 978-89-499-0855-7 93910

중국의 근대 혁명과 전통 사상 사이에서

유사배 평전

景仁文化社

유신숙劉申叔 선생 유상遺像

한국어판 서문

이번에 본서가 뛰어난 유사배劉師培 연구자인 이원석李元錫의 번역에 의해 한국에서 출판되었다. 나로서는 대단한 기쁨으로 역자에게 마음으로부터 감사의 뜻을 표한다.

본서는 나의 두 번째 단행본이다. 내가 본서를 도쿄의 연문출판研文出版에서 발간한 것은 1996년이었다. 당시 나는 40대 중반이었는데, 그로부터 2년 전에 근대 중국의 무정부주의 연구논문을 정리하여 게이오[慶應義塾]대학에서 박사학위를 취득하였었다. 이는 아마도 일본에서 최초로 체계적인 중국 무정부주의의 연구였다고 자부하고 있다.

돌아보면, 무정부주의에 관한 내 연구의 출발점은 본서에서 다룬 유사배의 연구에 있었다. 대학원 석사과정에 입학한 무렵에 이 인물을 알고 그 혁명사상의 특이성에 경탄한 기억이 있다. 그런데 본서에서도 약간 언급한 것처럼 유사배는 약관의 나이에 명성을 떨친 천재적인 고전연구자이도 하다. 오히려 그 분야의 저작이 압도적으로 많은 것은 사실이다. 이에 비하여 35년에 걸친 유사배의 생애 가운데에 혁명에 관련된 시기는 대략 4년 반이며, 독특한 무정부주의를 주장한 것은 겨우 1년 반도 되지 않는다. 그러나 여기에 나타난 사상은 중국의 전통사상과 서양의 근대사상이 복잡하게 조합된 것이었다.

나는 본서에서 유사배가 묘사한 '혁명'이란 환영幻影이었다는 것, 그리고 그의 정치와 관련된 일체가 환영의 추구에 지나지 않았다고 서술하였다. 그의 입장에서 환영이 아닌 것은 중국의 역사요 학술이었다. 이것이야말로 그가 진리의 원천으로서 각별한 신뢰를 끝까지 지속한 것이었다. 그러나 그것은 유사배의 혁명사상, 특히 무정부주의에는 시대적 요청에 부응한 산물로 그리고 오늘날에도 의의를 지닌 것이 없다는 것을 의미하지 않는다. 아마 당시에도 가장 획기적인 의의를 지녔고 게다가 오늘날에도 이바지하는 것으로는 아시아 제민족의 연대를 주장한 아주화친회亞洲和親會*와 그 언설言說인 「아주현세론亞洲現勢論」이 거론될 수 있다. 즉, 그 '획기성'이란 본서에서 언급하고 있듯이 일본의 제국주의화를 재빨리 간파한 점에 대해서이고, '오늘날의 의의'란 아시아주의의 하나의 존재방식을 시사한다는 의미에 대해서이다.

일본에서는 동아시아공동체의 논의가 성행하였으므로 이와 관련하여 근대에서의 아시아주의가 거듭 주목받게 되었다. 오늘날의 관점에서 유사배의 「아주현세론亞洲現勢論」을 재검토하면 그것은 명확히 아시아주의와 무정부주의의 절충이었다. 그것은 20세기 초라는 제국주의시대의 산물이었으므로 명확히 '적'의 존재를 염두에 둔 사상에 기초하였다. 그러나 거꾸로 오늘날의 상황에 대해서는 민족적 자립성을 보유하면서 아시아에서 강권의 횡행을 재제한다고 하는 의미에서, 여기에는 새로운 질서의 구축을 위한 어떤 시사가 담겨 있는 것처럼 보인다. 혹은 이외에도 유사배의 사상에는 재평가의 가능성이 남아 있을지도 모른다. 후학의 연구에 의한 진전을 기대해 본다.

앞서 언급하였듯이, 유사배는 고전학자와 혁명가라는 이중의 측면을 지니고 있다. 그런 의미에서 본서가 묘사한 것은 그 하나의 측면에 지나지 않지만, 한국 독자 여러분들께서 근대 중국이라는 시대에서 전통적 지식인이 서방으로부터 밀려온 '근대'와 어떻게 고투하였는지를 조금이라도 생각해 준다면 다행이겠다.

---

* 본서에서는 아주화친회에 한국인이 참가하지 않았다고 서술하였는데, 그 이후 연구의 진전에 따라 현재는 참가의 가능성이 높아지고 있다. 본서 pp. 108~109 참조

2012년 1월 15일

사가 다카시[嵯峨 隆]

역자 서문

이 책은 사가 다카시[嵯峨 隆]의 『근대중국의 혁명환영－유사배의 사상과 생애－』(『近代中國の革命幻影－劉師培の思想と生涯－』, 研文出版, 東京, 1996)를 번역한 것이다. 그는 20세기 초반 중국에서 전개된 아나키즘운동사에서 중요한 역할을 수행한 유사배, 이석증李石曾, 오치휘吳稚輝, 유사복劉師復 등을 연구하여 『근대近代 중국中國 아나키즘의 연구硏究』(研文出版, 東京, 1994)를 출간하였다. 저자가 한국어판 서문에서 밝힌 것처럼 일본에서 근대 중국의 아나키즘을 체계적으로 연구하였다고 자부한 저서가 바로 이 책이다. 본서는 저자가 이 책의 「제Ⅲ장 문화적 보수주의자의 혁명환영－유사배－」를 크게 확대 보완하면서도 대중에게 보다 친근한 평전의 형태로 재구성하여 출간한 것으로, 학술성과 대중성을 동시에 갖추었다. 다만 서명은 역자가 한국의 독자를 위하여 편의적으로 『중국의 근대혁명과 전통사상 사이에서－유사배 평전』으로 정하고, 부장附章은 제목과 차례를 다시 조정하였으며, 원서에 없던 찾아보기를 추가하였다.

사가 다카시는 근대 중국의 아나키즘을 연구하고 있는 일본학자들 가운데에 가장 잘 알려진 인물이다. 게이오[慶應義塾]대학에서 근대 중국의 아나키즘을 연구하여 박사학위를 받았고, 현재 시즈오카현립대학[靜岡縣立大學] 국제관계학부의 교수로 재직하고 있다. 그는 위에서 언급한 저서 이외에도 민국초民國初 유사복劉師復의 아나키즘을 정리하여 『중국흑색혁명론中國黑色革命論－사복師復과 그 사상思想』(社會評論社, 東京, 2001)을 펴냈고, 대계도戴季陶의 정치사상을 해부한 『대계도戴季陶의 대

일관對日觀과 중국혁명中國革命』(東邦書店, 東京, 2003)도 간행하였다. 이와 함께 근대중국 아나키즘운동의 자료편찬에 주도적으로 참여하여 『중국中國 아나키즘운동의 회상』(共編譯, 總和社, 東京, 1992), 『원전原典 중국中國 아나키즘 사료집성史料集成』(共編, 綠蔭書房, 東京, 1994)을 출판하였다. 특히 후자는 근대 중국의 아나키즘 관련자료를 집대성한 방대한 분량으로 이용에 편리할 뿐만 아니라 그 사료적 가치가 매우 크다.

본서의 탐구대상인 유사배는 근대 중국의 격동 가운데에 35년의 짧은 인생을 살다간 인물이다. 그는, 청불전쟁이 일어난 1884년에 태어나 5·4운동이 성과를 거두었던 1919년에 세상을 떠났다. 우리는 직감적으로 그의 일생이 청불전쟁과 5·4운동을 일관한 것처럼 '파란만장'으로 지속되었음을 알 수 있다. 그 사이에도 청일전쟁, 변법개혁운동, 의화단운동, 신정新政, 신해혁명, 원세개의 제제운동帝制運動과 같이 거대한 사건들이 중국을 뒤흔들었다. 유사배는 그 격랑 위에서 일엽편주로 떠돌다가 침몰하였다. 그 과정에서 양주학파揚州學派의 집안에서 출생한 학자에서 1903년을 기점으로 배만혁명가排滿革命家로 나아갔고, 이어 1907년 도쿄에서 아나키스트로, 그리고 1908년 말에 혁명진영에서 이탈한 변절자가 되었고, 결국 보수주의자로 전환하여 원세개의 제제운동을 지지하는 정치 입장에 섰다. 이러한 전변이 그를 이른바 '정객'이나 '변절자'로써 부정적 소극적으로 평가하는 요인이었다.

본서는 사가 다카시가 역사적 격동의 파고를 감안하는 한편 유사배의 정치적 전변을 따뜻하고 인간적인 시선으로, 명쾌한 논지와 평이한 문장으로 녹여낸 정치사상사의 노작이다. 여기에는 이른바 고증학에서 출발한 학자 유사배가 민족주의와 아나키즘을 제창하면서 전통사상과 결합된 혁명론을 제출하였고, 그 전통사상과 학술로 인해 결국 보수적인 정치입장으로 회귀하는 과정이 잘 나타나 있다. 특히, 그의 일생에서

1년 반이라는 짧은 기간에 전개된 아나키즘은 주목을 끈다. 그의 무정부주의는 크로포트킨의 아나코코뮤니즘을 비롯한 근대 서양의 다양한 아나키즘, 톨스토이의 농본주의農本主義, 중국의 전통사상 등이 결합된 독특한 형태였다. 양이론攘夷論에 근거한 민족주의와 병행을 추구하였고, 대담하게 범아시아가 열강의 민당民黨과 연대하여 제국주의를 타도하려는 세계혁명을 모색하였으며, 동시에 만국공통어인 에스페란토어를 갈구하였다. 특히, 아나키스트로서 혁명파와 결별하는 과정을 규명한 부분은 유의해야 하며, 우리가 쉽게 구할 수 없는 일본 경찰의 각종 비밀보고서를 활용한 점은 매우 유용하다. 마지막으로 거대한 사회의 흐름에서 한 인간이 추구한 노력과 좌절이 보여주는 함수관계와 그 결과의 성패만으로 역사인물을 재단할 수 없다는 진리를 또다시 확인시켜 준다. 이상의 관점에서 본서는 역사연구자뿐만 아니라 일반인에게 제시하는 교훈도 크다.

현재 한국 학계에서 이루어지는 유사배 연구는 정치사상과 함께 학술의 연구도 중시되고 있다. 일찍이 조광수趙廣洙, 천성림千聖林, 김정화金貞和 등이 유사배의 아나키즘을 연구하였지만, 천성림은 국수주의國粹主義로, 도중만都重萬은 유사배의 중서학술관中西學術觀으로 시야를 확대하였다. 역자도 유사배의 국학國學을 보다 중시하면서 그의 민족주의와 무정부주의 혁명론을 분석하였다. 본서의 한계가 있다면 유사배의 국학國學에 대한 언급이 다소 부족한 점이다. 역자는 전통사상이나 학술을 모두 국학이라고 보지 않지만, 사실 전통시대에는 학술과 정치가 분리되지 않고 합일한 정학일치政學一致가 경세론의 주류를 이루었다. 그 선상에서 유사배는 중국에서 전통적 경세론을 제기한 최종단계에 속하는 동시에 그 파탄을 보여준다. 이런 측면에서 정치사상사를 연구한 본서와 견해차가 있지만, 역자의 『근대중국近代中國의 국학國學과 혁명사상革命思想』(국학자료원, 2002)을 읽으면 유사배의 이해는 보다 원만해질 것이다.

역자가 본서를 번역한 것은 벌써 6,7년이나 지났다. 유사배 연구로 박사학위를 얻은 다음 머리를 식히기 위해 조금 가벼운 마음으로 접근하였고, 원고를 재삼 검토한 뒤에 잊고 있었다. 이후로 역자는 유사배보다는 그의 가학家學의 근원을 제공하였던, 그의 증조부 유문기劉文淇가 살았던 당대의 양주학파의 연구에 몰두하였다. 양주학파란 18세기 후반~19세기 전반에 양주를 중심으로 하는 학술공동체로, 청대 이른바 고증학의 최고봉이다. 양주학파의 학술과 경세론을 음미해보면, 유사배의 경우 놀랍게도 이전에 개인의 견해로 간주한 적지 않은 부분이 양주학파와 동일하였으며 일부는 이를 계승 발전하거나 초월한 것이었음을 새삼 알 수 있었다. 이에 다시 번역한 원고를 재음미하면서 가다듬었다. 이제 현자들의 질정을 기다린다.

이 책은 많은 선생님의 도움으로 나왔다. 유사배의 연구를 제안하거나 본서의 저본을 제공한 것은 모두 정기래鄭麒來 선생님이었다. 선생님의 만수무강을 빈다. 지도교수를 맡아주시고 사상사 연구의 시각과 방법론을 깨우쳐주신 동국대 조영록曺永祿 정태섭鄭台燮 선생님, 선배이자 형님으로 자상하게 보살펴주신 용인대의 김춘남金春男 선생님에게 머리를 숙인다. 동국대 사학과 서인범徐仁範 선생을 비롯한 교수님들에게도 고마움을 표하고, 원고의 교정에 힘쓴 서용석 임경준 군에게도 따뜻함을 전한다. 그 밖에 팔순 노모와 아내에게도 위안을 더하고, 경인문화사에도 감사드린다.

2012년 2월 10일

동악에서, 역자 **이원석**李元錫

유사배의 가계도

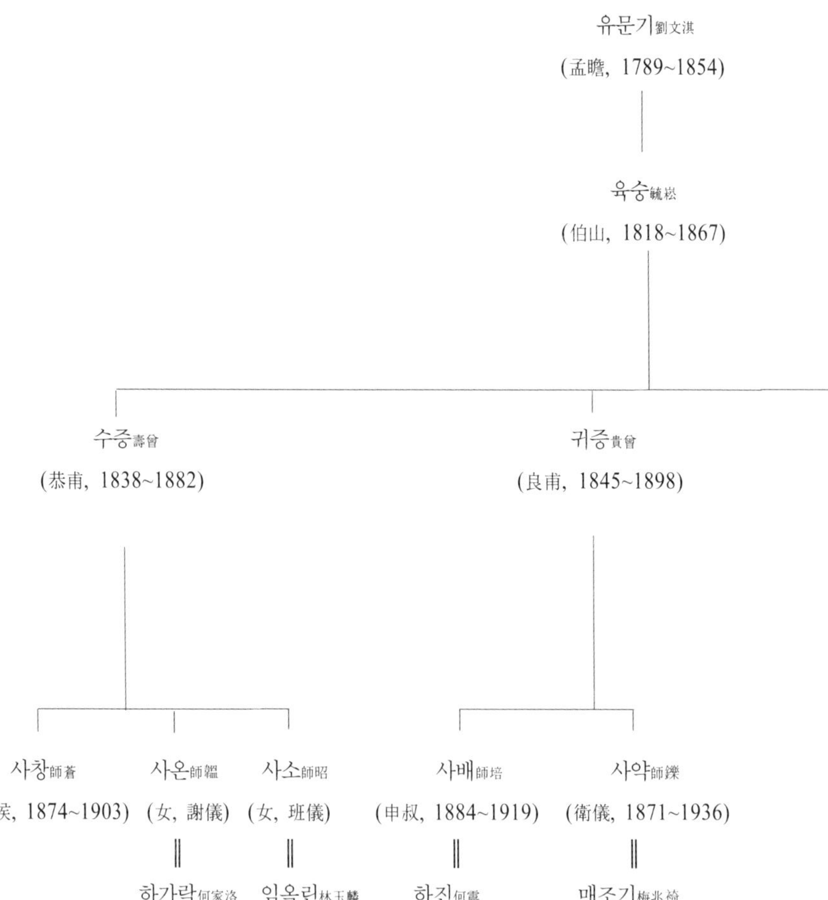
유문기劉文淇
(孟瞻, 1789~1854)
육숭毓崧
(伯山, 1818~1867)
수증壽曾
(恭甫, 1838~1882)
귀증貴曾
(良甫, 1845~1898)
사창師蒼
(張侯, 1874~1903)
사온師韞
(女, 謝儀)
하가락何家洛
사소師昭
(女, 班儀)
임옥린林玉麟
사배師培
(申叔, 1884~1919)
하진何震
사약師鑠
(衛儀, 1871~1936)
매조기梅兆褀

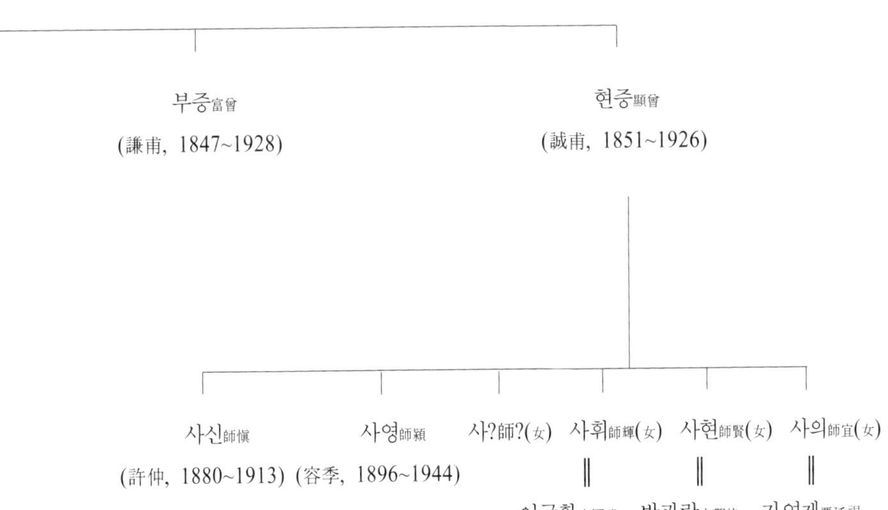

부증富曾
(謙甫, 1847~1928)
현증顯曾
(誠甫, 1851~1926)
사신師愼
(許仲, 1880~1913)
사영師潁
(容季, 1896~1944)
사?師?(女)
사휘師輝(女)
이국황李國璜
사현師賢(女)
방관락方觀洛
사의師宜(女)
가연제賈延禔

목 차

양주 揚州

서장

양주는 강소성江蘇省의 성도省都 남경南京에서 동북으로 약 100Km 가량 떨어진 곳에 있다. 강회평원江淮平原의 남단에 위치한 그곳은 남으로 장강長江이 흐르고, 북으로 회수淮水에 접하며, 서로 수 Km만 가면 또한 안휘성安徽省과의 경계이다. 남경에서 차를 타고 일찍이 자력갱생노선自力更生路線의 상징으로 칭송되던 장강대교長江大橋를 건너 대략 두 시간이면 양주에 도착한다. 근교의 3시市와 7현縣을 관할 아래에 둔 양주는 인구가 약 40만 명인 중급 도시로, 어딘지 조용한 분위기를 느끼게 하는, 확실히 전통적 지방도시라는 인상을 준다. 단지 시의 중심부에서 차로 20분을 달리면 화학섬유공장 등이 나란히 자리 잡고 있어서 현대화 정책의 전진기지이기도 하다.

양주란 도시의 역사는 유구하다. 이곳은 춘추시대에 오왕吳王 부차夫差가 북방으로 통하는 운하를 열 무렵 그 거점으로서 구축한 한성邗城이 기원이라고 한다. 이곳이 양주라는 이름으로 불린 것은 수隋의 개황開皇 8년(589)년이었다. 그리고, 양주를 매우 사랑한 양제煬帝는 이 지역을 남방의 거점으로 중시하여 북경北京에서 항주杭州까지 운하를 개통하여 선박의 운행을 가능하게 만들었다. 이 운하의 건설은 민중의 피폐를 초래한 반면에 남과 북을 연결하는 대동맥을 완성함으로써, 결과적으로 명실상부한 중국의 통일을 가져왔다. 이리하여 장강과 운하가 교차한 곳에 위치한 양주는 교통의 요충지로 번영하기에 이르렀다. 지금도 양주의 지도를 펴 보면, 이곳은 사방이 운하로 둘러싸인 수운水運 중심의 도시임을 알 수 있다.

양주와 일본은 동중국해·장강·운하로 연결된다. 일찍이 중국에 도착한 견당사遣唐使는 먼저 장강을 거슬러 올라가 양주에 이르고, 이곳에서 장안으로 향하는 것이 일반적이었다. 이러한 의미에서 양주는 일본과도 역사적으로 인연이 깊은 도시이다.

도시의 북서쪽으로 약 4Km 정도 떨어진 곳에 대명사大明寺라는 사찰이 있다. 지금으로부터 1,200년 이전, 이 절의 주지였던 감진鑑眞이 일본에 대한 불교보급의 사명감을 가지고 수차례의 실패에도 아랑곳하지 않고 결국 두 눈의 광명과 바꾸면서까지 도일渡日을 완수한 것은 너무나도 유명하다. 그리고, 일본에 도착한 뒤에는 나라[奈良]의 동대사東大寺에 계단戒壇을 설치하고, 불교도가 지켜야할 계율을 일본에 전하였으며, 759년에는 당초제사唐招提寺를 건립하였다. 현재에도 감진이 출항한 선착장이 양주시와 장강을 연결하는 운하에 남아있다.

물론, 양주를 방문한 것은 일본인뿐만이 아니었다. 멀리 서방의 페르시아와 아라비아 사람들도 이곳에 와서 정착하였다. 그러므로 양주는 예로부터 국제도시였던 것이다.

양주는 예로부터 문화와 예술이 번영한 곳으로, '인문회췌人文薈萃의 고장'으로 불린다. 이백李白·두목杜牧·구양수歐陽修·소동파蘇東坡에서 시내암施耐庵·정판교鄭板橋·주자청朱自清에 이르기까지 많은 문인들이 여기에서 태어났거나 혹은 살았다. 경학經學 분야로 시야를 돌리면 청대清代 이래로 혜동惠棟과 대진戴震을 시조로 하는 오파吳派와 환파皖派의 흐름을 계승한 양주학파揚州學派가 성립되어 고증학의 분야에서 위대한 업적을 남기게 된다. 또한, 미술 분야에서 '양주팔괴揚州八怪'로 불리는 8명의 화가는 유명하다. 이러한 문화의 번영은 경제적 발전에 뒷받침되었다. 교통의 요충지로서의 양주는 상업도시로도 번영하였다.

이 지방 일대는 예로부터 제염업이 성행하던 곳인데, 양주는 그 중심지였기 때문에 염운사서鹽運使署라는 관청이 설치되었고, 거대한 염상이 여기에 머물렀다. 소금은 역대 정부의 전매품이었으므로, 염상은 정상政商으로서 막대한 부를 축적하였다. 그렇지만 그들은 축적된 부를 재생산에 투자하기보다 문화사업에 투자하는 경향이 있었다고 한다. 양주의 문화번영은 염상들의 경제력에 의지하는 바가 컸다.

일찍이, 성당盛唐의 시인 이백은 「황학루黃鶴樓에서 광릉廣陵으로 떠나가는 맹호연孟浩然을 송별하며」라는 시에서 "친우는 서쪽의 황학루를 떠나, 꽃 연기가 자욱한 3월 양주로 내려가네"라고 읊었다. 이때 맹호연이 향하였던 양주는 이미 전국 최대 규모의 상업 중심지였다. 근세 이래로도, 양주는 물자의 집산지로서 점차 번영하게 된다. 특히 청대로 오면서부터는 상품경제의 발전에 따라 전국적인 중요 도시로 성장하였다.

하지만, 이 양주는 몇 번의 거대한 재앙도 입었다. 그 가운데에 가장 비참한 것은 명청교체明清交替 직후인 순치順治 2(1645)년에 일어났다. 당시에 전국의 장악을 목표로 남하한 청군은 양주에 입성한 뒤에 전대미문前代未聞의 잔학 행위를 저질렀다. 그 때의 모습은 왕수초王秀楚의 『양주십일기揚州十日記』에 상세하게 기록되어 있다. 이 책에 의하면, 단지 10일 사이에 남녀노소를 불문하고 약 80만 명이 학살되었다고 한다. 이제까지의 영화를 뽐내던 양주는 순식간에 처참한 생지옥으로 변하였다. 그 뒤로 이곳은 근대에 이르기까지 강한 반청의식反清意識이 남아있었다고 한다. 실제로 이 지역의 문인들 가운데에는, 명의 유신遺臣으로써 절개를 보전하고 이민족 왕조에 출사出仕하려고 하지 않은 자들도 많았다. 그들은 자신의 문화적 전통을 보전하며 발전시키는 것을 임무라고 여겼다. 지금, 당시 반청 용사 사가법史可法의 이름은 현재에도 양주의 거리명칭으로 남아있다.

근대 이래로는 열강의 공격에도 노출되었다. 두루 아는 것처럼, 중국의 근대는 1840년의 아편전쟁에서 시작된다. 이 전쟁의 말기인 1842년 7월 장강을 거슬러 올라간 영국군은 진강鎭江을 공격하였으며, 여기에서 살육을 자행하였다. 그런데, 그 무렵 영국군은 남북의 수송로를 차단하려고, 건너편의 양주 근교에 떠 있던 소금 배를 불태웠는데, 그 때에 타오른 불꽃은 수십 Km나 이어졌다고 한다. 이에 대해 인근에 있던 민중들은 반영투쟁反英闘爭을 일으켰지만, 영국군의 거듭된 공격을 두려워한 청조는 이 투쟁을 반란으로 간주하여 진압하기에 이르렀다. 그리고, 한 달 뒤에 청조는 일련의 불평등조약의 기원이 된 남경조약南京條約에 조인하였다. 말하자면, 여기에서 양주인들은 제국주의열강과 이민족왕조 사이에 희생되기를 강요당하였던 것이다.

지금으로부터 90여 년 전인 1903년 양주를 떠나 여로에 오른 천재적인 청년이 있었다. 그 사람의 이름은 유사배劉師培(1884~1919)였다. 말할 것도 없이 이 책의 주인공이다. 그는 원래 양주학파의 흐름에서 나온 일류의 젊은 전통적 지식인이었지만, 한 때에 청조타도를 위하여 격렬한 주장을 전개하였고, 일본에 머물며 제국주의를 비판한 경험을 지니기도 하였다. 그러한 의미에서 그는 흡사 위에서 서술한 양주라는 도시의 역사적 경험을 몸으로 구현하려는 듯한 인물이었다.

그러나, 이 책의 독자 가운데에 유사배라는 이름을 듣고 이 인물의 성격을 말할 수 있는 사람은 그리 많지 않을 것이다. 아마 대학에서 중국사를 전공하는 사람조차도 그러하다. 확실히, 그는 중국근대사 개설서의 제목에 등장하는 인물이 아니다. 설령 이름이 언급된 경우가 있다고 하더라도, 그것은 겨우 한두 줄의 설명으로 끝나는 것이 대부분일 터이다. 그와 같은 인물을 여기에서 취급하는 이유는, 먼저 이 인물의 격심한 생애 기복을 거론하지 않을 수 없다. 유사배의 일생은 그와 함께 흘러간 시대에도 뒤지지 않을 정도로 격동이 흘러 넘쳤다. '파란만장한 생애'라는 표현은 유사배를 위해 존재하는 말이라고 해도 지나치지 않다. 그래서, 본문에 들어가기 전에 그의 생애를 간단하게 언급해 두고자 한다.

유사배(자字가 신숙申叔, 호號가 좌암左盦)는 1884년 6월, 양주에서 대대로 학문으로 알려진 가정에서 태어났다. 그는, 어려서부터 신동이라는 칭찬이 높아 장래가 촉망되던 인물이었다. 그러나, 그 뒤에 사회문제에 관심을 가지며 중국의 변혁에 뜻을 두게 된다. 그는 민족혁명가로 전환한 뒤에 상해의 신문에 논설기사를 쓰며 혁명선전을 위한 서적을 저술하였다. 그리고 1907년, 학문상의 선배라고 할 수 있는 장병린章炳麟의 초청에 응하여 일본으로 건너가 다양한 영향 아래에서 급속하게 사상을 전환하여 드디어 아나키스트가 되었다. 아나키스트로서 그는 같은 무렵 파리에서 활동을 개시한 『신세기新世紀』의 인사들과 함께 중국 아나키즘운동의 선구자로 간주된다. 하지만, 급전직하 그는 겨우 1년여의 활동 뒤에 청조정부의 스파이가 되어버렸다. 그리고, 신해혁명辛亥革命에 의해 중화민국中華民國이 성립된 뒤에는 산서山西의 군벌인 염석산閻錫山의 고문이 되었고, 나아가서는 염석산의 소개로 원세개袁世凱에 접근하여 원세개 제제부활帝制復活의 선봉이 되었다. 1916년의 제제운동이 실패한 뒤에 그는 민국民國의 죄인으로 사회의 비난을 받았지만, 그의 학문적 재능을 아까워한 채원배蔡元培의 추천에 의해 북경대학北京大學의 교수가 되었다. 이후 그는 수구의 입장을 계속 취하다가 1919년 11월에 병사한다. 향년 35세였다.

이상의 간단한 경력에서도 알 수 있듯이, 근대 중국의 역사에서 유사배는 혁명의 '정도正道'를 걸은 인물이라고 할 수는 없다. 아니, 오히려 그의 생애는 보기에 따라서 그저 사상적으로 의지가 나약한 문인의 일생이라고 말할 수 없는 것도 아니다. 아나키스트로서, 아니 그 이전에 혁명가로서의 절개를 지키지 못한 일이 그를 낮게 평가한 것은 틀림없을 것이다. 그러나, 그러한 평가의 근본에는 정치적 입장의 전변轉變이 죄악이라고 하는 윤리적 발상이 있다. 그리고, 여기에는 중국혁명사의 최종적인 승리자의 입장에서 과거를 소급하려는 역사관이 있다. 물론 필자가 여기에서 거듭된 정치적 전변을 좋다고 말하려는 의도는 없다. 다만, 그 인물을 보다 다른 각도에서 검토하고, 그런 다음에 평가해도 좋다는 생각이다.

정말, 유사배는 결과적으로 인생에 실패한 인간이었다고 할 수 있을지도 모른다. 그러나, 그의 인생이 실패였다고 하더라도 본론에서 알 수 있듯이 양주라는 지역을 떠나 여로에 오를 무렵의 그는 틀림없이 '강한 의지'를 지닌 변혁가였다. 다만, 그 뒤에 무엇인가가 그를 '변절자'로 만들었다. 그리고 역설적으로 표현한다면, 그 변화를 촉진한 '무엇이' 전변으로 충만한 그의 생애에 어쩌면 불변의 부분이 있었다고 말할 수 있을지도 모른다.

그러나, 유사배의 생애가 실패의 연속이라고 가정하더라도, 필자는 그것을 오늘의 입장에서 단죄할 수 있는 것은 아니라고 생각한다. 계속 강철과 같이 강한 의지를 지닐 수 있는 인간이라면, 냉철한 정치사의 세계에서도 인내할 수 있을 것이다. 그렇지만, 그는 문인이면서도 과감히 정치의 세계에 들어갔고, 결과적으로 정치 전문가로서 끝내 성공하지 못한 채, 최후까지 정치에 계속 휘둘러졌다. 그런 유사배는 인간적인 나약함을 너무나도 속속들이 보여주는 것 같아서 윤리적 단죄를 넘어 묘한 감정을 품게 하는 인물이다.

그런데, 여기서 유사배의 짧은 생애를 되돌아볼 때, 여기에서 하나의

양주의 중심가, 국경로國慶路

소박한 의문이 생긴다. 그것은 그가 민족주의, 아나키즘, 그리고 제제지지론帝制支持論이라는 세 가지 이질적인 정치 입장을 취하면서도 어떻게 그 정치적 전변을 정당화하였을까 하는 문제이다. 그것은 단순히 그의 성격으로 돌릴 수 있는 문제가 아니다. 오히려 뒤의 각 장에서 살펴볼 수 있는 것처럼, 유사배 사상의 각 단계에는 '전통과 근대' 그리고 '정치와 문화'라는 복수의 가치관이 교차하는 형태로 반영되어 있다. 여기에서 미리 서술하면, 그가 정치적 입장의 전변을 정당화하는 데에 최대로 동원된 것은 전통적 가치체계였다고 볼 수 있다. 그런 의미에서 그의 생애는 근대중국 가치체계의 극복을 볼 수 있다는 점에서 좋은 소재를 제공한다고 생각된다. 유사배의 사상과 생애가 연구의 소재로 거론된 이유의 일단은 여기에 있다고 해도 좋다.

과거의 영광이나 고난과 전혀 무관한 것처럼, 양주의 시가는 차분한 거리에 사람들의 활기가 왕성하다. 시가의 중앙부분을 남북으로 가로지르는 거대한 도로를 국경로國慶路라고 한다. 이 도로의 북단에서 남으로 약 7~8분가량 걸으면 동권문東圈門이라는 작은 거리와 교차하는데, 바로 그곳에서 동쪽으로 조금 들어간 곳에 유사배의 옛 집이 있다. 옛날이라면, 중간 규모의 가옥이라고 할 수 있을까? 일찍이 입구의 대문 위에는 '청계구옥青溪舊屋'이라고 쓰인 편액扁額이 걸려 있었을 것이다. 유

동권문東圈門

사배는 1903년 이 집을 떠나서 여로에 올랐다. 그때에 유사배는 필자와 같은 곳에 서서 그 간판을 바라보면서 떠났을지도 모른다. 그 뒤에 그는 몇 번이나 동권문으로 돌아왔을까? 필자는 그의 옛 집을 바라보면서 90여 년 전의 그 정경을 생각하였다.

필자는 여기에서 장래를 촉망받을 무렵, 약관의 유사배가 여행을 떠나면서부터 이야기를 시작하려고 한다.

민족의 피

제1장 출발

1. 1903년

유사배劉師培는 1884년 6월 24일(光緖 10년 윤 5월 2일)에 강소성江蘇省 의징儀徵을 원적原籍으로, 양주에서 대대로 경학으로 알려진 집안에서 태어났다(가계도 참조). 증조부 문기文淇·조부 육숭毓崧·백부伯父 수증壽曾이 모두 『청사고淸史稿』「유림전儒林傳」에 오른 가문이었다. 그러나, 유씨 집안은 경제적으로 그다지 넉넉한 형편이 아니었고, 또한 관료가 될 기회도 갖지 못하였다. 문기 등은 16회에 걸친 과거응시에도 불구하고 결국 뜻을 이룰 수 없었을 정도였다. 그리고, 육숭과 숙부인 부증富曾은 양강총독兩江總督이던 증국번曾國藩의 막우幕友가 되기도 하였고, 서당을 세워 생계를 유지하기도 하였다. 육숭이 죽은 뒤에 유씨 집안의 생계는 주판州判(종7품)인 귀증貴曾에게 의지하였지만, 가족이 늘어나 가난한 생활이 계속되었다고 말할 수 있다.[1)]

유사배는 귀증이 39세에 비로소 얻은 아들이었다(사배에게는 열세 살이나 많은 누이 사약師鑠이 있었다). 그가 태어났을 때에 아버지는 신 앞에 향불을 피우고 기쁜 나머지 눈물을 흘렸다고 한다. 당시 대부분의 지식인들과 마찬가지로 유사배도 어려서부터 전통적 교육을 받으며 과거응시의 길을 걷기 시작하였는데, 그는 주로 어머니 이여훤李汝諼과 사촌형 유사창劉師蒼에게 학문의 기초를 배웠다. 어머니는 양주의 명문가 이승림李承霖의 딸로서 당시 중국인 여성으로서는 드물게 풍부한 교양을

1) 다만, 馮永敏의 기술에 의하면, 顯曾은 1892년에 進士가 되어 甘肅道監察御史가 되었다고 한다(『劉師培及其文學研究』, 文史哲出版社, 臺北, 1992).

지녔다.2)

유사배의 기억력은 매우 뛰어나 한 번 책을 보면 그대로 기억할 정도였다고 한다. '박람강기博覽强記'라는 말은 바로 그를 위하여 존재한다고 해도 좋다. 그는 어머니의 지도 아래에 11세에 사서오경의 독서를 마치고, 또한 『모시정전毛詩鄭箋』 『이아爾雅』 『설문說文』을 배웠다. 그리고, 고증학 외에 시부詩賦를 짓는 재주도 뛰어났던 유사배는 당시 사람들에게 '기동奇童'으로 평가되었으며, 사창에게 나아가 배울 무렵에는 질문공세로 곧잘 그를 곤경에 빠뜨렸다고 한다.

과거응시의 길로 나아간 유사배는 1901년 부현府縣 단위의 시험인 소시小試에 응시하였다. 이때에 쓴 그의 문장은 악필로 인하여 판독조차 곤란할 정도였지만, 그 내용은 뛰어난 것으로 평가되었다고 한다. 그는 17세에 수재秀才에, 그리고 18세에 거인擧人이 되었다. 이는 일반적인 과거 수험생과 비교하여 지극히 순조로운 출발이었다고 해도 좋다.

그러나, 그가 소년시기를 거칠 무렵의 중국은 내정과 외교가 모두 격동에 휩싸였다. 그는 청불전쟁淸佛戰爭이 터진 해에 태어났고, 열 살이 되던 해에 청일전쟁淸日戰爭이 일어났으며, 열네 살이 되던 해에 무술정변戊戌政變이 발생하였고, 열여섯 살이 되던 해에 의화단사건義和團事件이 발발하였다. 그리고, 20세기로 진입한 이후 중국의 상황은 그로 하여금 사회문제를 자각하게 하여 변혁의 길에 뜻을 두게 만들었다. 여기에서, 당시에 그를 둘러싸고 있던 시대상황을 개관하고자 한다.

먼저, 체제 측의 동향부터 살펴보자. 당시 청조는 의화단전쟁의 다음 해인 1901년에 '신정新政'의 실시를 발표하는 등, 위로부터 근대화정책

---

2) 이여훤에 관해서, 馮永敏은 李祖望(字는 賓嵎)의 딸이라고 하고(같은 책), 萬易은 李承霖의 딸이라고 한다(「從'叛徒'的革命到革命的叛徒」). 이 책에서는 후자가 유사배의 생질로 그와 거의 동년배인 梅鉽의 『淸溪舊屋儀徵五世小記』에 기초한 것으로 보아 萬易의 주장을 채택하였다.

을 개시하였다. 이 정책은 이미 '양인洋人의 조정'으로 변한 청조가 열강의 요구를 받아들여 행한, 연명을 위한 개량책改良策이었다. 실제로 이 신정은 3년 전에 서태후 등이 탄압한 '무술변법戊戌變法'을 약간 손질한 것에 지나지 않았다. 그 내용은 행정기구의 정비, 산업의 진흥, 군사개혁 등 광범위하였고, 그 가운데에서도 교육개혁에 거대한 관심이 모였다. 청조의 재생을 도모하는 데에는 그 임무를 짊어질 유능한 인재를 육성하지 않으면 안 되었고, 그 때문에 새로운 교육제도의 채용이 불가피하다고 생각하였기 때문이다.

이 시기, 체제 측에서 인재육성방침의 전환을 주창한 인물로는 장지동張之洞이 있는데, 청조는 1901년 여름 그의 의견을 받아들여 교육개혁에 착수하였다. 그 결과로 과거시험의 수정, 근대적 학교제도의 도입, 유학생의 파견 등이 적극적으로 추진되었다. 그러나, 이러한 교육제도의 개혁은 청조가 예상하지 못한 결과를 초래하였다. 즉, 신교육을 받은 인물 가운데에 청조에게 비판의 화살을 돌리며 그 존재를 부정하려고 하는 새로운 형태의 지식인과 혁명의 담당자가 등장하게 된 것이다.

다른 한편으로, 혁명파 측에서도 의화단사건 이후로 새로운 활동을 개시하였다. 국외에서는 먼저 1901년 당시 일본 유학중이었던 광동성廣東省 출신의 학생들이 홍중회興中會 회원 풍자유馮自由 등과 함께 광동독립협회廣東獨立協會를 조직하였다. 그리고, 1902년 4월에는 장병린章炳麟, 진력산秦力山 등이 배만사상을 고취하기 위하여 도쿄에서 수백 명의 유학생을 모아 '지나망국이백사십이년기념회支那亡國二百四十二年紀念會'를 거행하려고 기도하였다. 결국 이 집회는 청조의 요청을 받아들인 일본정부의 방해로 인하여 실현되지 못하였지만, 이 시도는 재일 중국인 유학생 사이에 배만의식을 확산시키는 데에 커다란 성과를 거두었다. 다음에, 동년 7월에 사비私費 유학생의 신분보증문제를 둘러싸고 일어난 성성학교成城學校 입학사건[3)]은 유학생 사이에 청조의 불신감을 팽창시켰다. 처음에 일본 유학생들은 다분히 강유위康有爲, 양계초梁啓超 등 개량파改良派의 사상적 영향을 많이 받았지만, 이상과 같은 시대풍조의 변화 가운데 배만혁명에 동조하는 자도 점차 증가하였다.

국내에서도 혁명파의 결집은 진전되고 있었다. 먼저, 1902년 4월에는 채원배, 장지유蔣智由 등이 중심이 되어 상해에서 중국교육회中國教育會가 조직되었다. 이는 표면적으로 교육개혁의 추진을 위하여 새로운 교과서의 편찬을 목적으로 하였지만, 참가자들이 모두 열렬한 민족주의자였기 때문에 마치 동남지역에서의 혁명집단처럼 간주되었다. 그리고, 같은 해 11월에는 상해의 남양공학南洋公學에서 학생이 학교당국과 마찰을 일으켜 일제히 퇴학한 사건이 일어났고, 곧바로 교육회 회장 채원배의 호소에 따라 퇴학생을 중심으로 애국학사愛國學舍가 설립되었다. 이 학교는 민족주의와 혁명사상의 선전기관이 되어 다음 해 4월 프랑스 및 러시아의 침략에 반대하는 운동에서 중요한 역할을 수행한다.

그리고, 상해上海를 중심으로 한 혁명파의 운동 전개에서도 『소보蘇報』라는 신문이 수행한 역할은 컸다. 처음에 『소보』는 정치기사와 논설을 중심으로 한, 별로 두드러지지 못한 신문이었다. 이 신문이 세간의 주목을 받게 된 것은 앞에서 서술한 남양공학의 학생퇴학사건에 대해 동정적인 입장을 취하며 각지 학생운동의 뉴스를 중심으로 한 「학계풍조」라는 제목의 기사를 연재하면서부터였다. 『소보』는 이후로 애국학사의 기관지와 동일시되어 배만민족주의의 고취와 교육개량문제의 제기 등을 적극적으로 수행하였다. 특히, 애국학사의 핵심인물 가운데 한 사람

3) 이는 일본에 온 중국인 사비유학생 9명이 육군사관학교의 예비학교라고도 할 수 있는 成城學校에 입학하려다가 일어난 사건이다. 당시 일본의 학교에서는 청국公使의 보증이 없으면 입학을 허가하지 않았는데, 駐日公使 蔡鈞은 그들을 혁명파로 간주하여 보증을 거부하였기 때문에 양자 사이에 분쟁이 일어났다.

인 장사교張士釗가 주필이었던 1903년 5월 하순부터 이 잡지의 배만혁명 논조는 최고조에 이르렀다. 이러한 경향이 다음 달 게재기사의 내용을 계기로 한 언론탄압사건, 이른바 '소보사건'을 야기하는 큰 원인이었다.

光緒二十九年二月初一日

蘇報

總發行所上海英租界三馬路中

西曆一千九百三年

日本明治三十六年

每號大錢十二文

外埠價目

告白刊例

『소보蘇報』, 제자題字

이상과 같이, 1903년 상반기까지 내외의 정치·사회상황에서 보면, 당시 중국의 사조특징은 대략 다음의 두 가지로 파악될 수 있다. 첫째로는 이 시기 중국에서 교육이 중시되었다는 점이다. 청조 측에서는 체제를 유지할 인재의 육성을 위하여 교육의 개량과 보급이 시도되었다. 체제변혁을 지향하는 측에서도 교육개혁에 관한 수많은 제안이 이루어졌으며, 이와 동시에 변혁주체의 창출을 위한 혁명적 교육이 실천되었다. 이처럼 향하는 방향이 정반대였지만 바야흐로 이 시대는 조야상하朝野上下가 모두 교육의 시대로 불리는 데에 상응하는 상황이었다.

둘째로 거론할 것은 이때에 학생을 주체로 하는 배만민족주의가 점차 고양되고 있었다. 이는 『소보』의 급진화에 전형적으로 나타난다. 당시 변혁의 조류는 점차 개량에서 혁명으로 옮겨가고 있었고, 이제까지 청조의 존속을 전제로 한 전통적 지식인 가운데에도 청조의 정책에 반대하며 혁명파의 진영으로 옮겨간 인물이 다수 나타났다.

아마도 이제까지 학문이라는 한 길을 살아온 청년 유사배도 이상과 같은 시대의 조류와 무관하지 않았을 것이다. 여기에서는 사회문제에 대한 유사배의 초기 발언에서 당시 그의 정치적 입장을 차례대로 검토하고자 한다.

2. 변혁가, 유사배의 출발

유사배가 언제부터 변혁의 의지를 갖기 시작하였는지는 명확하지 않다. 뒤에 서술하는 것처럼, 그의 가계가 중화中華와 이적夷狄의 구별을 강조하는 『춘추좌씨전春秋左氏傳』을 가학으로 전한 것은 자신도 모르는 사이에 그에게 '민족의 피'를 느끼게 하였을 것이다. 또한, 유사배의 친구 가운데에는 각지에서 발행된 혁명파의 서적을 가지고 와서 그에게 보여준 자도 있었다고 할 수 있다. 그렇다고 한다면, 그는 바야흐로 등장하는 혁명파에 대한 지식을 가졌을 것으로 추측된다. 그러나, 그는 직접 혁명파로 이행하지 않았다. 근대 중국의 많은 변혁자가 그러하였듯이, 그도 먼저 개량주의적 단계를 거쳐서 혁명적 입장으로 나아갔다. 그것은 당시 상해에서 발행된 『소보』의 기사를 통하여 확인할 수 있다. 아래에서는 유사배가 변혁가로서 출발한 때의 특징을 살펴보고자 한다.

당시 『소보』는 상해 외에 20여 개의 도시에서 구입할 수 있었다. 그 판매도시 가운데는 양주도 포함되었다. 유사배는 과거응시를 위한 공부를 진전시키면서 그곳에서 『소보』를 열람할 수 있었다. 뿐만 아니라 그는 그 신문에 기사를 투고하였다. 『소보』에 그의 이름이 보인 것은 1903년 3월부터이다. 이때는 앞에서 서술하였듯이 『소보』가 학생운동과 혁명파에게 동정적인 태도를 취하기 시작하며 청조타도를 주창하는 논설을 게재하던 시기였다. 현재 확인할 수 있는 가장 오래된 그의 문장은 3월 10일과 11일에 실린 「의징 유사배가 양주인사와 이별하며 드리는 글[儀徵劉君師培留別揚州人士書]」이라는 제목의 기사이다.

제목에서도 알 수 있는 것처럼, 이 문장은 유사배가 양주를 떠날 무렵에 쓴 글이다. 그는 이때에 회시會試의 응시를 위하여 하남성河南省 개봉開封으로 출발하려고 하였다. 본래대로라면, 회시는 상례적으로 음력 3월의 9, 12, 15일 북경에서 거행될 예정이었지만, 이 해에는 의화단 사건 뒤의 혼란도 있어 개봉으로 장소를 옮겨 거행되었다. 그는 이 기사에서 양주의 인사들에게 교육문제를 주목하자고 호소하였다. 그가 이와 같이 호소한 근저에는 교육의 발전과 보급이야말로 학술과 문화의 발전을 이루고, 그것이 결국에는 민족홍성으로 연결된다는 확신이 있었다. 그에 의하면, 문명국이 강력한 것은 그 국민이 모두 학문을 몸소 익혔기 때문이고, 야만국은 이와 반대였다. 이 때문에 중국이 장래에 문명국의 수준으로 나아가려고 한다면, 교육의 개량과 보급이 가장 우선되어야 한다는 것이다.

그런데, 민족의 발전을 가져오는 학문은 현실에 도움을 주는 것이지 않으면 안 된다. 하지만 유사배에 의하면, 중국에서 지난 수십 년 사이에 사람들이 배운 지식은 실용성이 결여되어 있으며, 학문은 실천에서 벗어난 상태에 있었다. 그래서 열강들은 중국인을 교양이 없는 백성으로 간주하면서 중국에는 사회개량의 가능성조차 없다고 한다. 그러면 무엇 때문에 오늘날에 이르러 중국의 학문은 정체하였는가? 그는 그 이유의 하나로 사람들이 안락安樂을 탐하고 구습舊習을 묵수하는 경향이 있다는 점을 거론하였다. 그런데, 그의 눈에는 그러한 경향이 일찍이 문화의 영화를 뽐내던 양주지역에 깊이 반영되어 있다는 것이다. 이 문제는 유사배의 학문적 배경과도 크게 관련되지만, 여기에 대해서는 뒤에 언급하기 때문에 지금 자세하게 서술하지 않으려고 한다.

이어서, 유사배는 이 논설에서 교육의 개량과 보급을 위한 몇 가지 방안을 제시하였다. 그가 첫 번째로 거론한 것은 유학의 장려였다. 두루

알다시피, 당시에는 관비官費와 사비私費 유학이 성행하였는데, 일본유학이 가장 권장되었다. 그것은 주로 일본이 거리가 가깝고, 경비가 적게 든다는 이유에서였다. 유사배도 거의 동일한 이유로 일본유학을 장려하였다. 그렇지만 그에 의하면, 일본 교육은 유럽의 교육을 참고로 하여 그 단점을 버리고 장점을 취함으로써, 국민의 특질을 함양한다는 점에서 중국에도 도입될 수 있다고 한다.

또한, 유사배는 학생이 일본에 유학한다고 하더라고 일본의 풍속이 순박하기 때문에 사치한 생활에 젖지 않으며, '비적' 사이에 들어가 '당고黨錮의 화'를 야기할 염려도 없다고 서술하였다. 여기서 말한 비적과 당이란 구체적으로 어떠한 집단을 가리키는지는 명확하지 않다. 그러나, 이들이 혁명파를 지칭한다고 가정한다면, 그가 주장한 바, 유학의 장려는 체제 측의 움직임에 호응한 것이라고 생각된다.

유사배는 두 번째로 초등교육을 충실히 할 필요성을 지적하였다. 세계의 동과 서를 막론하고 초등교육의 충실은 교사 질의 양호와 불량에 관련되어 있다. 그런데, 당시 중국에서는 교사를 양성할 사범학교의 수가 매우 부족하였다. 그에 의하면, 지금 근대적 학교가 개설되기 시작한다고 하지만, 지방의 소년은 대부분 서당의 선생에게 학문을 익히는 실정이었다. 그렇지만 서당의 선생은 대부분 옛 문장을 그대로 받아들일 뿐이지 새로운 내용을 가르치지 않는다. 이러한 상황에서는 청년의 지식은 충족될 수 없고, 결과적으로 중국에서는 우수한 교사의 등장을 기대할 수 없다. 여기서 유사배는 근본적인 문제인 사범학교의 부족을 보완할, 민간인에 의한 사범학회의 설립이 필요하다고 주장한다. 그 밖에 초등교육과 관련하여 그는 교육방법의 개량도 언급하였는데, 이를 총괄하면 '옛 것을 버리고 새 것을 도모한다[捨舊謀新]'는 구절을 기본으로 삼았다.

다음에, 유사배는 교육자금의 확보문제를 논하였다. 중국에서 학교가 광범하게 설립되지 못한 것은 정부가 그 예산조치를 강구하지 않는 바가 최대의 원인이었다. 그러나, 유사배는 여기에서 청조의 정책을 질책하지 않고, 오히려 민간의 자구노력에 기대를 거는 경향이 강하다. 예컨대 그는 거듭 일본의 소학교가 시·정·촌市町村의 공민公民이 부담하는 비용으로 운영되고 있다는 점을 주목하며 중국도 각지의 주민이 비용을 갹출하여 학교를 건립하고 운영할 것을 지적하였다. 이러한 자세는 당시 그의 정치적 입장을 추측하는 데에 매우 흥미롭다. 확실히, 이 당시 그의 사고 가운데에 청조의 교육정책이 실효를 거둘 수 없는 점에 대한 불만은 있었을 것이다. 그러나, 여기에서 그러한 불만이 아직 청조를 적대시하는 입장으로 전환하는 조짐은 보이지 않는다. 그 자신은 명확하게 인식하고 있지 않지만, 여기에서는 위에서 서술한 사범학회설립을 호소하는 예와 마찬가지로, 청조 정책의 불충분한 점을 아래로부터 보완하려는 자세를 엿볼 수 있다. 이러한 경향은 과거응시의 길을 걷던, 체제 지식인으로서의 유사배의 자세와 함께 군주와 인민의 사이에서 사회의 지도자라고하는 사인士人(士大夫)으로서의 자세를 보여주는 것 같다.

이상과 관련하여 주의하지 않으면 안 될 점이 있다. 그것은 유사배가 교육자금의 확보와 학교의 설립이라는 공공사업을 민중 공덕심公德心의 발달에 의해 뒷받침되는 것으로 인식하였다는 점이다. 그에 의하면, 일본이나 구미제국歐美諸國과 중국(특히 양주) 교육사업의 발전차이는 근본적으로 민중의 공덕심 정도의 차이를 반영한다. 그러면, 중국인의 공덕심 발전을 방해하는 것은 봉건적 인습에 다름 아니다. 그것은, 예컨대 사람들이 미신적 종교행사에 돈을 내면서도 공공사업을 위해서 돈을 내려고 하지 않는 따위에서 잘 나타난다. 그의 입장에서, 그러한 봉건적 정신구조는 사회전체의 근대화를 위해서도 조속히 극복해야 할 대상으로 고려되었다.

유사배가 교육개량을 주장하는 가운데에 네 번째로 지적한 사항은 여성교육의 확충이다. 그에 의하면, 교육의 도는 가정교육을 기초로 하는데, 그 근본을 담당하는 것은 여성이라고 생각하기 때문이었다. 그래서 그는 이후로 중국을 근대화하기 위해서는 여성을 봉건적인 인습에 가두려고 하는 옛 교육방법을 일소하고 새로운 여성교육기관으로서 여학교를 광범위하게 설립할 필요가 있다고 지적하였다. 이와 같이, 여성교육의 목적을 가정교육과 관련하여 논한 것은 이 시기 유사배의 사상경향을 파악하는 데에 중요한 의미를 지닌다.

사실 봉건적 인습에서의 해방을 목표로 여성에게도 교육을 실시해야 한다는 그의 주장은 진보적인 양상을 드러내고 있다고 해도 좋다. 그러나, 이 시점에서 그의 주장 가운데에는 후일 그가 전개하려고 한 평등주의와 공통성을 발견할 수 없다. 그의 사고 가운데에는 가정에서의 아동교육을 위하여 어머니의 교육이 필요하며, 그리고 어머니의 교육을 위해서는 여성교육이 필요하다는 관점을 엿볼 수 있기 때문이다. 즉, 그의 의식 속에 여성교육의 확충은 아동교육을 통하여 중국근대화의 기초를 세우려는 데에 있었지, 여성에게 남성과 동등한 사회참가를 요구하기 위한 것이 아니었다. 그렇다고 한다면, 그가 생각한 여학교란 여성으로서의 제반 덕목을 몸에 익히기 위한 기관에 지나지 않았다고 추측된다. 이와 같은 입장이 당시 부국강병의 관점에서 여성해방을 주창한 양계초의 시각과 극히 유사한 것은 명확하다. 여기에서 우리는 당시의 유사배의 사상적 근거의 일단을 볼 수 있다.

이상과 같이, 유사배는 사회적 발언을 시작할 무렵에 국가 구망救亡 의식에 기초하여 교육의 개량과 보급에 관해 네 가지를 제안하였다. 여기서 확인하고 주의하지 않으면 안 될 것이 두 가지이다.

첫째로, 유사배는 민족적 위기의 시대에서 다양한 개혁안을 제시하면서도 이때까지는 아직 청조에 반대하는 입장에 서지 않았다. 오히려 그의 주장에는 청조의 개량 정책을 민간의 입장에서 보완하려는 자세가 엿보인다. 여기에서 이 시기 유사배의 정치입장은 혁명파라기보다 양계초 등 개량파와 가깝다고 할 수 있다. 그러한 입장이었던 유사배가 당시 급진화의 길을 걷던 『소보』에 접근할 수 있었던 것은 조금 기이하게 보일지도 모른다. 그러나, 양자를 접근시킬 수 있는 사회풍조는 존재하였다. 교육문제에 대한 관심의 고양이 그것이다. 당시에 교육문제는 정치적 입장을 넘어선 전국민적 관심사였다.

둘째로, 지적하지 않을 수 없는 것은 이 시기 유사배의 인식 가운데에 전통을 부정하는 듯한 경향이 나타난 점이다. 그는, 이 논설의 마지막 부분에서 사회개량의 실현을 위해서는 '서구화주의'를 실행해야 하고 국수國粹에 말을 가탁하지 않았으며, 또한 보수적 관습을 고칠 필요가 있다고 단언하였다. 이때에 그는 전통이 중국사회의 개량을 가로막는 최대의 장애라고 인식하였다. 유사배는 이후로 정치 문화활동을 통하여도 이 정도로 직접 서구화와 반국수反國粹를 명확하게 말한 적이 없다. 그래서 출발할 때에 그가 중국의 개혁과 전통을 서로 용인하지 않은 것으로 생각한 점은 극히 주목할 가치가 있다고 말하지 않으면 안 된다. 그러나, 그러한 자세는 이 직후에 크게 전환된다.

3. 혁명가로의 전환

유사배는, 「의징 유사배가 양주인사와 이별하며 드리는 글」을 발표

장병린

한 뒤에, 앞에서 서술하였듯이 개봉의 회시會試에 응시하였다가 불합격하여 고향으로 돌아가는 길에 상해에 머물렀다. 여기에서 당시 이미 격렬한 혁명론을 전개하고 있던 장병린 등 애국학사 소속의 인사와 교제하였다. 회시의 합격자가 대개 음력 4월 15일(1903년 양력 5월 1일에 해당된다)에 발표되는 것으로 추측하면, 유사배의 상해 방문은 아마도 이로부터 몇 주 정도 뒤의 일이었을 것이다.

이때에 유사배는 실의에 빠져 있었다. 이제까지 순조롭게 살아온 그에게 불합격이라는 결과는 처음으로 맛본 좌절이었다. 더욱이, 일가를 유지해온 아버지 귀증은 1898년 유사배가 14세 때에 병으로 세상을 떠났다. 아무리 향리에서 소문난 명가였다고 하더라도 "가난하여 자급할 수" 없는 상황에서(윤염무尹炎武 「유사배외전劉師培外傳」) 그대로 학업만을 계속하는 일은 곤란하다고 느꼈을 것이다. 사실, 그는 귀로에 친구인 왕종기王鐘麒와 임소천林少泉에게 부탁하여 상해로 나아가 교직에 취직하여 생계를 꾸리려고 생각하였다. 왕종기(자가 毓仁, 호가 無生)라는 인물은 유사배와 동향이었는데, 그가 바로 양주시절 유사배에게 혁명파의 출판물을 소개한 인물이었다. 또한 임소천(이름이 白水, 호가 義樊)과는 왕종기를 통하여 지기知己가 되었다. 유사배가 두 친구를 매개로 상해를 방문한 것은 인생의 최대 전기였다.

유사배는 상해에 도착한 뒤에 장사교張士釗 등 혁명파 인사의 처소를 방문하였다. 이때의 상황을 장사교는 다음과 같이 기록하였다.

계유癸卯의 봄, 나와 진독수陳獨秀, 장부천張溥泉[장계張繼], 사무량謝无量 등은 상해上海의 매복리梅福里 집에서 한가하게 이야기하고 있었다. 그 때에 허둥지둥 문을 열고 들어오는 손님이 있었는데, 그의 모습은 매우 궁색하였고, 의복과 신발도 풍족한 상태가 아니었다. 그가 말한 바로는 어떤 인물에게 쫓기고 있다는 것이다. 우리는 그의 수고를 위로하고, 숙박 장소를 마련해 주었다. 이것은 유신숙劉申叔[劉師培]이 처음 양주에서 상해로 왔을 때의 정경이었다(「논근대시가절구論近代詩歌絶句」『江海學刊』 1985년 제3기).

이 기술에는 유사배가 찾아온 때가 봄이라고 하니, 그의 회상과 차이가 난다. 회시의 응시를 목전에 둔 유사배가 이 해의 봄(음력 1～3월)에 상해로 갔다고 생각하기 어렵기 때문에 이점에 관한 장사교의 회상은 아마도 잘못된 것으로 생각된다.[4] 그러나, 그것은 우선 제쳐두고, 이상의 기술로부터 본다면, 극도로 가난하지는 않았다고 하더라도 당시의 꽤 곤궁한 유사배의 생활상태가 눈에 떠오른다.

상식적으로 생각할 경우에, 유사배가 회시의 응시를 앞둔 2개월여의 사이에 혁명파 측으로 옮겨갔으리라고 생각할 수 없다. 그런 그가 애국학사의 인사를 방문한 자세한 사정에 대해서는 명확하지 않다. 어쩌면, 마루야마 마츠유키[丸山松幸]의 말처럼, 자신이 목표로 한 국학의 대가로서 이미 명성이 자자한 장병린을 의지하려고 하였을지도 모른다. 그러나, 이와 동시에 앞에서 서술하였듯이 유사배의 교육문제에 대한 관심과 그가 애국학사의 기관지처럼 된 『소보』에 기고하였다는 사실 그 자체가 애국학사 인사와의 친밀감을 증대시켰다고 생각할 수 있다. 회시 응시에 실패하여 청조옹호의 대의명분을 상실한 유사배는 학문상의 선배인 장병린과 접촉함으로써 큰 영향을 받아 자신의 정치적 입장을

4) 일설에 유사배의 매복리 방문은 소보사건 이후였다고도 한다(丸山松幸 「劉師培略傳」).

개량주의에서 배만혁명론으로 전환하였을 가능성이 크다. 그러면, 회시 응시 뒤에 쓰인 그의 논설을 살펴보자.

유사배는 잠시 상해에 머무른 뒤에 고향 양주로 돌아갔다. 그는 양주에 머무는 사이 『소보』에 두 편의 논문을 기고하였다. 그 가운데에 하나는 6월 12일에 게재된 사범학회의 창설에 관한 규정을 발췌한 것이다(「창설사범학회장정創設師範學會章程」). 앞에서 서술한 것처럼, 사범학회의 창설에 관해서는 이미 3월에 밝혔지만, 이 규정을 읽으면 학회의 지향은 보다 명확하다. 즉, 그것은 교육의 보급과 동시에 민족주의의 함양을 목적으로 삼았지만, "교육 이외에는 대개 언급하지 않는다"(제50조)라고 규정하였듯이 구체적인 정치활동을 수반하지 않았다. 따라서 여기에서는 회시 응시 이전 유사배의 교육개혁론자적 측면이 지속된 것은 확인할 수 있지만, 그의 정치자세에서 새로운 경향을 볼 수 없다. 그런데, 이보다 10일 뒤 『소보』에 발표된 또 한편의 논문에 이르면, 여기에는 새로운 경향이 보이기 시작한다. 이것은 말할 것도 없이 배만민족주의의 맹아이다.

「유학생은 반역자가 아님을 논함[論留學生之非叛逆]」이라는 제목의, 겨우 400여 자로 된 단편기사는 당시 중국인 유학생과 학당의 학생들에 의해 전개된 운동이 결코 반역이라고 할 수 없고, 거꾸로 중국을 보전하려고 하는 민족주의운동이란 점을 지적하였다. 이미 이 장의 1절에서 간단하게 밝힌 것처럼, 1902년부터 다음 해에 걸쳐서는 국내외에서 학생들에 의한 민족주의운동이 전개되었다. 특히 1903년 4월에 일본 신문에서, 광서순무廣西巡撫 왕지춘王之春이 프랑스군의 힘을 빌려 회당의 반란을 진압하고 프랑스 상인에게 차관을 빌리는 대가로 광서성의 철도와 광산의 이권을 양도하는 내용을 확인하여 보도함에 따라, 일본에 유학중인 학생들은 프랑스에 대한 항의행동을 일으켰다. 나아가, 학생들은 군대 철수의 약속을 어기고 만주지역의 지배강화를 노리는 러시아에 대한 항의운동, 즉 거아운동拒俄運動을 전개하였다. 이에 대해 청조는 운동의 배후에 반정부의식이 숨어있다고 하여 이를 '반역'으로 규정하며 학생조직의 해산을 명하는 등으로 탄압하였다. 유사배의 기사는 이러한 상황에서 작성되었다.

유사배는 여기서 "반역이란 무엇인가"로부터 논의를 시작한다. 그에 의하면, 반역이란 말은 자민족自民族의 배반, 조국의 배반을 의미한다. 자민족이란 한민족漢民族, 조국이란 중국에 다름 아니다. 즉, 한민족과 중국을 배반하는 것이야말로 반역이다. 거꾸로, 내외의 학생운동을 보면, 그것은 이민족을 배제하고 자민족을 지키려는 운동이다. 따라서 이를 반역으로 간주하는 것은 순역順逆의 이치를 모른다고 말하지 않을 수 없다. 그렇다고 한다면, 자민족을 팔아 이민족을 도운 사람이야말로 반역자라고 할 수 있다. 역사적으로 본다면, 한漢의 중항설中行說, 송宋의 장원張元 오호吳昊, 명明의 홍승주洪承疇 오삼계吳三桂 등이 여기에 해당된다. 그러면, 오늘날의 진정한 반역자는 누구인가? 그것은 권력의 지위에서 만주민족의 이익을 위하여 힘을 다하는 한인漢人이다. 여기에서 유사배는 한인 독자들에게 다음과 같이 서술하였다.

> 중국은 한민족漢民族의 중국이다. 한민족漢民族을 배반하는 사람은 중국을 배반하는 사람이고, 한민족을 지키려는 사람은 중국을 지키려는 사람이다. 제군諸君! 제군諸君은 중국 지키기를 원하는 사람인가? 아니면, 한민족을 배반하고자 하는 사람인가? 제군諸君은 스스로 생각해 보아야 한다.

이 기사를 읽는 한, 유사배가 이 시점에서 반불反佛 거아拒俄를 거론하는 학생들의 운동을 명확하게 지지하는 입장에 서 있는 것은 분명하다.

이러한 경향은 그가 상해로 나아가 혁명파의 인사와 접촉함으로써 일어났다. 여기에서 유사배는 이전까지의 개량주의적 경향에서 돌변하여 보다 직접적인 행동에 의한 민족적 위기의 타개라는 방향으로 눈을 돌리기 시작하였다.

유사배는 이 기사 가운데에 '혁명'이라는 용어는 물론 '반청' '배만'이라는 말도 전혀 사용하지 않았다. 그러나, 그가 "중국은 한민족漢民族의 중국이다"라고 서술할 때에 그의 사고 가운데에는 배만혁명 의식은 충분하게 성장해 있었다. 게다가, 이 시점에서 유사배의 사상에는 신해혁명 이전 중국 내셔널리즘의 특색이 선명하게 드러나 있다. 즉, 그는 국가를 지킨다는 것과 한민족을 지킨다는 점을 연결함으로써 열강의 침략에 의한 망국의 위기를 자각하며, 중국이 열강에 대한 저항을 충분히 수행할 수 없는 이유가 청조라는 이민족지배체제에 있다는 점을 인식하였다.

이상과 같이, 지금까지 교육의 개량과 보급을 통하여 중국사회의 근대화를 도모하려한 유사배는 겨우 3개월 사이에 배만혁명가로서 등장하기에 이르렀다.[5] 그러나, 그가 「유학생은 반역자가 아님을 논함」을 발표한 지 8일 뒤인 6월 30일에 소보사건이 일어나 상해지역의 혁명파는 청조에 의해 대탄압을 받았다. 이 사건으로 장병린, 추용鄒容 등 6명이 체포되었고, 애국학사의 총리總理 채원배는 청도青島로, 그리고 학감學監 오치휘吳稚暉는 유럽으로 도피하였다. 이때 유사배는 아직 양주에 머물러 있었던 것으로 보이는데, 그는 이 사건으로 혁명파의 일원이라는 사실의 냉엄함을 통감하였을 것이다. 그 2년 뒤에 과거가 폐지되었다고

5) 고지마 스케마[小島祐馬]의 다음과 같은 지적은 매우 흥미롭다. "생각하건대, 양주라는 지역은 『揚州十日記』에도 묘사되어 있는 것처럼 明이 멸망할 때에 清兵이 지극히 잔학한 바가 있다면, 사배로 하여금 혁명가로 나아가게 만든 것은 時勢의 영향 이외에 지역의 영향도 또한 적지 않았을 것이다"(「劉師培의 學」).

하지만, 관리로의 길은 아직 차단되었다고 말할 수 없었다. 문인으로서의 영달을 지향하는 인간이라면, 어지간한 상태가 아닌 한 감옥으로 들어가는 일은 있을 수 없다. 하지만, 이때의 유사배는 이미 안전한 길을 버리고 혁명가로서의 길을 선택하였다. 이후로, 그는 민족혁명론을 구축해간다. 다만, 그 내용을 살펴보기 전에 그의 다른 측면인 학자로서의 자세에도 눈을 돌릴 필요가 있다.

4. 유사배의 학술(1)

유사배의 생가가 대대로 경학으로 알려진 가문이었다는 사실은 이미 밝힌 대로이다. 그도 젊은이로서 저술에 심취하여 "선업先業을 조술祖述하며 양주학파揚州學派의 창양昌洋을 자임하였다"고 한다(「유사배외전劉師培外傳」). 뒤에 살펴보는 것처럼, 그의 사고로 학술과 정치는 밀접한 관계를 지니고 있다. 그러면, 그가 계승한 학문은 어떠한 것이었을까? 먼저 그것을 청대학술사에서 간단하게 제시하고자 한다.

청대의 학술은 고증학考證學이라는 이름으로 총괄할 수 있다. 고증학은 명의 유신遺臣인 고염무顧炎武와 왕선산王船山[王夫之]에서 시작되었는데, 그 뒤의 전성기에는 혜동惠棟 대진戴震에서 시작된 오파吳派 환파皖派의 흐름이 정통파로 인정되었다. 그리고, 그 학풍은 '실사구시實事求是(사실에 기초하여 진리를 구함)'와 '무징불신無徵不信(증거가 없으면 믿지 않음)'을 기초로 하였다. 유사배가 '창양'하려고 한 양주학파는 이 정통파 고증학의 학풍을 계승한 환파의 흐름 가운데에 위치한다.

양주학파의 역사와 특징을 정리한 장순휘張舜徽는 그 학문에 대한 자세를 다음과 같은 몇 가지로 파악하였다. 즉, 학문에 대해서 '구동존이

求同存異'의 태도를 취한 점, 변화 발전의 관점에서 사물을 분석하는 점, 관찰의 대상을 확대하는 것 등이다. 그 학문적 성과는 자연과학의 분야에서부터 편서編書 각서刻書의 방면에 이르기까지 다양하니, 그것은 실로 '원통광대圓通廣大'로 묘사되었다(『청대양주학기淸代揚州學記』). 유사배는 이러한 특징을 지닌 양주학파의 전군殿軍[후학]으로 일컫기에 상응하는 존재였다.

전통중국에는 그 가문이 전문으로 대를 이어 전하는 학문, 즉 가학家學이 있었다. 앞에서 밝혔듯이, 유씨의 가학은 『춘추좌씨전春秋左氏傳』의 연구이고, 이는 사배의 증조부인 유문기에서 시작되었다. 그의 부친 석유錫瑜는 의자醫者로 문기와 학문적 연결이 없었지만, 외숙부인 능서凌曙라는 학자가 있었다. 그가 문기의 학재學才를 사랑하여 학문을 가르친 것은 유씨 가학의 출발점이었다. 그러나, 스승 능서가 공양학公羊學을 신봉하였음에도 불구하고, 문기는 좌전학左傳學에 관심을 가졌다. 그리고, 18세기 전반기부터 문기는 『춘추좌씨전』의 정리를 담당하였지만 겨우 『좌씨춘추장편左氏春秋長編』을 남겼을 뿐이고, 결국 정의正義의 정본을 완성하지 못한 채 죽고 말았다. 그 뒤에 문기의 아들인 육숭과 손자인 수증·귀증도 뒤를 이어 찬술하였지만, 완성되지 못한 채로 유사배에게 계승되었다. 이와 같이 본다면, 유사배는 나면서부터 학자가 될 존재로 운명이 정해졌다고 하지 않으면 안 된다.

그런데, 유사배가 학자로서 출발한 시대는 학술이 다양화하는 상황에 처해 있었다. 그것은 주로 두 가지의 특징으로 나타났다. 하나는 강유위康有爲로 대표되는 『춘추공양전春秋公羊傳』의 재평가와 금문학今文學의 부활이다. 그렇지만, 유사배가 계승한 『좌씨전』은 고문경전古文經典의 하나이고, 이 때문에 그도 고문학파의 한 사람으로 열거된다. 여기에서 유사배의 학문적 위상과 민족주의사상과의 관계를 알기 위해 어리석음을 무릅쓰고 금문학과 고문학의 차이에 대해 서술하지 않으면 안 된다.

이야기는 한대漢代로 거슬러 올라간다. 유교는 한의 무제武帝 시대인 기원전 136년에 국교의 지위를 차지하였는데, 그 때에 채용된 경전은 모두 당시의 문자[今文]인 예서隷書로 쓰여 있었다. 그런데, 같은 시대에 공자 옛집의 벽 가운데에서 발견되었다고 일컬어지는 경전[壁中書]이 세상에 처음으로 나왔다. 그것들은 모두 한 이전의 문자인 진전秦篆과 주문籒文으로 쓰여 고문경전이라고 한다. 그러나, 당시에는 금문경전이 정통으로 간주되었기 때문에 고문경전은 민간에서 전수되는 데에 지나지 않았다. 그런데, 전한 말경부터 고문을 학관學官에 세우려는 운동이 일어났다. 그리고, 여기에 전한 왕조가 왕망王莽에 의해 전복되고, 기원 8년 신新 왕조가 건립되는 정치 변동이 일어나자, 신 왕조는 금문경전을 배척하고 고문을 채용하기에 이르렀다.

고문경전을 채용하는 데에 중요한 역할을 한 자는 유흠劉歆이라는 인물이다. 그에 의하면, 금문경전은 진시황제秦始皇帝의 분서焚書로 남은 잔결殘缺에 지나지 않고 고문이야말로 선진先秦의 정통경전이라고 한다. 그리고, 그는 신 왕조가 성립된 뒤에 왕망의 학사學師가 되어 고문경전에 기초한 제도와 행정의 실현에 진력하였다. 그러나, 신은 단명하여 무너지고, 후한 시대가 들어선다. 한 왕조를 부흥한 이상 새로운 황제[광무제]는 명분을 바로 잡는다는 의미에서 금문학을 부흥시키지 않을 수 없었다. 하지만, 고문학 연구는 정치동향에는 좌우되지 않은 채 계속 진보하였고, 금문과 고문의 사이에는 논쟁이 일어났다.

이러한 논쟁을 통하여 금문파와 고문파는 단순한 문자의 차이뿐만 아니라 그 경전의 이해와 해석에도 물론 차이가 생겼다. 양자의 차이점은 많지만, 그 가운데에 대표적인 것을 거론하면, 금문파가 공자孔子를 학술의 시조로 삼는 것에 비해 고문파는 주공周公을 비조로 삼고, 또한 금문파가 오경五經을 공자의 창작으로 삼는 데에 반해 고문파는 『논어論語』의 '술이부작述而不作'이라는 말대로 오경을 공자가 산정刪定한 것이라고 주장하였다.

양자의 논쟁점은 특히 『춘추』의 해석에서 두드러졌다. 『춘추』의 대표적인 주석서로는 『공양전』과 『좌씨전』이 있는데, 전자는 금문파, 후자는 고문파의 경전이다. 두 전은 모두 『춘추』의 주석서이면서도 그 내용이 크게 다르다. 그 차이점도 많지만, 민족문제에 국한하여 말하면, 『공양전』이 이민족에 대한 문화적 융합을 전제로 하는 데에 반해, 『좌씨전』은 한민족漢民族과 이민족의 종족적 차이를 최우선 전제로 삼았다. 양자의 사이에는 활발한 의견이 오고갔지만, 후한 말에 이르러 정현鄭玄이 금문 고문을 절충 융합하면서 양자의 대립은 끝난다.

여기서 이야기를 다시 청대의 학술로 되돌아가 보자. 청대가 되면서부터 고증학이 융성하게 된 것은 앞에서 서술한 바이지만, 청초에는 한학漢學=고문학에 관심이 집중되었다. 그것은 확실한 증거를 얻으려는 고증학이란 학풍으로 나타났다. 그런데, 청말에 이르러 공양학이 부흥한다. 그것은 고증학이 때로 '고증을 위한 고증'의 경향을 보이기 시작하였기 때문에 격동의 시대에 대응할 수 없는 듯한 인상을 지녀, 유학 본래의 경세치용經世致用(세상을 다스리는 데에 실제로 쓰이는 것)의 정신을 부활한다는 의식의 반영이었다. 그 점에서, 공양학파는 『춘추』의 개별적 기록에서 공자가 숨겨놓은 이상과 주장[미언대의微言大義]을 찾고, 여기에서 경세의 원리를 도출하려고 생각하였다.

이상과 같은 특징을 가지고 부활한 공양학을 19세기말에서 20세기초에 걸쳐 구체적인 정치개혁운동에 응용한 자는 강유위·양계초라는 개량주의자였다. 여기에 대해 고문학파의 입장에서 『좌씨전』의 민족주의적 성격을 강조하며 배만혁명의 필요성을 주창한 자가 장병린이었다.

이렇게 하여 청말에 이르면, '고문파 = 『좌씨전』 → 민족주의 → 혁명'과 '금문파 = 『공양전』 → 입헌주의 → 개량'이라고 하듯이 학술을 기초로 한 정치적 입장의 차이(혹은 대립)가 나타났다.

이와 같이 보면, 『좌씨전』을 가학으로 하는 유사배가 자신의 학문적 기반에서 배만혁명으로 기울어진 것은 청말 학술의 추세로 보아 결코 특이한 형태가 아니라는 점을 알 수 있다. 그러나, 그가 고문학의 정통성을 강조하였지만, 결코 이외의 학문을 배척하는 자세를 취하지 않았다는 점에는 주의를 기울일 필요가 있다. 오히려 학술에 대한 그의 자세는 뒤에 살펴보는 것처럼 각가各家의 뛰어난 점을 취하려고 하였다. 이와 같은 그의 자세는 중국전통사상에만 국한되지 않고, 널리 외국의 학술 사상에도 적용되었으며, 결국에는 그의 혁명사상의 구축에도 용이하였다.

5. 유사배의 학술(2)

청말 학술계의 또 다른 특징은 제자학諸子學의 복권이다. 이는 고증학 귀결점의 하나라고도 할 수 있다. 고증학의 중심은 본래 유교경전의 실증적 연구였다. 이 경우에 공자의 존엄성은 의심할 수 없는 전제로서 존재하고, 그 위에 세운 것이 '실사구시' '무징불신'의 학문이었다. 그런 의미에서 고증학은 방법의 학문으로, 널리 증거를 수집하는 것을 종지로 한다. 그런데, 처음에 고증을 위한 증거는 경전 자체에서 추구되었지만, 더욱 나아가면 제자백가諸子百家의 서적에서도 인용되었다. 여기에서 고증학은 제자학의 복권을 희구하며, 결국 유가의 상대화를 야기하는 결과를 초래하였다. 청말에 공자의 학술은 '구류九流의 하나'와 같은 존재가 되었다. 아래에서 보이는 것처럼 유사배의 학술관에도 이러한 경향이 반영되었다.

유사배는 중국고대, 특히 주대周代의 학문은 사관史官(기록을 담당하던 관리)이 독점하였으므로, 민중은 학문을 접할 기회가 없었다고 여겼다. 그런데, 동주東周에 이르러 군주권君主權이 쇠약해지자, "민간의 유능한 인사들은 각자의 성향에 기초하여 자신의 주장을 행하였다. 순도純度에는 차이가 있었지만, 각자가 모두 옳다고 여긴 것을 옳다고 주장하였다"(「주말학술사서周末學術史序」)라고 하는 것처럼 학문 활성화의 상황이 도래하였다. 유사배는 주말 백가쟁명百家爭鳴의 상황에서 공자의 자세를 본래의 것으로 보았다. 공자를 평가할 수 있는 점은 그가 선인의 학술을 집대성한 인물이기 때문이다. 물론, 공자에게는 문제점도 있다. 그러나, 몇 가지의 결점을 제외하면, 유사배는 "주진周秦의 제자諸子와 비교하더라도 공자의 학술보다 뛰어난 것은 없다"(「공학진론孔學眞論」)고 평가하였다.

그러나, 유사배가 공자를 높이 평가한 것은 그의 학자로서의 측면에서였지 그 이외에는 어떠한 것도 아니었다. 그러므로, 그는 공자를 종교가로 보는 견해를 엄격하게 비판하였다. 그 비판의 대상이 '보교保敎'를 주장한 강유위 등이었음은 말할 필요도 없다. 공자가 종교가가 아닌 이유는 다음의 네 가지에 나타나 있다. 즉, 첫째로 공자 이전에 이미 중국에는 종교가 존재하였다. 둘째로, 공자는 종교라는 용어를 사용하지 않았다. 셋째로 당송唐宋 이전에는 공교孔敎라는 명칭이 존재하지 않았다. 넷째로, 중국의 일반민중은 공자를 숭배하지 않았다는 것이다. 더욱이, 유사배에 의하면, 공자가 주창한 '교敎'는 종교가 아니라 교육을 의미한다. 그 때문에, 강유위처럼 공자의 학술을 종교로 보는 견해는 본래 유교의 취지에 반하는 것이었다. 따라서 오늘날 필요한 것은 주진 시대를 본받아 공자의 학술을 '구류의 하나'로 되돌리는 일이라고 생각하였다.

그러면, 근세 이래 유학에 대해 유사배는 어떠한 태도를 취하였을까? 청대의 고증학자가 송명宋明의 주관주의적 학풍에 반발심을 가졌던 것과 마찬가지로, 그도 반이학反理學의 입장을 선명히 하였다. 그는 한대漢代와 송대宋代의 학술차이를 설명하는 가운데에 송대의 유가儒家가 천리天理를 절대적 존재로 보고 인욕人欲과 양립하지 않는다고 한 주장을 잘못이라고 지적하였다. 이러한 그의 입장은 정욕情欲을 긍정하는 대담한 주장을 펼친 환파의 저명한 학자 대진戴震의 학술에 영향을 받았다. 유사배는 정주程朱 등 송유宋儒가 명분名分·의리義理·삼강三綱의 설을 진작시켜 군주에게 봉사하고 민중을 억압하는 결과를 초래하였다고 보는 한편, 그들의 철학적 근거였던 '리理'를 비판하며 엄격주의嚴格主義에서 철학을 해방시킨 인물로서 대진을 높이 평가하였다. 이러한 유사배의 송유비판－대진칭송은 현실의 봉건적 지배체제에 대한 비판의 무기였다.

그러나, 유사배가 송명의 유학을 일률적으로 부정한 것은 아니었다. 오히려 그는 근세 유자의 뛰어난 점을 받아들이려고 하였다. 그 가운데에서 그가 가장 높이 평가한 유학자는 왕양명王陽明이었다. 종래 양명학陽明學은 "학문을 버리고 덕성을 높이며" "실천을 경시하고 공담을 숭상한" 경향 때문에 배척되었지만, 유사배는 「왕학석의王學釋疑」등의 논문을 써서 그러한 비판의 부당함을 입증하며 양명학의 복권을 호소하였다. 그는 왕양명의 양지설良知說을 루소의 천부인권설天賦人權說에 필적하는 것으로 평가하며 오늘날 중국에서 세속의 폐단을 교정하기에 충분한 것이라고 주장하였다. 다만, 양명학의 복권이 유사배에게만 나타난 경향은 아니었다. 그것은 한송겸채漢宋兼采, 즉 한학만이 아니라 송학까지도 받아들이려고 하는 경향 아래에서, 강유위를 비롯한 개량주의자들이 메이지[明治]維新 무렵 양명학이 수행한 역할을 강조함에 따라 더욱 관심을 끌기에 이르렀다. 유사배도 당시 학술계의 동향으로부터 영향을 받았던 것이다. 그리고, 그의 입장에서 양명학을 혁명론으로 응용한 것은 뒤에 살펴보겠다.

또한, 전통학술의 분야에서 유사배가 가장 독특하게 주의를 기울인 것은 소학小學이었다. 고증학의 기초학이라고도 할 수 있는 소학은 문자의 훈고訓詁, 음운音韻, 형상形象 등을 연구하는 학문으로 본래 지극히 비정치적인 학문분야였다. 그는 소학연구에서 「소학발미小學發微」 등의 저작을 남겼는데, 그의 연구에서 주목할 것은 문자 연구를 단순히 경전의 분석과 해석에 적용할 뿐만 아니라 서양의 사회학이론과 결합하여 고대사회의 분석을 시도하였다. 예컨대, 1904년에 쓰인 「소학과 사회학의 관계를 논함[論小學與社會學之關係]」에서 그는 젠크스, 스펜서, 기시모토 노부타[岸本能武太] 등의 설을 원용하여 중국고대의 사회상황을 분석하였다. 그에게 고대사회의 분석은 중국에서 계급의 유무라고 하는 현실인식과 깊이 관련되어 정치적 의견에도 응용되었다.

혁명가 시대의 유사배는 소학연구의 분야에서 몇 가지 대담한 논의를 진행하였는데, 그 가운데에서도 한자의 정리와 개혁의 제창은 특필할 가치가 있다. 그는 「중국문자유폐론中國文字流弊論」이라는 제목의 논설에서 중국문자의 현재적 폐해를 열거하며, 그것들 대부분이 언문言文의 불일치에서 기인한다고 지적하였다. 그래서 그는 이와 같은 폐해를 고치기 위하여 새로운 문자의 제정, 속어 즉 백화문白話文의 사용을 제창하였다.

당시 일반적인 사고방식에서 본다면, 사람의 문화적 수준의 고저를 헤아리는 기준의 하나는 고전을 이용하여 우아한 문장을 지을 수 있는가의 여부에 달려 있었고, 백화문은 저속한 것으로 간주되었다. 그러나, 유사배는 16세기 유럽 및 중국의 원대元代에 언문일치가 이루어져 문화가 융성한 사례를 들면서 언문일치의 필요성을 강조하였다. 이러한 그의 주장을 뒷받침하는 것은 당시 중국에 유입되어 일대 붐을 조성한 진화론進化論이었다. 그는 스펜서의 설을 원용하여 사회가 진화하면 문장은 간소화되며, 문장 진화의 공리公理로부터 본다면 중국은 근대부터 백화문이 융성한 시대로 들어간다고 주장하였다. 진화론이라는 과학은 백화문의 사용이 문장의 타락이라고 하는 의견에 대한 반론의 유력한 근거였다.

유사배에 의한 백화운동의 제창은 국민의식의 함양과 그 수단으로서 교육의 보급과 밀접하게 결부되어 있다. 그에 의하면, 백화문의 사용은 민지民智를 인도하고 교육을 보급시키는 데에 유익한 수단으로 인식되었다. 그렇지만 교육의 보급이란 국민의 문화수준을 높이고 학술을 지탱하는 발판을 확충하는 일과 관련되는 동시에 민족주의의 발양과도 관계가 있었다. 그리고, 생존경쟁은 우승열패의 원리에 기초하고, 민족의 우열은 오로지 교육의 심천深淺에 관련된다. 그럼에도 불구하고 중국은 예로부터 폐쇄주의적이었기 때문에 문명교육은 홍성하지 못하고 민지民智도 열리지 않은 상태였다. 그러므로, 중국의 생존을 도모하는 데에는 먼저 교육을 중시하지 않으면 안 된다(「유광한군제의劉光漢君提議」『경종일보警鐘日報』 1904년 4월 7일). 이와 같이 유사배에게 백화운동은 생존경쟁에서 이겨낼 수 있는 국가를 만들기 위하여 국민통합을 도모하는 시도의 일환이었다. 유사배가 제창한 백화운동은 단순히 문화적인 문제일 뿐만 아니라 지극히 정치적인 문제였다. 거꾸로 말하면, 그에게 문화적 문제는 정치적 문제에서 촉발되었으며, 또한 반대로 정치적 문제는 문화적 문제를 반영하는 관계였다.

그러면, 백화의 채용과 함께 고문은 폐지되어야 하는가? 유사배는 오히려 고문의 보존을 주장하였다. 정말이지 고문에는 많은 결함이 있

國粹學報

第一年乙巳第一號

光緒三十一年正月二十日

本號目錄

『국수학보』 창간호

어서 일반적인 대화소통에 유용하지 않다. 그러나, 전통학술의 보존이라는 측면에서 고문은 존속시킬 가치가 있다고 인식되었다. 여기에는 유사배의 문화적 목표, 즉 전통학술의 보존과 발전이라는 목표의 일단을 엿볼 수 있다.

전통학술의 보존과 발전은 청말을 살았던 유사배에게서 불가결의 과제였다. 이민족에 의한 전제지배, 여기에 더해진 서양의 침입은 전통적인 지식인에게 중국고유 문화의 위기감을 갖게 하였음에 틀림없다. 그렇지만, 전통문화[國粹]의 발양은 사람들의 애국심을 기르고, 사회변혁의 힘을 환기하기도 하였다. 적어도 그에게서 민족의 흥망은 문화의 흥망과 일체가 되었다. 그런 의미에서 전통학술[國學]과 국수의 보존은 내셔널리즘의 문화적 측면이었다.

이와 같은 의식을 구체화한 것이 1905년 2월에 상해에서 창간된 『국수학보國粹學報』였다. 이 잡지는 대외적·국내적 민족주의를 내걸며, 황제黃帝·요堯·순舜·우禹·탕왕湯王·문왕文王·무왕武王·주공周公·공자 학술의 광복을 표방하여 창간된 것으로써, 옥중의 장병린도 여기에 협력하였다. 또한 이 잡지를 발행한 국학보존회國學保存會는 일본에서 극단적인 서구화 풍조에 대항하여 미야케 세츠레이[三宅雪嶺] 등이 국학보존을 주장하며 일본주의를 고취한 것을 모방하여 창설되었다. 유사배는 『국수학보』의 창간 때부터 동인의 한 사람으로써 뒷날 정치적 입장의 변동에도 불구하고 1911년 정간에 이를 때까지 여기에 수많은 논문을 계속 기고

하였다. 그리고, 그는 국수학당國粹學堂의 건설을 주장하는 외에도 국학교과서 5종(『윤리교과서』『경학經學교과서』『중국문학교과서』『중국역사교과서』『중국지리교과서』)을 간행하였다.

이상과 같은 국수보존의 문제에 우리는 전통중국의 해체과정에서 나온 유사배의 학술과 정치의 접점을 살펴볼 수 있다. 그에게서 학술과 정치는 서로 독립적인 존재가 아니었다. 그리고 국학자로서 그가 사회를 상대할 때에 이제까지 접해온 모든 전통학술은 정치화할 가능성을 지녔다.

6. 배만민족주의의 전개

1903년 8월 7일, 상해에서 『소보』의 뒤를 이은 『국민일일보國民日日報』가 창간되었다. 이는 소보사건에서 연좌를 피한 장사교 등이 창간한 신문이었다. 유사배는 이 신문에 무외無畏라는 필명으로 여러 편의 시와 문장을 발표하였다. 유사배가 다시 상해로 나아간 것은 아마도 이 무렵이었다. 또한 이 해에 그는 이름을 광한光漢으로 고쳤다. 이 이름에는 한민족의 광복이라는 의미가 담겨있어서, 배만혁명가 시대에 그는 사배라는 이름보다 오히려 광한으로 알려졌다.

유사배는 1904년 초에 당시 호북순무겸호광총독서리湖北巡撫兼湖廣總督署理의 지위에 있던 만주인 관료 단방端方에게 혁명파로의 투항을 권고하는 내용의 편지를 보냈다. 이는 중국의 위기와 만주민족 지배의 부당성을 단도직입적이면서도 격렬하게 호소한 서간이었다. 당연한 일이지만, 아직 20세가 채 되지도 못한 청년의 손에 쓰인 편지가 청조의 고관에게 상대로 인정될 리 없었다. 그러나, 역사의 운명은 이들 두 사람을

『아사경문俄事警聞』

적대관계에 세울 즈음에 거꾸로 접근시키는 계기가 되었다. 그러한 사태는 이때부터 대략 4년을 지나 찾아왔는데, 여기서는 상세한 기술을 보류해둔다.

1904년 2월 상해에서 발행된 『아사경문俄事警聞』이 『경종일보警鐘日報』로 고쳐 발행되자, 유사배는 편집주임이 되어 여기에 많은 논설을 발표한다. 신문사 사옥의 입구에는 매일처럼 신문을 보러 오는 사람으로 넘쳐 났고, 사람들이 기사를 읽으면 의분을 품고 눈물을 흘리는 광경이 나타났다고 한다. 그리고, 같은 해 11월, 절강浙江 출신인사를 중심으로 한 혁명단체 광복회光復會가 결성되자, 그도 채원배의 소개로 회원이 되었다. 강소성에서 태어난 유사배의 회원가입은 예외적이었다고 한다. 또한 같은 무렵 그는 만복화萬福華에 의한 전광서순무 왕지춘王之春의 암살사건에도 관계하였다.[6] 이와 같이 그는 겨우 수개월 사이에 드디어 혁명가로 변모하였던 것이다.

여기에서 이야기는 이전으로 돌아가는데, 6월 유사배는 일단 고향으로 돌아가 하반何班(자가 志劍)이라는 여성과 결혼한다. 유사배도 20세가 되어 결혼연령에 이르렀다고 생각한 집안사람들이 상해를 방문하여

---

6) 앞에서 서술한 것처럼, 왕지춘은 광서에서 1903년 회당의 활동을 탄압하기 위하여 프랑스군의 힘을 빌리려는 일이 있었고, 또한 이 무렵에는 친러정책을 취하였기 때문에 혁명파의 반발을 샀다. 유사배는 왕지춘 암살의 계획단계에서부터 실행자인 만복화에게 협력하였다(『黃興傳記』). 결국 암살은 미수에 그치고 만복화는 체포되었지만, 그가 입을 열지 않았기 때문에 유사배까지 혐의가 미치지 않았다.

警鐘日報

『경종일보警鐘日報』

그를 양주로 데려가 결혼시켰던 것이다. 당시 유사배의 이름은 어느 정도 알려졌던 것 같다. 같은 해 7월 6일 『경종일보』에는 다음과 같은 기사가 실렸다.

> 하여사何女士는 유신숙劉申叔 선생의 부인이며, 결혼한 지 이제 한 달 정도 되었다. 선생은 우리 국학계國學界에서 유수有數한 인물이고, 그 부인의 학문 종지도 모두 칭찬할 만하다. 유선생劉先生을 위하여 축복해야 하지 않겠는가? (『유사배 및 그 문학연구[劉師培及其文學硏究]』)

하반이라는 여성의 집안내력에 대해 자세한 것은 알 수 없다. 다만, 그녀도 역시 의징 사람으로 양주에 살았다. 왕동汪東의 회상(「동맹회同盟會와 『민보民報』의 편단 회상」)에 의하면, 그들 두 사람은 원래 종형제從兄弟의 관계였기 때문에[7] 아마도 이전부터 잘 알던 사이였는지도 모른다.

결혼 뒤에 유사배는 다시 양주에서 생활하였다. 이때에 상해 혁명파 인사들에게서 온 편지와 전보는 모두 집안사람들에 의해 압수되었다는 말에서 보면, 그의 입장에서는 의지에 반하는 여의치 않은 생활이었다. 그러나, 집안사람들의 입장에서는 유사배가 과거의 길을 도외시하는 것은 어쩔 수 없지만, 혁명파라는 반역자의 집단에 가담하는 것은 놀람 그 자체였다. 이번 귀향 때에 그와의 관계가 추궁될 것을 두려워하여 교제를 끊은 친구도 있을 정도였다. 집안사람으로서는 가능하다면 그들이 양주에 머물며 평온무사하게 생활하기를 바라는 것은 당연하였다.

훗날 쓰인 문장으로부터 판단하면, 하반은 교양 있는 여성이었다. 그러나, 만약 하반이 당시의 평범한 환경에서 자란 여성이었다면, 그녀는 그때까지 살아온 인생 가운데에서 사회문제에 관심을 기울이는 일 따위는 거의 없었을 것이다. 혁명의 길에 발을 들여놓았다가 도중에 상해에서 돌아온 유사배로서는 그와 같은 여성과 살아가는 자체는 자신의 신념에 반하는 일일 터였다. 단조로운 생활에 만족하지 못한 유사배는 양주에서의 나날을 하반에게 혁명의 대의를 설득하는 데에 소비하였다. 그러자, 유사배의 설득이 주효하여 하반은 결국 혁명에 동조하였고, 이제까지 집안사람들이 시도한 노력은 실패로 끝났다.

그 뒤에, 유사배와 함께 상해로 나아간 하반은 애국여학愛國女學에 입학하였다. 이는 중국교육회가 창설한 학교로서 여성에게 혁명적 교육을 베풀려고 하였지만, 애국학사와는 완전히 별개의 조직이었기 때문에 소보사건 뒤에도 여전히 존속할 수 있었다. 여기에서, 유사배와 하반은 혁명의 동지가 되었다. 그러나, 그 뒤 두 사람의 관계를 살펴본다면, 유사배가 하반을 인도하기보다는 오히려 그녀가 유사배 인생의 관건을 장

---

7) 그의 성으로 판단하면 사촌누이[從姉](혹은 사촌동생[從妹])인 사온師韞의 남편인 하가락何家洛의 여동생으로 생각된다.

악하는 듯한 입장에 선다. 그렇지만, 그것은 결코 그를 영광으로 인도하는 것이 아니라 완전히 그 반대였다. 그리고, 뒤에 그 구체적인 사례에서 알 수 있는 것처럼, 하반과 결혼 그 자체가 실은 35년에 걸친 유사배의 인생 가운데에 최대의 실패작이었다.

1905년 3월 『경종일보』는 청조의 대독외교對獨外交를 비판한 이유로 발매금지에 처해졌고, 유사배에게도 체포장이 발부되었다. 이 때문에 그는 상해를 떠나 가홍嘉興의 협객 오가웅敖嘉熊의 아래에 몸을 맡겨 혁명파의 교류기관이었던 온대처회관溫臺處會館에서 일하였다. 그 뒤에, 안휘安徽에 있던 친구의 초청으로 무호蕪湖로 가서 김소보金少甫라는 가명으로 안휘공학安徽公學·환강중학皖江中學의 교원이 되었다. 그는 여기에서 역사와 윤리학을 담당하며 약 1년 반에 걸쳐 그곳에서 계속 활동하였다. 덧붙여서, 이들 학교에는 진독수陳獨秀·도성장陶成章·소만수蘇曼殊·백문울柏文蔚이라는 혁명파의 쟁쟁한 지식인들이 모여 있었고, 유사배는 여기에서 그들과 혁명에 관한 의견을 교환할 수 있었다. 또한 이 사이에 그는 백화잡지에 적극적으로 기사를 발표하는 등으로 민중에게 선전활동을 수행하였다. 이상은 유사배가 국내에서 활동한 개요이다. 그러면, 여기에서 이 무렵에 그가 발표한 논설과 기사의 내용을 차례로 검토하여 그 사상적 특징을 살펴보고자 한다.

유사배는 「황제기년론黃帝紀年論」이라는 제목의 논문으로 배만의 입장을 선명히 한다.[8] 이것은 『국민일일보』에 실렸는데, 유사배는 여기서 한민족의 시조인 "황제의 사업을 계승하려고 희망한다면 황제가 강림한 때를 기원으로 삼는 것으로부터 시작해야 한다"고 서술하였다. 이는

8) 유사배는 뒤에 쓰여진 문장 가운데에서 이 논설을 「황제기년설」이라고 하였고, 章士釗도 「疏『黃帝魂』」에서 동일한 명칭을 사용하였는데, 게재할 때에는 '기년설'이 아니라 '기년론'으로 표기하였다. 덧붙여 유사배의 주장에 의하면, 1903년은 황제기원 4614년이다.

공자기원孔子紀元을 사용하며 보교保敎를 주장하던 강유위와 양계초에 대항하여, 자신은 보종保種을 취지로 삼는 의지를 밝힌 것이다. 말할 것도 없이 중국은 왕조가 달력을 개변할 권리를 지녔기 때문에 유사배의 황제기원채용 주장은 극히 중대한 정치적 의미를 지녔다고 할 수 있다. 역시 그가 여기에서 제기한 황제강생기원설은 혁명파와 보황파保皇派를 구별하는 하나의 기준이 되었으며, 이후에 창간된 『민보民報』 등도 황제기원을 채용한다.

그런데, 이후로 전개된 유사배의 민족혁명론에서 하나의 핵심은 '양이攘夷'라는 말로 표현된다. 그가 소속된 광복회는 문자 그대로 한민족의 '광복'을 목표로 한다. 하지만 그에 의하면, "고유의 영토를 이웃 국가로부터 돌려받는 것을 광복이라고 하고, 만족으로부터 돌려받는 것을 양이라고 한다"(「대혁명가손일선발大革命家孫逸仙跋」). 한민족과 만주민족은 대등한 관계가 아니라 중화中華와 이적夷狄의 관계이다. 따라서 광복 등과 같은 용어를 사용할 수 없다. 이러한 사고를 기초로 쓰인 책이 『양서攘書』(1903년)와 『중국민족지中國民族志』(1905년) 등의 저작이었다.

전현동錢玄同에 의하면, 『양서』는 왕선산王船山의 『황서黃書』를 계승한 민족의 책으로 평가되었다(「유신숙선생유서서劉申叔先生遺書序」). 유사배는 여기에서 한민족의 기원부터 이야기를 시작하여 배만혁명의 정당성을 서술하였다. 무엇 때문에 만주민족은 배제되지 않으면 안 되는가? 지극히 간단하게 말하면, 그것은 만주민족이 한민족과 종족적으로 서로 용납될 수 없는 이적이란 점에서 찾아진다. 그에 의하면, 중국은 건국 이래로 화하華夏의 구분[防]을 엄격하게 지켜 "우리의 족류族類가 아니면 이를 원수로 대한다"는 태도를 취하였다. 이러한 자세는 그의 가학인 『좌씨전』의 영향에 의한 것이다. 그러나, 그는 이 때문에 공양학을 완전히 부정하지 않았다. 예컨대, 그는 중화와 이적의 구별을 근저에 가지고 있으면서도 그 구별의 기준으로서 '문명의 보급'과 '진화의 정도'를 인정하였다. 더욱이 그는 공양가의 삼세설三世說조차도 부정하지 않았다. 그는 뒤에 『경종일보』에 발표한 문장에서 다음과 같이 서술하였다.

근래의 학자는 뽐내면서 입으로 내외內外의 통通을 말한다(공양가들은 대부분 이 설을 사용한다). 그러나, 통通은 한限과 서로 대립한다. 통通은 한限의 뒤에 나타나니, 한限이 없으면, 통通도 또한 나타나지 않는다. 그러므로 내외內外가 통通하지 않으면, 서로 통합하기 위한 지식이 열리지 않는다. 그렇지만, 내외內外의 구별이란 결코 없앨 수 없는 것이다(「중국대외사상의 변천을 논함[論中國對外思想之變遷]」).

이와 같이 유사배는 공양가처럼 장래의 '통', 즉 민족적 융화 상태의 도래를 인정하였지만, 그 상태에 이르는 데에는 현재의 '한', 즉 화이 구분의 단계를 밟지 않으면 안 된다고 생각하였다.

민족 사이의 문제에 관해서 말하면, 유사배에게 최대의 문제로 고려된 것은 중화와 이적의 지위가 역전되어 이적에 의한 중국지배가 정당화되어 버린 점이었다. 문명의 우두머리인 중화는 항상 예의로써 이적을 감화하여 인도할 존재였고, 그 반대는 있을 수 없었다. 따라서, 중화의 우월성을 전제로 한민족의 복권을 호소한다는 의미에서, 화이의 구분을 위하여 문명정도의 차이를 제기하는 것은 눈앞의 문제인 배만의 취지와 모순되지 않았다.

유사배는 화이의 구별을 명확하게 하기 위하여 한민족 이외의 여러 민족이 발생한 지역에 내해 서술하고, 그들의 종족적 열등성을 지적하였다. 그에 의하면, 인류는 상고시대 동물에서 진화하였으며, 한민족도 그 예외는 아니었다. 그러나, 인류발전 정도는 한결같지 않다. 가장 순조롭게 진화한 것이 한민족이라고 한다면, 그 이외의 이적은 변경에 사는 짐승의 자손이었기 때문에 진화가 느려, 현재에 이르러도 여전히 미개의 상태에 처해 있다. 그러므로, 이적은 우수민족인 한민족에게 인도되어야 할 존재였다. 유사배는 여기서 자신의 주장을 정당화하는 근거로서 당시에 유행한 다윈주의를 원용하였다. 그러나, 그와 동시에 그가 『산해경山海經』 등의 고전을 고증의 논거로 사용한 것은 주목해도 좋다. 고증학자로서 유사배는 서양의 과학을 응용하는 데에도 중국의 고전에서 벗어날 수 없었다. 아니, 오히려 그는 중국의 고전 쪽이 보다 자신과 가까워 설득력을 지닌 것으로 인식하였다.

그러면, 문명을 자랑하는 한민족은 무엇 때문에 이적에게 국토를 빼앗기고 말았을까? 그것은 한민족 가운데에 화이사상華夷思想의 쇠퇴에 기인한다고 인식되었다. 만주왕조를 존속시키는 원인은 몇 가지가 있다. 그러나, 그 가운데에서도 가장 큰 원인은 한인 민족의식의 희박함이었다. 유사배가 화이의 구분을 엄격하게 하려는 것은 한민족 본래의 사상으로 복귀하려는 데에 다름 아니었다. 어떤 민족이 타민족에게 정복되는 것은 원래 부끄러워해야 할 일이다. 그러나, 정복을 정복으로 인식하지 않는 것은 "부끄러운 가운데에 부끄러움"이라고 한다. 따라서, 민족의 부끄러움을 씻는 데에는 먼저 부끄러움을 부끄러움으로 인식할 수 있는 의식이 반드시 필요하다. 그리하여 배만혁명을 수행하는 데에는 당장 이민족 지배를 거부하기 위한 사상을 한인 사이에 다시 보급하는 일이 필요하였다. 『양서』를 출판한 목적의 일단은 이점에 있었다.

이상과 같이 혁명의 전제를 화이의 구분에 둔다면, 그것을 망각하고 이적에게 봉사하는 한인은 엄격하게 비판하여 꾸짖을 수 있었다. 예컨대, 한인이면서도 태평천국의 진압을 담당한 증국번 등은 그 전형적인 인물로 간주되었다. 또한, 정치에서와 마찬가지로 학술의 면에서도 이적에게 봉사하는 자는 비난의 대상이 된다. 유사배는 다음과 같이 서술하였다. 즉, 땅을 팔아 이적에게 주는 것을 '매국'이라고 하지만, 이민족의 지배 아래에서 화이의 구분[華夏之防]에 어두워 "수천 년의 도학道學을 전하여 영예와 이익을 얻기 위한 도구로 삼아 지조를 잃는" 것과 같은 행위는 바로 '도를 파는[鬻道]' 데에 지나지 않는다. 유사배의 사고로는 학문도 본질적으로 화이의 구분에 의해 민족에게 봉사해야 할 존재였다.

당시『양서攘書』는 혁명파 가운데에 지극히 호평을 받았고, 그 영향력도 꽤 컸다. 이 책으로부터 커다란 영향을 받은 인물로 알려진 것은 오월吳樾이다. 그는 1905년 9월에 5대신의 서양 유람 출발에 즈음하여 북경에서 폭탄을 투척하려다가 폭사暴死한 인물이다. 그는 자신의 저작 가운데에『양서』를 읽고 이제까지 그가 양계초의 설에 속았다는 것을 깨달아 개량주의를 버리고서 혁명파로 나아갔다고 서술하였다(「암살시대서暗殺時代序」). 이 책은 이처럼 사람의 신조를 좌우할 정도로 영향력을 지녔다.

이제까지 살펴보았듯이, 유사배의 배만혁명론은 양이사상을 기반으로 한 것이었다. 그렇다면, 당시의 그는 열강의 중국침략을 어떻게 보았을까? 그는『중국민족지中國民族志』가운데에서 20세기 이전의 중국은 한민족과 만족蠻族의 경쟁시대였지만, 20세기 이후는 아시아인종과 유럽인종의 경쟁시대라고 지적하며 "옛날의 한족은 만족의 노예였고, 이후로 중국은 진실로 유럽인종의 노예가 되려고 한다"고 서술하였다. 이러한 상황에서 배만혁명론을 주창하는 것만으로 과연 중국을 멸망에서 구원할 수 있을까? 유사배 의식의 가운데에 이와 같은 의문이 없었던 것은 아니다. 그러나, 오늘날 열강 침략의 단서를 연 것은 청조에 다름 아니었다. 이민족 왕조라는 부자연한 상태가 중국을 약체로 인도하였다. 그러한 이상, 서양과 청조의 이중적 압박 아래에 있는 한민족이 스스로 생존을 도모하기 우해서는 무엇보다도 먼저 만주민족의 지배에서 탈출하는 것이야말로 급선무였다. 즉, 한민족의 독립이 있어야 비로소 서양의 침략을 막을 수 있다고 인식되었다.

이처럼 유사배의 사고 가운데에는 반제국주의 의식의 맹아가 보인다. 그러나, 이 시점에서는 그것을 실행으로 이행하기 위한 전제로서 배만혁명이 일차적인 것으로 인식되었다. 그의 사상에서 반제국주의와 배만이 동일한 차원에서 파악되기 위해서는 2년 여 뒤의 아나키즘 수용을 기다리지 않으면 안 되었다.

7. 봉건체제에 대한 비판

유사배는 배만을 전적으로 우선하였지만, 그것은 만한滿漢의 지위가 역전되면 그만이라는 의미가 아니었다. 당연하듯이, 거기에는 현재의 전제지배체제를 대치하는 새로운 체제가 수립되지 않으면 안 되었다. 그의 전제비판과 목표로 하는 사회체제의 어렴풋한 모습은 『중국민약정의中國民約精義』에서 살펴볼 수 있다. 이 책은 임해林獬와 공저라는 형태로 1904년 5월[음력] 상해의 경금서국鏡今書局에서 출판되었다.[9] 이 임해라는 인물은 여기에 처음 등장하지만, 실제로는 유사배가 혁명파로 전환할 즈음에 함께 상해로 갔던 임소천의 본명이다. 이 책도 사회적 영향력이 컸으며, 편자의 한 사람인 유사배는 '동아시아의 루소'로 칭송되었다.

『중국민약정의』에서 유사배는 루소의 『사회계약론社會契約論』을 기반

9) 錢玄同의 「左盦著述繫年」에 의하면, "民元年前九年癸卯"의 해에 지었다고 하지만, 여기서는 이 책의 판권에 "甲辰年五月首版"이라고 하는 것에 따랐다.

으로 삼아 군민君民의 관계, 정부·국가의 존재방식을 논의하였다. 먼저, 군민관계에 대해 말하면, 군주는 본래 다수 민중의 의지에 기초하여 즉위한 존재이므로, 군주와 인민의 사이는 주종관계가 아니었다. 오히려 백성이 군주를 추대한 것은 민의民意를 대행하여 법을 집행하기 위해서였다. 그러나, 일국一國의 안녕을 유지하기 위하여 세워진 군주도 중국에서는 하은주夏殷周 삼대三代 이래로 천하를 개인의 사유물로 삼는 경향이 있어 군민 사이가 분리되어 지배-복종관계가 확립되었다. 그렇지만, 군주는 절대적인 권력을 장악함으로써 민중에게 포악한 지배권을 행사하였다. 이러한 군주는 이미 본래의 역할에서 벗어난 것이므로, 백성들이 이를 토벌하는 것은 당연한 권리라고 인식되었다.

이와 같이 민중의 혁명권을 인정하면서 유사배는 배만혁명 후에 민의를 신장시킬 체제의 출현을 희구하였다. 당연하게도, 혁명 뒤의 사회는 군주의 배제가 전제되었으니, 이는 공화 정체에 가까웠다. 그것은 그가 이 책의 「『주례周禮』」 장에서 "군민君民의 권력을 평균하고자 한다면, 인민이 의회정치의 권리를 행사하지 않으면 안 된다. 이는 유럽 각국이 상하양원을 설립한 이유이다. 이것은 민약民約의 취지와 약간 어긋나지만, 민약의 효과를 가지고 있다"라는 서술에서도 미루어 알 수 있다.

그러면, 유럽의 사회에는 전혀 문제가 없는가? 아무리 민권을 신장시킬 수 있는 정체체제가 있다고 하더라도 여기에서 살아가는 사람들이 경제적으로 곤란하다면, 그 사회는 혁명 뒤에 건설될 국가의 모델이 될 수 없다. 당시의 유사배도 이미 계급적 모순을 가져온 유럽 자본주의제도의 문제점을 인식한 것으로 보인다. 그러나, 이 시기에 그는 아직 자본주의를 대치할 경제체제를 제기하는 데에 이르지 않았다. 예컨대, 그는 『성사醒獅』라는 잡지에 「각성한 뒤의 중국[醒後之中國]」이라는 제목의 논문을 발표하였는데, 그는 여기에서 '철강왕' '석유왕'이라는 대

자본 출현의 두려움은 헨리 조지의 개량주의적 경제정책 도입에 의해 예방이 가능하다고 서술하였다. 그리고 그렇게 함으로써, 과학기술이 발전하고, 군주·관리가 민선民選되는 이상적인 자본주의 국가가 출현한다. 그 때가 되면 세계에 으뜸인 중국이 출현한다고 생각하였다.

이러한 국가의 존재를 전제로 한 유사배의 사고방식은 당연하듯이 그가 후일 주장하는 아나키즘과 양립하지 않는다. 오히려 그는 『중국민약정의』에서 전국시대 농가農家의 사상가인 허행許行[10]에 대한 비평을 통하여 아나키즘을 비판하였다. 그는 허행의 학설을 "민권에 가깝고 또한 평등에 근사하다"고 하면서도 분업의 부정·관리의 부정·절대평등주의라는 세 가지 점에서 민약의 뜻과 반대된다고 서술하였다. 그리고, 그는 "허행의 학설은 서양의 무정부주의에 가장 흡사하다"고 서술하며, 그 절대자유의 주장은 야만시대에 행해질 수 있지만 문명의 시대에 실행될 수 없다고 주장하였다. 여기에서 분명한 것처럼, 유사배는 이 시점에서 아나키즘의 사상적 특징에 대해 어느 정도의 지식을 가지고 있었다. 그것은 아마도 이 시기에 중국어로 번역된 각종의 문헌을 통하여 얻었다고 생각된다. 그러나, 이 시기에 그는 중국의 재생이 권력의 존재 없이는 불가능하다는 인식을 가지고 있었다.

이와 같이 아나키즘을 비판하는 한편 당시 유사배에게는 테러리즘을 찬미하는 경향이 보인다. 그는 『중국민약정의』의 「사마천司馬遷」 장에서 역사상의 유협遊俠의 행위를 존귀한 것으로 평가하며 "자객의 행위는 유럽의 허무당에 가장 근사하다"라고 서술하였다. 또한 동일한 무렵에 발표된 「격렬함의 장점을 논함[論激烈的好處]」이라는 논문에서도

---

10) 이 인물에 대해서는 명확하지 않은 점이 많다. 『孟子』의 「藤文公」에 전해지는 바에 의하면, 그의 주장은 첫째로 군주에서 민중에 이르기까지 평등하게 경작에 종사해야 한다는 '幷耕說', 둘째로 양과 크기가 같은 물건은 가격이 같아야 한다는 '物價齊一論'으로 정리된다.

그는 혁명의 실행이 직접적이면서도 과격한 행동에 의한 것밖에 없고, 온건한 방법에 의해서는 불가능하다고 주장하였다.[11] 여기서 말한 '격렬함의 장점'이란 자신의 생명을 버리기에 꺼려하지 않고, 용감히 나아가 매진하는 기개를 지니며, 중국의 재건을 위하여 현재의 파괴를 실행하고, 인민을 고무한다는 점이다. 이와 같은 테러리즘의 찬미경향은 그가 가입한 광복회의 사상경향, 더욱 그 연원을 거슬러 올라가면 러시아 나로드니키narodniki에게서 받은 영향이었다. 광복회의 모체는 양육린楊毓麟이 주재한 군국민교육회軍國民教育會의 암살단이었는데, 유사배도 일찍부터 이 암살단과 밀접한 관계를 가지고 있었다.

이상과 같이 유사배가 아나키즘을 부정하고 테러리즘을 찬미하는 경향은 중국에서 아나키즘을 이해한 초기방식과 크게 관련되어 있다. 서양 아나키즘은 19세기말에 개량파에 의해 중국에 소개되었고, 뒤에 혁명파에 의해서도 칭송되었다. 그러나, 1907년 이전 중국인이 아나키즘을 이해하는 커다란 특징의 하나는 주의와 수단의 분리였다. 즉, 권력의 즉각적인 부정이라는 사상의 본질에 동조하지 않지만, 테러리즘은 변혁을 실현하는 데에 유효한 수단으로 간주되었다. 이 시기 유사배의 사상에도 그러한 경향이 나타났다.

그러나, 격렬한 행위를 찬미하는 경향이 광복회와 나로드니키의 영향이었다고 하더라도 유사배의 경우에는 그것을 내면에서 지지하는 기반이 있었다. 그 기반이란 실천적 윤리관이라고도 말할 수 있는 것이었다. 여기서, 마지막으로 그의 윤리관을 살펴보고자 한다.

여기서는 윤리를 일상생활과 혁명행동의 측면으로 나누어 보려고

11) 이 논문은 '激烈派之第一人'이라는 필명으로 『中國白話報』 제6기(1904년 3월1일)에 게재되었다. 이 잡지는 이미 몇 번 이름이 거론된 林少泉에 의해 출간되었는데, 유사배는 여기에 가요 등을 포함한 45편의 기사를 집필하였다(『劉師培及其文學研究』).

한다. 우선, 생활상의 윤리부터 살펴보면, 중국전통의 윤리는 민중의 자유를 구속하였다. 그러므로, 혁명은 단순히 정치상의 문제를 해결하면 끝나는 것이 아니라, 아울러 기존의 질서를 성립시킨 봉건윤리의 타파를 포함하지 않으면 안 되었다. 유사배도 배만혁명의 실행을 위해서는 봉건윤리의 핵심인 '삼강설三綱說'의 타파가 필요하다고 호소하였다. 그가 서술한 바에 의하면, 삼강 즉, 군신君臣·부자父子·부부夫婦의 관계는 본래 각각 평등하였고 지배－복종의 관계가 아니었다. 그러나, 삼대 이래로 "리理를 버리고 세勢를 논하고, 세로써 리를 삼으며, 시비是非를 버리고 순역順逆을 논하고, 명분名分의 설을 도출하여 심각하게 민심을 억누르는" 풍조로부터 삼강이 탄생하였으며, 송학宋學의 등장에 이르러 그것은 확정되었다(「중국 인민 의뢰성의 기원을 논함[論中國人民依賴性之起源]」). 정말이지 권력의 보장과 지배의 원활화를 도모하는 목적에서 봉건적 신분질서가 정비되었던 것이다.

그러나, 봉건윤리가 지배자의 노력만으로 확립된 것은 아니었다. 복종을 당연하다고 생각하는 것처럼, 민중이 가지고 있는 타인에 대한 의존성도 이를 조장하였다. 더욱이 가족사상의 존재도 민중의 자립을 방해하는 커다란 요인이었다. 가족은 중국에서 사회적 억압구조의 가장 말단에 위치하는데, 유사배는 구미歐美에 비하여 그 압제가 엄하다고 판단하여 가정혁명의 단계를 거치지 않으면 국민의 공공심公共心을 기를 수 없다고 지적하였다. 가정혁명에 의한 개인의 해방이야말로 근대적 국가를 형성하기 위한 필수조건이었다. 그렇지만, 가족사상의 만연은 중국인 가운데에 사덕私德을 중히 여기고 공덕公德을 경시하는 풍조를 낳았다. 이러한 경향은 중국인의 민족적 자각심을 제고하는 데에 장애가 되었다(「공덕편公德篇」).

그러면, 옛 봉건윤리를 대체할 수 있는 것은 무엇일까? 유사배는 『중국윤리교과서』(1905년)에서 그것이 평등에 기초하지 않으면 안 된다고 지적하였다. 인간은 사회가 문명화함에 따라 자신의 이익을 추구하는 것만으로 사회생활을 영위할 수 없고, 다른 사람과 사회의 이익을 염두에 두지 않으면 안 되었다. 따라서 사회윤리를 확립하지 않으면, 인간의 사회생활은 투쟁으로 시종일관해버린다. 그러나, 그렇게 말하면서도 사회윤리의 출발점은 개인의 수양修養－수신修身이지 않으면 안 된다. 이 수신이야말로 혁명행동에서의 윤리와 결부된다.

수신이란 스스로 자신을 다스려 자기의 몸을 완전하게 하는 일이다. 그러나, 유사배에 의하면, 수신은 단순히 자신의 내면적 정화에 그치는 것이 아니라 실천으로 결부되지 않으면 안 된다. 수신에서 실천으로 나아가는 가교는 입지立志다. 인간은 타인에게 뒤지는 것을 달가워하지 않으므로, 의존하는 성질을 버리고 뜻을 세우는 데에 노력하지 않으면 안 된다. 그리고, 일단 뜻을 확립하면, 인간은 용맹 과감하게 실천으로 옮겨야만 한다.

이러한 사고방식은 흔히 있는 실천강조론으로 보일지도 모른다. 그러나, 유사배의 윤리관에서 특징적인 점은 수신－입지－실천의 과정자체에 있는 것이 아니라 전체를 일관하는 인간의지의 능동적 강조에 있다. 수신에서 실천으로의 비약은 인간이 리理·세勢·기욕嗜欲에 미혹되지 않고 자신을 깨끗하게 하고 자신의 의지를 믿으면 가능하다. 수신을 이루고 혁명을 담당하는 인간이란 "세상을 거스르고 세속에 어긋나는 것을 사양하지 않으며, 결백을 숭상하지 더러움에 휩쓸리지 않으며, 용맹을 좋아하지 겁내는 데로 흘러가지 않으며, 투쟁을 귀하게 여기지 물러남을 달가워하지 않는" 호걸지사였다. 그의 이러한 신념이 앞에서 서술한 유협에 대한 평가의 기초였다. 그는 또한 뜻을 확립하면 천하에 불가능한 일이 없고, "성현이 되고자 한다면 곧 자신이 바로 성현이 된다"

고 서술하였다. 여기에서 쉽게 살펴볼 수 있는 것처럼, 유사배의 주의주의적主意主義的·실천적 윤리관은 왕양명王陽明의 양지설良知說에 근거한 것이었다.

그리고, 유사배는 양명학의 '무선무악설無善無惡說'을 채용하여 혁명윤리의 기초로 삼았다. 예컨대, 그는 인간의 성품조차 선악의 '체體'가 없거나 선악의 '용用'이 있어서, 사물에 접하기 이전의 본성에는 선악의 구별이 존재하지 않는다고 주장하였다. 그렇지만, 선악을 분별하는 능력은 인간의 마음속에 갖추어져 있다. 마음[심心]은 사물을 느끼고, 정情으로 변화하며, 그리고 생각[意]으로 바뀐다. 이와 같이 발현된 인간의 의지야말로 사회의 질곡을 타파하는 힘의 원천이었다.

이상, 이 장에서 서술한 것처럼, 유사배는 국내 활동기에 양이사상을 기반으로 한 배만민족주의를 전개하였는데, 그것은 그가 이제까지 접한 중국의 전통학술과 밀접한 관계를 지녔다. 이와 같이, 옛것을 보존하면서도 당시 그의 혁명론은 중국의 현실을 직시하였다. 어떻게 하면 중국의 현상을 변화시킬 수 있을까? 변혁에 대해 가장 효과적인 방책은 무엇인가? 그는 이들 문제에 대한 해답을 생각하였다. 그러나, 그가 이후에 도쿄[東京]으로 건너가 아나키즘을 수용함에 미쳤을 때, 그것은 변하여 찾아볼 수 없게 된다. 그것은 마치 혁명이 환영으로 변해가는 과정에 있는 것 같았다. 그러면, 다음 장에서는 유사배가 도쿄에서 펼친 활동과 언론을 검토하고 아나키즘으로의 전환과 그 뒤의 사상적 특징에 대해 살펴보고자 한다.

제2장 도쿄 東京

무권력 사회의 희구

1. 『민보民報』에서의 유사배

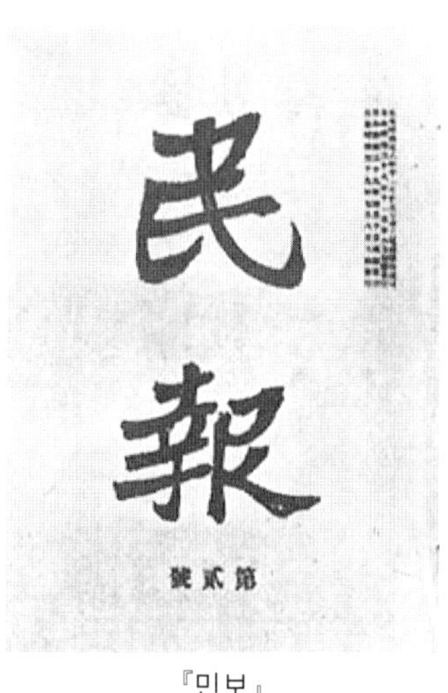

『민보』

1907년 2월, 유사배는 어머니 이여훤, 아내 하진何震(渡日할 무렵 何班에서 개명), 처가 동생인[姻弟] 왕공권汪公權을 데리고 일본으로 건너갔다. 일찍이 유사배의 혁명활동에 반대한다고 생각했던 어머니도 일이 여기에 이르자 그와 함께 행동하는 길밖에 없다고 체념하였던 것일까? 그의 도일渡日은 전해 6월에 소보사건으로 3년의 형기를 마치자 출감과 동시에 일본으로 건너가 중국동맹회中國同盟會의 기관지 『민보』의 총편집總編集이 되었던 장병린의 초청에 의한 것이었다. 유사배는 도쿄시[東京市] 우시고메구[牛込區] 신오가와쵸[新小川町] 2가[二丁目] 8번지[八番地]의 민보사民報社에서 장병린·소만수蘇曼殊와 함께 살았다. 그리고, 그는 여기에서 동맹회에 가입하였고 새로운 환경에서 사상적 자극을 받아 아나키스트로 전환하였다.

유사배의 아나키즘 수용 문제를 살펴보기 전에, 먼저 당시 동맹회의 사상경향을 서술할 필요가 있다. 유사배가 도착하기 이전부터 동맹회의 기관지인 『민보』에는 아나키즘에 관한 기사가 실렸었다. 앞장에서 약간 밝힌 것처럼 그들은 수단으로서의 암살행위를 찬양하였지만 사상의 본질에 대해서는 비판적인 평가를 내리는 경우가 많았다. 그러나, 1907년 이후가 되면, 동맹회 가운데에는 이를 호의적으로 파악하려고 하는 경향이 발생한다. 이러한 경향에 큰 영향을 미친 것은 당시 일본 사회주의의 운동 경향, 특히 고토쿠 슈스이[幸德秋秀]의 사상전환이었다.

고토쿠 슈스이는 1906년 6월의 「세계 혁명운동의 조류」라는 제목의 강연에서 "투표란 매우 믿을 수 없는 것은 아니지만……노동자의 혁명은 노동자가 스스로 수행하지 않을 수 없다. 이것은 근래 구미歐美 동지의 절규이다"라고 하며 총파업을 운동의 수단으로 이용할 것을 주장하였다. 그 뒤로 일본의 사회주의자들 가운데에는 사회민주주의가 시대에 뒤진 사상이므로, 장래의 주류는 직접행동과 아나키즘이라고 생각하는 경향이 일어났다. 그리고, 1907년 1월에는 일간 『평민신문』이 창간되어 어느 정도 합법적인 상황 아래에서 아나키즘의 영향력은 강화되었다. 중국혁명가들도 이러한 동향과 무관하지 않았다. 예컨대, 같은 해 3월에는 장병린과 장계張繼가 기타 잇키[北一輝]의 소개로 고토쿠 슈스이와 접촉하기 시작하였다. 기타 잇키가 두 사람을 고토쿠 슈스이에게 소개한 때는 혁명평론사革命評論社에 내분이 일어나 해산된 뒤의 일이지만, 소개한 장본인인 기타는 "불초한 제가 고토쿠 슈스이에게 소개한 것이 화가 되어, 장군張君의 사상은 놀랍게도 무정부주의로 달려갔다"라고 서술하였다(『지나혁명외사支那革命外史』).

여기에서 등장한 장계(자가 溥泉)란 인물은 일본에 유학하여 와세다[早稻田]대학에서 공부한 뒤에 1903년 말에 상해에서 『무정부주의』라는 제목의 책을 출판하여 중국인으로서 서양 아나키즘을 체계적으로 소개한 최초의 인물로 알려져 있다. 그리고, 열렬한 배만론자로서 알려진 장병린도 당시 아나키즘을 지지하는 입장에 서 있었다. 이들 두 사람은 1907년 봄부터 고토쿠 슈스이에게 가르침을 청하였다.[1] 유사배도 그들을 매개로 고토쿠 등 일본의 사상가·활동가와 접촉한 것으로 추측된다. 그리고, 이제까지 양이사상에 기초하여 배만혁명론을 전개한 유사배도 일본과 중국의 혁명파 사이에서 발생한 급진적 조류의 영향을 받았다.

도일한 뒤에 유사배는 『민보』에 5편의 논설을 발표하였다. 처음으로 게재한 것은 「널리 한인에게 고함[普告漢人]」(임시증간 『천토天討』 1907년 4월 25일)이라는 제목의 논설이다. 그는 여기에서 "인종으로 말하면 만주의 군주는 이족異族이다. 정계政界로 말하면 만주의 군주는 포악한 군주이다. 그러므로 오늘날 만주토벌은 종족혁명種族革命과 정치혁명을 병행하는 것이다"라고 서술하였다. 유사배는 일본에 건너간 뒤 약 2개월 사이에 주변으로부터 사회주의의 지식을 얻었으리라고 충분히 생각할 수 있다. 그러나, 이때 그가 정치혁명을 지향했다는 점에서 본다면 그 가운데에 아나키즘의 영향은 아직 크지 않았다. 오히려, 여기에는 많은 사례를 제시하여 만주족이 어떻게 한민족을 학대하였는가를 논하며 복수의 필요성을 주장할 뿐이었다. 이와 같은 유사배의 주장은 이전의 양이사상攘夷思想을 기반으로 하는 혁명론의 연장선상에 있었다.

『민보』 제13호(1907년 5월 5일)에 게재된 「이해평등론利害平等論」은 인간의 가치관을 주제로 한 논문이다. 인간에게는 이利를 좋아하고 해害를 피하는 경향이 있지만, 유사배는, 불교사상에 기초하여 원래 이해利害란 상대적이어서 이를 명확하게 구별하는 기준 따위가 없다고 주장하

1) 장병린과 장계는 고토쿠의 집을 종종 방문한 듯하니, 1907년 3월 26일 자의 엽서에는 다음과 같이 쓰여 있다. "삼가 알립니다. 내일 오후 1시 귀댁을 방문하여 좋은 가르침을 청하오니, 선생께서는 허락해 주시오"(坂本清馬 「我觀中國」 7). 그리고, 그들 이외의 인물도 종종 고토쿠 등이 개최하는 社會主義講習會에 참석하였으니, 사회주의와 아나키즘에 대한 관심이 높았음을 알 수 있다(景梅九 『留日回顧』).

였다. 인간의 주변에 있는 이해의 기준으로는 사회가 일반적으로 선하다고 하는 것을 이라고 하고, 악하다고 하는 것을 해라고 한다. 하지만, 선악의 기준이란 고대 권력자가 백성을 명령에 복종시키기 위하여 제정한 것에 지나지 않는다. 오히려, 인간 마음의 움직임과 감정의 발로를 볼 때에 이해는 모두 가상일뿐이다. 그러므로, 인간이 현재 가지고 있는 이해의 관념을 제거하려고 한다면, 먼저 이해를 평등하다고 보지 않으면 안 된다.

유사배가 이해를 평등하게 볼 수 있다고 말한 까닭은 인간에게 의지의 힘이 있기 때문이다. 자신의 마음을 믿고 행하면 이해의 관념을 타파할 수 있다. 중국의 사상가 가운데에 이러한 경향으로 알려진 인물은 왕양명이다. 유사배는 이 논문에서 다음과 같이 서술하였다.

> 단지 왕양명王陽明만이 양지설良知說을 창도하고, 이를 성인의 길로 삼았다. 자신의 마음에서 자족自足하면, 밖에서 구할 것이 없다. 다만, 양지는 외물外物에 가려지기 쉬울 뿐이다. 양지良知를 극진히[치양지致良知] 하면, 외물外物에 가려지는 일은 없다.

여기에서 유사배는 불교의 상대주의적 세계관과 양명학의 주의주의主意主義를 결합하기에 이른다. 단지, 그는 이처럼 관념의 세계에서 논의를 전개하였지만, 그 내용은 결코 현실에서 벗어나지 않았다. 아니, 그의 사고로 이해의 문제는 현실의 혁명운동과 관련되어 있었다. 즉, 그의 주변에는 사람들의 마음속에 이미 종족혁명·정치혁명·경제혁명의 이치가 갖추어져 있지만 그것이 밖으로 드러나지 않은 상황이었다. 그는, 이러한 상황은 인간들이 이해의 마음에 미혹되고, 사설邪說을 주창하는 자가 이해의 설로써 선동하기 때문에 일어난다고 생각하였다. 이와 같은 풍조에 대해 그는 인간들이 이해를 초월하는 정신을 가지고 혁명으로 일어설 것을 호소하였다.

2. 아나키스트로의 전환

1907년 6월, 유사배의 아내 하진이 중심이 되어 여자복권회女子復權會가 조직되고, 기관지로서 『천의天義』가 창간되었다. 이때의 발기인은 하진 이외에 육회권陸恢權, 서아준徐亞尊, 주노도周怒濤, 장욱張旭 등이다. 『천의』는 "고유의 사회를 파괴하고, 인류의 평등을 실행할 것으로 취지로 삼으며, 여성계[女界]의 혁명을 주창하는 이외에 겸하여 종족·정치·경제의 제혁명을 제창하는" 것이었다. 일반적으로는 『천의』의 창간을 재일 아나키스트 활동의 시작으로 보는 경향이 있다. 그러나, 엄밀하게 말하면, 초기의 『천의』는 '강권強權의 부정'을 종지에 포함하지 않았고, 또한 유사배 개인의 입장에서 말하면 이때의 그는 아직 사상전환의 과도기에 있었던 것으로 보인다.[2] 그는 『천의』에 관여하는 한편 『민보』에 여전히 배만혁명론의 기사를 싣고 있기 때문이다. 그러므로, 이 해 6월에서 7월에 걸쳐 유사배가 집필한 기사를 비교하여 검토해 보면, 그것들은 게재하는 잡지에 따라 사상내용을 달리하였음을 확인할 수 있다.

먼저, 이 사이 『민보』의 기사부터 살펴보자. 유사배는 제14호(6월 8일)에 「만주인은 중국의 신민이 아님을 밝힘[辨滿人非中國之臣民]」을

2) 『천의』가 명확하게 아나키즘을 내세우는 것은 8~10 합책호(1907년 10월 30일)부터이다. 여기에는 宗旨를 "國界 種界를 파괴하여 世界主義를 실행한다. 세계의 모든 강권에 저항한다. 일체 현재의 人治를 전복한다. 공산제도를 실행한다. 남녀의 절대평등을 실행한다"로 고쳤다. 역시 『천의』와 거의 동시에 파리에 머물던 李石曾 등에 의해 아나키즘 선전지 『新世紀』가 창간되지만, 창간에 즈음하여 양자의 사이에 연락이 있었던 자취는 전혀 없다.

발표하였다. 이는 제목이 보여주듯이 명대明代에 만주인이 중국의 백성이 아니었다는 점을 주장한 논문이다. 이 기사가 쓰인 배경에는 당시 혁명파와 개량파 사이에서 전개된, 중국이 멸망하였는가 멸망하지 않았는가에 관한 논쟁이 있었다. 즉, 혁명파는 중국이 만주족에게 정복되어 멸망하였다고 주장하는 한편 개량파는 청조의 성립이 역성혁명에 의한 것이므로 중국은 멸망하지 않았다고 주장하였다. 이 문제에 관해 혁명파 측에서는 왕정위汪精衛가 처음에 논진을 펼쳤고, 유사배가 그 뒤를 이어받은 형태로 이 기사를 작성하였다. 유사배는 이 기사에서 만주족이 일어났다는 건주建州 지역이 실은 명의 영역 밖에 있어 왕조의 통치권이 미치지 않는 지역이었음을 증명하였다. 고증학자이기도 한 유사배의 입장에서 보면, 문헌자료를 구사하여 역사적 사실을 논증하는 일은 결코 어렵지 않았을 것이다. 게다가 그의 논증은 주도면밀하였다. 이 기사가 발표되었지만 개량파 측에서는 이 문제에 관해 반론을 제기하지 못하였고, 동시에 배만혁명가로서 그 자신의 명성도 높아졌다.

유사배의 논증 기반은 국내에서 활동한 시기에 주장한 양이사상에 있었다. 그의 사고에서부터 본다면, 종족이 다른 자는 동화할 수 없고 예의의 유무에 따라 중화와 이적을 구분하며 이적이라도 예의를 지니면 중화가 될 수 있다고 하는 금문학파 = 개량파의 이론은 이적에 아첨하는 것에 지나지 않았다. 이와 같이 「만주인은 중국의 신민이 아님을 밝힘」에서 아나키즘의 영향을 살펴보는 것은 전혀 합당하지 않다. 그런데, 이보다 2주 뒤에 출판된 『천의』 제2호(1907년 6월 25일)의 「폐병폐재론廢兵廢財論」이라는 제목의 기사에서 그는 정부를 전복하고 국경을 제거하며 재산을 공유하자는 주장을 폈다. 여기에는 아나키즘의 영향을 엿볼 수가 있다.

簡章

一宗旨及命名　以破壞固有之社會實行人類之平等為宗旨于提倡女界革命外兼提倡種族政治經濟諸革命故曰天義

一辦　法　每月本擬刊印一冊因排印延期暫定為每月二卷

一材　料　每冊以二十頁為限首圖畫次社說次學理次時評次譯叢次來稿次雜記均以醒世覺民為主

一經　濟　暫由發起人籌捐開辦如有捐款五元以上者奉酬二份以一年為限十元以上則以二年為限二十元以上奉酬三份以三年為限三十元以上則永遠奉酬均推為名譽贊成員

一價　目　每冊售洋一角訂一月者金一角八分半年一元零五分全年二元郵費另給凡經售者十分以上八折四十份以上七折惟需按期付款

一通　信　凡國內外有通信匯款者請寄日本東京牛込新小川三ノ八何震―代收轉寄發行所

發起人　陸恢權　張旭
何殷震　周大鴻
徐亞尊　同啓

天義第三卷目次

天義前二號要目

『천의』 간장簡章 및 제3권 목차

마찬가지로 『민보』 제14호에는 「청유득실론淸儒得失論」이 실렸다. 이는 명대와 청대의 유학경향에 대해 서술한 논문이다. 유사배는, 여기에서 명유明儒가 치용致用을 취지로 무단無斷의 풍조가 있었던 데에 비해 청유는 구시求是를 종지로 한다고 지적하였다. 그리고, 청유 가운데에도 한학漢學을 지키고 고古를 사모하는 고증학자는 영리에 담백하였다고 평가하는 반면에, 경세학經世學을 연구하는 자는 고명高名을 빌어 영리로 달려갔으며, 의리학義理學을 전공하는 자는 도덕을 빌어 이름을 팔았고 심한 경우에 이르면 학문을 이록利祿의 길로 간주하였다고 비판하였다. 이 기사의 내용은 혁명과 직접 관계가 없다. 그러나, 여기에는 국학자이면서도 정치의 세계에 발을 들여놓았고, 지금 바야흐로 아나키스트로 전환하려고 한 유사배가 자신의 마음속에 계속 유지하려고 하는 어떤 존재를 느낄 수 있다.

이어서, 『민보』 제15호(1907년 7월 5일)를 보면, 여기에는 전호를 계속 이은 형태로 「만주인은 중국의 신민이 아님을 밝힘[辨滿洲非中國之臣民]」(續)이 실려 있어서, 유사배가 여전히 배만민족주의를 주장한 것이 확인된다. 그러나, 같은 호에는 지금까지와는 경향이 다른 논설 「비전편非佃篇」이 실려 있다. 이 기사에서 유사배는 한민족의 지배인가 이민족의 지배인가에 구애받지 않고 고대에서부터 청대에 이르기까지 농민에 대한 수탈이 가혹하였음을 지적한 가운데에 "반드시 귀천의 계급을 타파하고 부호의 전지를 몰수하여 토지를 국민의 공유로 삼는" 것이 필요하다고 주장하며, "부호의 전지를 몰수하고자 한다면 반드시 농민혁명으로부터 시작하지 않으면 안 된다"고 서술하여 지주의 토지몰수를 목표로 한 농민혁명의 방향성을 제시하였다.

일반적으로는 이 「비전편」의 논문은 유사배가 아나키즘으로 가는 과도기적인 단계를 제시하는 것으로 본다. 확실히, 토지의 몰수라는 주장은 당시의 동맹회 가운데에서 급진적인 부류에 속하며, 여기에는 사회주의의 강한 영향이 보인다. 그러나, 다른 방면에서 그는 이 논문 가운데에 토지몰수가 필요하다는 근거의 하나로서 장래 중국이 광복하여 보통선거를 시행하더라도 전호佃戶(소작인)가 지주에게 복종하면 선거의 자유를 빼앗겨버린다고 주장하였다. 이와 같이, 이 논설의 발표시점에서 유사배는 혁명 뒤에 보통선거의 실시－대의제代議制의 실행을 상정하고 있는 등, 여전히 사상적 애매성을 면하지 못하고 있다. 따라서 설령 이 논문에서 뒤에 전개될 아나키즘의 공통성을 본다면, 그것은 농민문제에 주목하였다는 한 가지 점에 한정된다.

3. 동맹회의 내부대립

유사배는 이후로 반 년 남짓『민보』에 기사를 기고하지 않았다. 그런데, 그는 위의『민보』제15호가 출판되기 10일 전에 발행된『천의』제2호(6월 25일)에 이미 아나키스트로서 활동한 장계와 공동으로「사회주의강습회광고」를 게재하였고, 이어 제3호(7월 10일)에는 미래의 무권력사회의 구상이라고도 할 수 있는「인류균력설人類均力說」을 발표하여 아나키스트로서의 입장을 명확히 하였다. 그러면, 그를 이처럼 단기간에 아나키스트로 만든 것은 무엇이었을까? 그 요인의 하나는 동맹회의 내부대립이었다.

여기서 당시 동맹회의 상황에 대해 간단하게 서술해 둔다. 유사배가 일본에 도착한 무렵, 손문의 독단전횡적인 지도방침과 1907년 3월 일본을 떠날 때의 금전수수문제를 둘러싸고 동맹회 내부에는 심각한 대립관계가 발생하였다. 손문은 일본을 떠나 하노이로 갔는데, 일본의 동맹

손문

회 본부에는 손문을 비난하는 목소리가 높아졌다. 이때 손문 비판의 선두에 선 인물은 장병린, 장계, 송교인宋教仁 등이었다. 장계는 "혁명에 앞서 먼저 혁명당을 혁명하지 않을 수 없다"고 주장하였다(『지나혁명외사支那革命外史』). 그리고, 같은 해 6월의 혜주봉기惠州蜂起가 실패하자, 반손문파의 세력은 더욱 커졌다. 이와 같은 상황에서 장병린 등은 손문을 총리總理의 자리에서 해임할 것을 제안하며 손문의 옹호를 주장하던 서무간사庶務幹事 유규일劉揆一과 격렬한 논쟁을 벌였다.

일본에 도착한 무렵의 유사배도 이 대립 가운데에 가담하였다. 그는 장병린이 손문의 해임을 제안한 뒤에, 동맹회 본부의 조직개편을 제안하였다. 그의 제안은 당시 동맹회에 관계한 일본인 가운데에 기타 잇키, 와다 사부로[和田三郎] 등과 짝을 이루었는데, 이는 유규일의 반대로 끝내 실패하였다. 나아가, 유사배는 동맹회원 정가정程家檉이 청조관료와 대화통로를 가지고 있었기 때문에, 그를 이용하여 손문을 권력 측에 팔아넘기려고 기도하였다. 하지만, 정가정이 그 계획을 유규일과 송교인에게 밀고하였으므로, 이번 그의 기도도 결국 실패로 끝나버렸다. 유사배는 이것을 심히 유감으로 생각하고, 일본인 낭인浪人에게 부탁하여 정가정에게 폭행을 가하여 부상을 입힐 정도였다.

오노가와 히데미[小野川秀美]에 의하면, 이상과 같은 유사배의 행동은 동맹회 내부에 자파自派의 입지를 구축하려는 목적 때문이라고 한다(「유사배와 무정부주의[劉師培と無政府主義]」). 그리고, 아마 유사배는

앞줄 왼쪽에서부터 황흥, 한 사람 건너서 호영胡瑛, 송교인, 억양곡抑揚谷
뒷줄 왼쪽에서부터 장사교, 네 번째 사람이 유규일劉揆一(화흥회華興會 시대의 사진)

동맹회 내부에서 사상적 영향력의 증대를 도모하였을 것이다. 이와 같은 그의 의도가 표출된 것은 아마도 『민보』에서의 강렬한 배만민족주의의 전개(4～6월)였을지도 모른다. 이로부터 본다면, 그가 동맹회의 이론적 순화를 기대한 기타 잇키와 같은 무리를 이룬 것도 결코 이해하기 어려운 일이 아니다.

더욱이 인맥으로 보면, 유사배는 장계와 알고 있는 사이였고, 또한 기타 잇키를 통하여 고토쿠 슈스이를 알았을 가능성이 크다. 당시 고토쿠의 댁에 출입한 사카모토 세이마[坂本清馬]의 회상에 의하면, "장병린 선생, 유광한[유사배] 하진 부부, 장계 군 등이 사회주의 무정부주의를 연구하기 위하여 구내의 오쿠보[大九保] 햐쿠닌쵸[百人町]로 고토쿠 슈스이 선생을 방문한 것은 명치 40년(1907)년의 봄 4월경이었다"(「내가 본 중국[我觀中國]」 7)고 한다. 도일한지 1개월 정도, 유사배는 이미 아나키즘에 대한 관심을 가지고 어느 정도의 사상적 지식을 얻었다. 『천의』를 창간한 뒤에 그의 사상적 관심은 한층 강화되었고, 그 결과 『천의』 제2호에 이르러 유사배에게는 아나키즘과 배만민족주의가 병존하는 상황이 일어난다. 그런 그가 아나키즘의 입장을 전면에 내세운 것은 동맹회 조직개편의 시도가 실패로 끝난 시기와 대략 합치된다. 이는 유사배가 이제까지 동맹회의 권력투쟁에서 사상투쟁으로 방침을 전환한 것으로 볼 수 있다.

이렇게 보면, 『민보』와 『천의』에 실린 유사배의 기사 사이에서 나타난 사상적 모순은 동맹회 내부의 권력투쟁이라는 배경 아래에서 그가 자신의 내부에 병존하는 사상 중에서 하나를 선택하는 과정의 산물이었다고 판단된다. 그리고, 그것은 그 본래의 배만민족주의 사상 위에 아나키즘이 부가되어 가는 과정이기도 하였다. 다만, 여기에 부가된 아나키즘은 고토쿠 등의 사상과 동질적이지 않았다. 후술하는 것처럼, 유사배의 아나키즘은 농본주의와 과학에 대한 동경이 병존한 극히 특이한 형태였기 때문이다.

이상과 같이, 유사배는 동맹회의 내부대립을 계기로 아나키스트로 전환했다고 생각된다. 극히 상식적으로 생각해 보면 그가 이제까지 주장한 배만민족주의와 새로 주장하기에 이른 아나키즘에는 그 사상적 격차가 심하다고 하지 않을 수 없다. 그러나, 아마도 그는 사상적 이행에 수반하여 자신을 정당화하는 데에 그다지 곤란을 느끼지 않았을 것이다. 왜냐하면, 뒤에 자세히 살펴보는 것과 같이, 고증학자로서 유사배가 이제까지 축적한 전통사상에 관한 풍부한 지식을 구사하면, 새로운 정치적 입장을 지지하는 사상을 용이하게 구축할 수 있기 때문이다. 이처럼, 중국의 전통사상에 기초한 정치적 입장의 정당화는 그의 사상적 영위 전체를 일관하는 가장 큰 특징이었다.

4. 유사배의 아나키즘 인식

아나키스트로 전환한 유사배는 『천의』 및 『형보衡報』를 무대로 활발한 언론활동을 전개하였다. 『천의』는 1907년 6월 10일에 창간되어 처음에 반월간半月刊으로 출판될 예정이었다. 그러나, 도중에 계획이 크게 어그러져 합책호合册號가 증가되었으며, 1908년 봄의 최종호는 16~19 합책으로 출판되었다. 다른 한편, 『형보』는 『천의』 정간 뒤 같은 해 4월 28일에 창간되었다. 아래에서 이 두 출판물에 발표된 논설과 기사를 중심으로 이 시기에 그의 아나키즘 사상 특징을 일곱 가지의 측면에서 서술하고자 한다.

1) 평등주의

아나키즘은 사회 일체의 지배복종관계에서 인간을 해방시켜 철저한 자유와 평등을 누리게 하는 사상으로 정의된다. 이 자유와 평등의 철저화를 모순으로 보지 않고, 인간의 이성이 최종적으로 양자의 조화를 실현한다는 것이 아나키스트들의 일반적인 견해이다. 그런데, 유사배의 아나키즘에는 평등주의의 측면이 전면에 나선다. 그는 「무정부주의의 평등관[無政府主義之平等觀]」(『천의』 제4, 5, 7호, 1907년 7월 25일, 8월 10일, 9월 15일)이라는 제목의 논설에서 인류에게는 평등권·독립권·자유권이라는 세 가지의 천부적 권리가 있음을 지적하면서 "독립과 자유의 두 가지 권리는 개인을 본위로 한다. 평등의 권리는 반드시 인류 전체를 통합한 뒤에 나타난다. 그러므로 인류 전체의 행복을 실현하려고 한다면, 평등의 권리를 중시하지 않으면 안 된다"고 서술하여, 자신의 아나키즘은 평등주의로 귀결된다고 명확하게 언급하였다.

유사배는 인류가 생리학적이나 심리학적으로도 본래 평등한 존재라고 주장하였다. 그러나, 역사의 진전 가운데에 계급간·직업간·남녀간의 불평등이 발생하였다. 그리고, 현재에는 정부와 인민·자본가와 노동자·강대민족과 약소민족의 사이에 불평등이 형성되이 존재한다. 이들 불평등을 낳은 여러 가지 악의 근원은 정부의 존재이다. 따라서 정부를 폐지하여 다양한 불평등에서 인간을 해방하는 사상, 즉, 아나키즘이야말로 가장 정당성을 지닌 사상이라고 생각하였다. 이와 같은 평등주의의 강조는 이 시기 그의 사상에 나타나는 특징 가운데 하나라고 말할 수 있다.

그러면, 인류의 불평등 및 지배관계는 어떠한 요인에서 발생하였을까? 유사배는 종교의 존재 등 몇 가지 요인을 거론하였는데, 그 가운데에 가장 최대의 요인으로 간주된 것은 인간의 공리심功利心이다. 인간의 공리심은 '병兵'과 '재財'의 존재에 의해 온전해진다. 그는 『천의』 제2호(1907년 6월 25일)의 「폐병폐재론廢兵廢財論」이라는 제목의 기사에서 다음과 같이 서술하였다.

> 아아! 천하의 인민을 해치는 것은 단지 공리功利라는 두 글자뿐이다. 공功을 도모하는 목적은 자신을 강하게 만드는 데에 있고, 리利를 도모하는 목적은 자신을 부유하게 만드는 데에 있다. 강자는 병兵을 믿고, 부자는 재財를 믿는다고 한다. 병兵이 있은 연후에 강약强弱의 구분이 생기고, 재財가 있은 뒤에 빈부貧富의 차이가 생긴다. 강약과 빈부가 현격한 것은 평등의 공리公理에 크게 어긋난다.

그는 병과 재의 존재에 의해 계급분화가 발생한다고 주장한 것이다.

No/0 第十號

EQUITY

The Chinese Anarchist News.

衡報

每月發行三次

ISSUED THREE TIMES A MONTH

編輯者 劉申叔

EDITOR LIEU SUN SOH

價目表

General objects

衡報大旨

1. Anarchist communism

2. Antimilitarism and General strike

3. Peoples every jotting

4. International revolutionary and laborer Association.

Correspondent de partment

No. 21. 6chome

Iidamachi,

Kojimachiku

Tokyo,

Japan.

『형보』

강자는 귀자貴子가 되고 지자智者가 되어 지배자가 된다. 다른 한편으로 약자는 천자賤者가 되고 우자愚者가 되어 피지배자가 된다. 그러나, 병과 재의 보유 여부가 지배－복종의 분기점이 되지만, 그것들은 독립하여 존재하지 않는다. 오히려 이 두 가지 요소는 서로 결합하여 발전한다. 왜냐하면, 권력의 동기와 목적은 다른 사람의 재산을 획득하는 것이고, 그것은 병력의 증강에 의해 가능하기 때문이다. 이러한 재와 병의 부정은 권력의 부정에 의해 비로소 실현된다. 즉, 투쟁의 근원을 없애고 계급을 타파하는 데에는 병과 재를 폐지하는 것 이외에는 없다. 하지만, 이를 실현하려고 한다면, "반드시 정부를 전복하고, 국경을 제거하며, 토지재산을 공유화하고, 사람들이 모두 일을 하며, 민생일용품은 중인의 힘을 합하여 만들어 중인의 공유로 삼지 않으면 안 된다"고 한다.

2) 민족주의

그런데, 신해혁명시기의 최대 과제는 이민족지배체제의 타파와 열강침략의 극복이었다. 이러한 상황에서 과연 아나키즘이 사상적 유효성을 발휘하여 무권력사회를 실현할 가능성은 있었을까? 유사배는 이 문제를 전적으로 긍정하였다. 먼저, 이민족지배문제에 관해 말하면, 그는 이 문제를 처리하는 데에 단순한 배만혁명론보다도 아나키즘이 효과를 발휘한다고 지적한다. 왜냐하면, 배만혁명을 주장하는 것만으로는 혁명 뒤에 특정의 민족이 이익을 얻을 뿐이고 전체 인민에게 평등한 이익을 줄 수 없기 때문이다. 그러나, 민족주의에도 평가할 점은 있다. 그것은 강대민족에 대한 약소민족의 저항이란 측면에서이다. 앞에서 서술하였듯이, 유사배는 『민보』에 「만주인은 중국의 신민이 아님을 밝힘」을 발표하여 배만혁명의 정당성을 주장하였다. 아나키즘의 입장을 선명하게 한 뒤에, 그는 『민보』 제18호(1907년 12월 25일)에 같은 논문의 완결편을 발표하여 다음과 같이 서술하였다.

> 오늘날 민족주의를 주장하는 이유는 이민족의 잡거雜居를 금지하는 데에 있는 것이 아니다. 다만 이민족의 통치를 단절시키려고 하는 희망 때문이다.……소수민족이 다수민족을 통치하는 데에는 반드시 강권强權에 의해 제국주의를 실행한다.……그러므로 오늘날의 배만은 만주인의 통치권을 배제하는 데에 있다. 민족주의가 제국주의에 대한 저항과 서로 표리를 이루는 이상, 그것은 본래적으로 이전 학자들이 중외화이中外華夷를 구분한 것과 다르다.

유사배는 화이사상에 기초하는 편협한 배만민족주의에 반대하면서도 민족주의 그 자체를 부정할 수 없었다. 오히려 그는 아나키즘 혁명과 배만혁명의 동시성을 주장하였다. 그의 사고에서 아나키즘과 민족주의는 서로 배척하는 것이 아니라 전자가 후자를 포섭하는 형태로 파악되었다고 할 수 있다. 이러한 경향은 「종족혁명과 무정부혁명의 득실을 논함[論宗族革命與無政府革命之得失]」(『천의』 6, 1907년 9월 1일)이라는 논설에서 보다 선명하게 나타난다. 즉, 그는 여기서 단순한 배만민족주의의 문제점을 지적하고 만주인의 특권을 빼앗기 위하여 그 군주와 정부를 폐지할 필요가 있다고 서술하면서, 아나키즘 혁명을 실행하면 만주정부는 타도되고, 만주정부가 타도되면 아나키즘의 목적도 달성된다고 주장하였다. 이와 같이 배만문제를 내용에 포함하였다는 점에서 유사배의 아나키즘은 청말의 정치적 과제를 반영하였다고 할 수 있다.

3) 아나키즘 혁명의 가능성

그러면, 아나키즘 혁명은 중국에서 과연 실현이 가능할까? 유사배는 그것이 대단히 쉽다고 주장하였다. 그러한 확신은 그의 중국사회의 인식에 기초한 것이다. 그는 「종족혁명과 무정부혁명의 득실을 논함」에서 "중국은 삼대三代 이후로 이름은 전제정체였지만 실제는 무정부와 거의 동일"하였다고 서술하였다. 왜냐하면, 중국의 모든 정치는 학술을 반영하였기 때문이다. 예컨대, 유가儒家는 덕치주의를 종지로 삼아 백성을 구속하려고 하지 않았고, 또한 도가道家와 같은 경우에는 무위자연無爲自然을 취지로 삼아 일체의 인위를 배제하는 경향이 있었다. 그러므로 진의 멸망에서부터 오늘날에 이르기까지 방임의 시대가 계속되었고, 그 사이에 중국의 정부는 소극적인 정치를 행하고 불간섭을 훌륭한 정책으로 삼았다. 따라서 정부라는 이름은 있었지만, 실제로는 무정부와 크게 차이가 없는 상태였다고 주장하였다.

더욱이, 유사배는 중국이 평등에 가까운 사회라고 주장하였다. 이러한 상태는 두 가지 이유에 의해 일어난다. 하나는 이민족 지배에 기인한다. 그에 의하면, 일단 이민족이 지배하면 종래의 계급은 소멸한다. 거기에는 민족사이의 불평등이 존재할 뿐이다. 현재의 중국에는 민족적인 불평등이 있지만, 한민족 사이에는 계급적인 구별이 없다. 다른 하나는 중국이 농업사회라는 점이다. 중국에는 역사적으로 농업을 중히 여기고 상업을 천한 직업으로 간주하는 경향이 있어 자본주의가 성장하는 풍토가 아니었다. 이러한 특징과 상황에서 보아, 유사배는 사람들이 종래의 복종심을 바꾸어 지배자들에게 반항한다면 아나키즘 혁명의 실현은 지극히 쉽다고 지적하였다.

그렇다고 해도, 유사배가 주장한 중국에서 아나키즘 혁명이 용이하게 달성된다는 이 근거는 국가의 존재와 인민의 자유 평등이 서로 용납되지 않는다는 아나키즘의 기본적인 전제와 분명히 모순된다.[3] 그는 지

3) 실제로 유사배에게도 국가의 존재와 인민의 자유 평등이 서로 용납하지 않는다는 인식이 있었다. 그는, 중국의 고대사를 분석하면서 國力이 증강한 시대

배자에 대한 인민의 반항이 과거에 가능하였는가를 검토하지 않고, 오로지 아나키즘 혁명의 유리함만을 주장함으로써, 이 모순의 해결을 회피하였다. 그의 이러한 자세에는 후일 원세개袁世凱 독재시기에 이르러 전통적 지배체제를 무조건으로 용인하는 가능성이 내재해있다고 할 수 있다.

그런데, 중국사회의 특징이 방임정치였고, 이 특징에 따르는 것이야말로 아나키즘 혁명을 가능하게 만든다고 한다면, 중국에서의 자본주의적 발전은 유사배의 혁명 구상을 근저에서부터 부정한다. 그러므로 그는 중국에서의 자본주의화, 그리고 그것에 기초한 정치적·사회적 근대화를 '거짓문명[僞文明]'으로 비판한다. 그가 서양 거짓문명의 전형으로 지적한 것은 법치·의회 개설·실업진흥·육군창설의 네 가지였다. 이것들은 모두 중국의 정치를 방임에서 간섭으로 바꾸어 사회에서 계급분화를 촉진한다고 인식하였다. 여기서 그는 다음과 같이 서술하였다.

> 원래 방임의 성격을 지니는 정부를 폐지하는 것은 용이하지만, 간섭의 성격을 지닌 정부를 폐지하는 것은 어렵다. 자유의 백성에 의해 정부를 전복하는 일은 지극히 용이하지만, 억압받는 백성으로 정부를 전복하는 일은 지극히 곤란하다.

그렇지만 그러한 간섭 경향은 이미 현실문제로 나타나고 있었다. 그것은 당시 청조에 의해 추진된 '신정新政'이었다. 그래서 유사배는 「신정이 백성을 괴롭히는 근원임을 논함[論新政爲病民之根]」(『천의』 8~10합책호)을 발표하여 이를 철저하게 비판하였다. 그의 비판취지는 위에서 서술한 범위를 넘지 않았기 때문에 여기에서 자세하게 서술하지

는 民力이 쇠퇴한 시대였다고 설명함으로써, 그것의 근거로 삼았다(「論國家之利與人民之利成一相反之比例」『형보』 1, 1908년 4월 28일).

않는다. 다만 유사배가 그 가운데에서 "유신維新은 수구守舊에도 미치지 못하고, 입헌立憲은 전제專制에도 미치지 못한다"고 기술한 것은 주의할 필요가 있다. 아나키즘이라는 급진사상을 주장하면서도 다른 한편으로 '신'보다 '구'를 좋아한다고 하는 그의 자세는 그의 사상과 전통의 관련, 나아가서는 뒤의 정치적 보수화의 문제를 파악하는 데에 매우 흥미롭다.

유사배로서는 장래의 아나키즘 혁명을 배제하더라도, 중국에서 농업 쇠퇴의 위기는 지극히 심각한 문제로서 비쳐졌다. 그는 「중국민생문제中國民生問題」라는 제목의 기사를 『천의』(8～10합책, 13·14합책, 1907년 10월 30일, 12월 30일)에 게재하여 이 문제에 대한 주의를 불러일으켰다. 그 기사에서는 중국이 과거에 농업을 국가의 기반으로 삼았지만, 최근에 이르러 이를 경시하는 풍조가 나타난 점을 지적하였다. 그 원인은 바로 자본주의 경제발전이었다. 그리고, 자본가가 공업을 독점함으로써 농민은 부업의 기회를 잃고, 나아가서 증세增稅와 관상官商의 농단 등에 의해 생활은 빈곤의 길을 걷는다. 그렇지만 이는 농민의 생활에 관련될 뿐만 아니라 장래에 중국의 식량부족을 초래할 위험성을 지닌, 심각한 위기로서 이해되었다.

4) 농본주의

농업 없이 중국이 존립할 수 없다는 지적은 과거에서 현재에 이르기까지 존재하는 일반적인 의견이다. 그러나, 유사배처럼 농업의 보전 없이는 장래 아나키즘 혁명의 전망이 없다는 지적은 극히 특이하다고 말하지 않으면 안 된다. 하지만, 이러한 농본주의적 아나키즘의 발상은 과연 그 개인적 사색의 산물이었을까? 모리 도키히코[麥時彦]를 비롯하여 이제까지 몇몇 학자들에 의해 지적되었던 것처럼, 농본주의에 기초한 유사배의 서양문명 비판시각은 톨스토이의 영향이었다고 판단된다.

1907년 1월, 일본의 신문지상에 「톨스토이가 지나인支那人[중국인]에게 보내는 편지」라는 제목의 기사가 실렸다. 이는 톨스토이가 자신에게 영문의 저서 *Papers from a Viceroy's Yamen*을 보낸 고홍명辜鴻銘에 대한 사례편지를 겸하여 중국이 나아가야 할 장래에 대한 의견을 서술한 것이다. 모두 9절로 된 그 서간의 요점은 대략 다음의 두 가지로 파악될 수 있다. 첫째는 열강의 침입에 대해 무저항주의의 채택을 권장하였다. 톨스토이는 다음과 같이 말하였다. "지나인이 과거에 겪었고 지금도 여전히 겪고 있는 경험은 실로 견디기 힘든 고통으로 아픈 상처가 되었다. 견디기 힘든 고통과 아픈 상처라고 하더라도 지나인은 이 때문에 인내를 저버리지 말며 구미인의 폭력에 대해서는 오히려 그 악에 대해 현명하고 실제적인 무저항으로써 대응해야 한다"(『오사카마이니치신문[大阪每日新聞]』 1월 17일). 그에 의하면, 중국인이 유럽의 침략에 물리적 저항이라는 형태로 대처하는 일은 그들과 마찬가지로 악의 길로 나아가는 것에 다름 아니다.

둘째는 서양문명의 도입에 부정적인 견해를 제시한 점이다. 톨스토이에 의하면, 동양 여러 국민들의 천직은 서양문명의 도입에 있는 것이 아니라 중국어로 참된 자유를 표명하는 '도道'를 세계로 확대하는 일이다. 서양문명이 가져오는 대의제도·군비강화·공업화는 모두 중국의 '도'를 부정하고, 증세增稅 등으로 국민에게 불이익을 줌으로써 국가의 기본인 농업을 파괴한다. 따라서 중국인이 채택해야 할 방책이란 "우리들에게 대항하는 폭력에 번민하지 말고, 또한 그 광포한 군중에 가담하지 않은 채 평화로운 농업생활을 영위하는 것이 옳다"(1907년, 1월 10일)고 언급하였다.

유사배는 농업쇠퇴의 위기를 현실문제로 이해하면서 이상과 같은 톨스토이의 서간을 살핌으로써 농업사회에 존재하는 자유와 아나키즘에서의 자유를 동일시하여 농업사회의 보전을 혁명의 요건으로 생각하기에 이르렀다. 유사배가 톨스토이의 서간에 영향을 받은 것은 『천의』에 수차례에 걸쳐 톨스토이의 주장이 소개된 점에서도 추측된다. 예컨대, 제5호에는 보지신문사報知新聞社로 보낸 편지의 발췌번역이 실렸는데(去非, 「톨스토이가 일본 보지신문사에 보낸 편지의 발췌번역[節譯俄杜爾斯德答日本報知新聞社書]」), 그 내용은 위에서 서술한 편지와 거의 일치하였다. 그리고 번역자는 "오늘날 백인종을 숭배하여 그 제도를 채용하려고 희망하는 자는 이 편지를 읽어야 한다. 중국 중농의 풍속을 고쳐 상공업으로서 나라를 세우려고 희망하는 자는 더욱더 이 편지를 읽지 않으면 안 된다"라는 의견을 첨부하였다. 또한, 11·12합책호(1907년 11월 30일) 및 16～19합책호에는 심추沈芻의 번역으로 「톨스토이가 지나인에게 보내는 편지」의 일부가 실렸고, 역자는 그 주석에서 톨스토이의 주장은 결국 중국에서의 아나키즘 혁명으로 수렴하는 것으로, 바쿠닌의 설과 양립이 가능하다고 서술하였다.

그러나, 유사배가 톨스토이처럼 서양의 물질문명을 단순히 부정하여 배제한 것은 아니다. 그것은 다음의 문장에서도 알 수 있다. "내가 생각하건대, 서양의 물질문명은 모두 수단으로 삼지 않으면 안 된다. 다만 그것은 무정부세계에서만 행할 수 있다. 만일 유정부세계에서 인민의 행복을 도모한다면, [물질문명의] 존재는 없는 것만 못하다"(「종족혁명과 무정부혁명의 득실을 논함[論種族革命與無政府革命之得失]」). 이와 같이 장래 무권력사회에서 물질문명의 채용을 주장하는 발상은 분명히 크로포트킨 사상의 응용이다. 이러한 경향은 뒤에 서술하는 유사배의 무권력사회 구상에 반영된다. 또한 말할 것도 없이 유사배는 톨스토이의 무저항주의를 채택하지 않았다. 실제로 그는 제국주의에 대한 저항의 필요성을 주장하며, 혁명의 수단으로서 종종 폭동을 찬미하였다.

5) 서양 아나키즘의 이해와 그 선택적 수용

근대 아나키즘의 원류는 서양사상이다. 그러나, 유사배가 중국사회의 무권력적 경향을 유교와 도교에 관련하여 설명한 것과 마찬가지로 그가 사상으로서 파악한 아나키즘도 중국의 전통사상과 깊은 관계를 지녔다. 여기에서 그의 서양 아나키즘 이해가 문제인데, 이점에 관해서는 부정적인 견해가 많다. 예컨대, 손백순孫伯醇은 『어떤 중국인의 회상』에서 다음과 같이 서술하였다.

> 유사배는요, 아나키즘 그 자체는 아무 것도 알지 못합니다.……아나키즘은 하진何震의 영향이겠지요. 실제로는 아직이라서 아나키스트라고 해도 지금에서 말하면 엉터리입니다.

이것은 극단적인 견해이지만, 마루야마 마츠유키[丸山松幸]조차도 유사배가 "프루동에서 시작되는 서양의 근대적 아나키즘 흐름을 본격적으로 연구하고 이해한다는 것은 당연히 있을 수 없었다"고 서술하였다(「청말 무정부주의와 전통사상[清末無政府主義と傳統思想]」). 확실히, 『천의』와 『형보』를 보더라도, 유사배가 서양의 아나키즘 문헌을 번역 소개한 것이 산견되지만, 학설로서 논의한 것은 분명히 적다. 그 가운데에 그의 서양 아나키즘 이해 정도를 아는 데에 참고가 되는 것은 『천의』 제6호에 실린 「유럽 사회주의와 무정부주의의 이동異同에 관한 고찰[歐洲社會主義與無政府主義異同考]」이라는 제목의 기사이다.

유사배는 여기에서 서양 사회주의의 흐름을 개설하였는데, 그는 아나키즘과 사회주의가 결정적으로 다르다고 생각하지 않고, 오히려 서로 표리를 이루는 것으로 보았다. 아나키즘에 관해서 그는, 그것이 스티르너 등의 개인주의적 조류와 프루동, 바쿠닌, 크로포트킨 등의 '합군적合

群的' 조류의 두 파로 나누어진다고 보았다. 전자는 개인의 개량으로 무권력사회의 창출을 추구하는 점에서 사회주의와 부합하는 부분이 없다. 하지만, 후자는 사회경제의 변혁을 수단으로 삼기 때문에 사회주의와 공통하는 부분이 많다고 지적한다. 특히, 후자 가운데에 공산주의를 제창하는 일파는 사회주의와 거의 다른 점이 없다. 그 차이점은 사회주의가 국가를 이용하려 하고 아나키즘이 국가를 폐지하려고 하는 점에 있다고 주장하였다. 그러나, 정부가 있다면 반드시 위로는 통치하는 사람이 있고 아래로는 분배의 기관이 존재하기 때문에 평등의 취지에 어긋난다. 따라서, 사회주의가 평등의 취지를 관철하려고 한다면, 반드시 아나키즘의 경지에 도달한다고 주장하였다.

여기서 명확하듯이, 유사배는 사회주의와 아나키즘을 국가의 이용여부라는 기준만으로 구분하고, 조직형태나 운동형태에서의 차이를 문제로 삼지 않았다. 그러나, 그가 여기서 선택한 아나키즘이 개인주의적인 것이 아니라 '합군주의合群主義', 즉 집단주의적인 것이었다는 점은 주의할 필요가 있다. 앞에서 서술하였듯이 그는 인간의 자유권·독립권·평등권의 세 가지 권리 가운데에 평등권을 우선할 것을 주장하였다. 그는 개인이 자유권을 지나치게 강조하면 집단의 조화를 어지럽힐 위험성을 초래한다고 생각하였다. '군群'의 보전, 즉 총체로서의 중국 보전은 청말의 과제 가운데 가장 우선해야 할 것이었다. 인간은 봉건적 질곡에서 해방되지 않으면 안 되었지만, 군群이 보전되지 않으면 중국은 단지 도태되기를 기다릴 뿐이었다. 이러한 상황에서 볼 때에, 유사배가 합군주의적 아나키즘을 선택한 것은 청말의 과제를 반영하였음이 분명하다.

서양 아나키즘의 조류 가운데에서 이른바 합군주의를 주창한 것은 크로포트킨이다. 유사배는 『천의』 제11·12합책호와 13·14합책호에 「크로포트킨 학술의 약술[苦魯巴特金學術述略]」이라는 제목의 논설을 써서 그 사상적 특징과 중국사회에의 응용을 논의하였다. 그는 크로포트킨의 사상이 과학에 근거를 두었다는 점에서 그의 이론이 상호부조론相互扶助論과 무중심설無中心說에 의해 성립되었다고 지적한다. 여기에 따르면, 헉슬리의 우승열패優勝劣敗를 기초로 하는 진화론 학설과 국가중심설을 주창하는 블룬칠리의 국가유기체설國家有機體說 등은 모두 과학적 근거를 결여한 것으로 간주되었다. 그러나, 크로포트킨의 목적은 단순히 과학이론을 제시하는 데에 있는 것이 아니라 인류가 상호부조의 감정을 발달시켜 무중심의 제도를 실행하고 자유연합이라는 형태로 '군력群力'을 결합하여 현재의 사회를 개조하려고 하는 데에 있었다.

그러면, 크로포트킨의 아나키즘이론은 어떠한 형태로 또한 어떤 시기에 중국에 적용될 수 있을까? 유사배에 의하면, 중국에서는 각지의 회당會黨과 종교단체가 이미 공산제도를 실행하고 있어서 그들 사이에서 지도자층을 제거하면 크로포트킨의 주장은 용이하게 적용될 가능성이 있다. 그러나, 오늘날 중국에서 상업계, 학계, 실업계 등 여러 단체의 실권은 신사紳士와 부민富民이란 중간계급에게 장악되어 있고, 하층계급의 사람들은 저들에게 착취와 압박을 받는다. 이러한 상황에서는 크로포트킨의 이론을 적용하더라도, 그것은 중간계급에게 이용되어 억압이 미화될 위험성이 있을 뿐이다. 그러므로, 그 이론은 현재의 제도를 파괴한 뒤나, 혹은 파괴하는 준비를 실행하지 않으면 안 된다. 즉, 크로포트킨의 이론은 혁명과 결합해야 비로소 의의를 지닌다는 것이다.

덧붙여, 유사배는 「크로포트킨 학술의 약술」의 마지막 부분에서 크로포트킨·톨스토이·스티르너의 이론을 비교하였다. 유사배는, 여기서 혁명달성 이전의 계급사회에는 톨스토이의 소극주의를 행하는 것도 하나의 방책이라고 하였다. 그러나, 권력이 소멸하여 문명진화의 장애물이 없어진 단계에 여전히 소극주의를 지속하는 것은 민중의 생활에 도움이 되지 않는다. 오히려 이 단계에서 효과를 발휘하는 것은 크로포트킨의 공산주의이론이다. 마지막으로 유사배는 스티르너의 개인주의가 숭고한 이론이라는 점을 인정하였지만, 민중의 정도가 그것을 운용하는 데까지 이르지 않았다는 점을 이유로 배척하였다. 그러나, 장래 물질문명이 고도로 발전하면, 스티르너의 논설도 실현 가능한 상황이 도래할지도 모른다고 서술하였다. 이와 같은 유사배의 언급에서 판단하면, 그는 아나키즘을 체계적으로 연구하지 않았을지도 모르지만, 그 이해 정도는 일정수준에 이르렀다고 볼 수 있다.

6) 전통사상과 아나키즘

이상과 같이 유사배는 서양 아나키즘의 체계 가운데에서 주로 크로포트킨의 학설을 채용하였다. 그러나, 이는 그가 전면적으로 서양의 이론에 의거하여 자신의 아나키즘을 구축하였다는 것을 의미하지 않는다. 서양사상은 중국의 전통을 통하여 보다 구체적인 것으로 인식되었다. 앞장[前章]에서 서술한 것처럼, 그의 배만혁명론은 전통사상을 혁명적으로 해석하는 형태로 전개되었다. 여기에서 아나키즘을 수용한 뒤에 그의 전통사상 해석이 문제가 된다.

먼저, 유사배는 배만혁명가의 시기에 높이 평가한 중국의 사상가를 「비육자론非六子論」(『천의』 8～10합책)이라는 제목의 논설에서 비판한다. 여기에서 말한 '육자'란 고염무·황종희·왕부지·안원顔元習·강영江永·대진을 가리킨다. 이들 6명 가운데에 강영을 제외한 5명은 모두 그가 이전에 『중국민약정의』와 「청유득실론」에서 높이 평가한 인물이었다. 그런데, 그는 여기서 다음과 같이 서술하여 그들의 학설을 배척하였다. "이전에 그들의 책을 읽으면 갑자기 그 학설에 공명하여 백성을 구제하는 학설은 이 6인에게 미치는 자가 없다고 생각하였다. 지금 이들을 보면, 정치를 어지럽히고 풍속을 해치며 백성을 잠식하는 학설은 이 6인에게 미치는 자가 없다." 그 비판점은 6인에 따라 각자 다르다. 그러나, 공통점은 저들의 학문이 '인치人治(통치관계)'를 긍정하고 백성을 해쳤다는 것이다. 그는 다음과 같이 서술하였다. "내가 생각하건대, 학파의 우열을 가늠하는 것은 마땅히 그것이 인치와 관련이 있는가의 여부를 살피는 일이다. 그것이 조금이라도 인치와 관련된다면, 양법미의良法美意가 있다고 하더라도, 결코 다수 인민을 이롭게 할 수 없다. 그 해는 종교에 비해서도 더욱 심하다." 아나키스트로서 유사배의 학문판단 기준은 통치관계를 긍정하는가의 여부 하나였다.

이런 관점에서 유사배가 높이 평가한 인물은 서진西晉의 사상가 포경언鮑敬言이었다. 포경언의 사상은 갈홍葛洪의 『포박자抱朴子』「힐포편詰鮑篇」에서 알 수 있다. 유사배는 「포생학술발미鮑生學術發微」(『천의』 8~10합책호)에서 『포박자』에 근거하여 그의 사상을 소개한 곳에서 다음과 같이 평가하였다.

> 중국의 정치는 군주가 출현하면서부터 생긴 것이므로, 군주를 없애면 그것은 바로 인치人治를 폐지하는 것이니, 무정부의 설과 동일하다. 도덕과 법제를 버리는 것, 그리고 군비를 비난하고 재산을 비천하게 여기는 것은 근본을 깨끗하게 만들려는 의논이다. 생각하건대, 그 의논은 모든 백성을 평등하게 하며 누구나 완전한 자유를 누리게 한다. 그러므로, 그 학설은 노장老莊과 비교해도 명쾌하다. 다만, 태고太古 시절의 기풍으로 돌아가기를 바라는 일은 다소 잘못되었지만, 인간이 본래 평등한 존재임을 밝힌 점은 전혀 부정할 수 없는 의논이다.

이와 같은 평가를 보면, 유사배의 아나키즘은 그가 전통사상체계 가운데에서 혁명적 요소로 간주한 것을 재구성함으로써 성립하였음을 알 수 있다.

그리고, 앞에서 서술한 것처럼, 유사배는 아나키즘과 사회주의의 차이를 국가의 이용 여부에서 찾았다. 이론의 측면에서 보면, 사회주의는 결코 아나키즘의 적이 아니라고 생각하였다. 그러므로, 『천의』에는 유사배가 집필한 『공산당선언』의 소개기사를 필두로 마르크스주의와의 관계기사도 여러 편 실렸다.4) 그러나, 그의 아나키스트 전환이 동맹회 내부의 권력투쟁과 관련된 측면도 있어서 그가 동맹회 주류 가운데에 사회주의적 경향을 지닌 인사들과 함께 투쟁하는 것은 아마도 불가능에 가까웠다. 오히려, 그는 동맹회 내부의 사상적 조류를 의식한 뒤에 사회주의를 비판하였다. 그 하나의 예가 「서한 사회주의 학술 발달의 고찰[西漢社會主義學發達考]」(『천의』 4～5)이라는 제목의 논문이다.

유사배는 여기서 한漢의 무제武帝와 왕망王莽의 정책을 예로서 거론하며 그 토지재산의 국유 정책을 비판하였다. 유사배에 의하면, 왕망은 입법할 처음에 지권地權의 평균과 인권의 존중을 추구하여 국가의 재산을 모아 전국민에게 분배하려고 하였는데, 이는 한 무제가 염철의 전매로 이익을 확장한 정책이었다. 그러나, 거꾸로 인민 가운데에는 원망이 증대하였다. 그 이유는 사회전체의 귀천 차별을 해소하지 못한 데에 있었다. 확실히 그들의 정책에 의해 하층민 사이에 빈부의 차이는 없어졌지만, 다른 한편으로 상류계급에게 부가 집중되었다. 그리하여 상류계급과 하층민의 빈부 격차는 증대하는 길로 나아갔다. 여기서 군주는 부자를 제한하는 명목으로써 국가의 재원을 장악하여 전제권력을 강화하였다. 이상과 같은 역사적 사실에서 판단하여 유사배는 다음과 같이 서술하였다.

---

4) 『천의』 제1호에는 民鳴의 번역으로 「共産黨宣言序言」(단 1888년의 영문판의 서문)이 실렸고, 제16～19 합책호에는 동일한 民鳴의 번역으로 「공산당선언」(단, 제1장 「부르주아와 프로레타리아」만)이 실렸다.

토지와 재산을 국유國有로 한다는 설은 명분상으로 재산의 균분均分이라고 말하지만 실제로 정부에 의해 이용되기 쉽다. 한漢의 무제武帝와 왕망王莽이 시행한 것에서 본다면, 현재 정부의 수립을 추구하고 또한 지권地權의 평균平均으로써 백성을 어리석게 만드는 일은 모두 한 무제와 왕망의 유流를 끌어들이는 것이다.

인용문의 후반부가 동맹회의 국가사회주의 조류, 결국에는 손문에 대한 비판이었음은 명백하다. 그러나, 이와 같이 그들의 이론을 직접적으로 비판하는 것이 아니라 역사의 사실에 가탁하는 논의방식은 국학자인 유사배에게는 가장 용이한 방법이었던 반면, 독자들에게는 진부한 인상을 주지 않을 수 없었던 측면도 있었다.

7) 인류균력설人類均力說

다음에는 유사배가 미래사회를 구상하면서 발생한 문제에 대해 살펴보고자 한다. 그는 아나키즘 혁명의 뒤에 도래할 사회를 「인류균력설」(『천의』 3, 1907년 7월 10일)에서 논의하였다.

이 논문에서 유사배는 「무정부주의의 평등관」과 마찬가지로 인류의 본래적인 절대 평등성을 논지의 기반으로 삼았다. 하지만, 인류의 역사에는 장기간에 걸쳐 불평등 현상이 존재하였다. 유사배는 그 원인을 인간의 의존성－독립심의 결여에서 찾았다. 즉, 인류가 평등할 수 없는 것은 사람들이 독립하지 못하고 타인에게 의존하기도 하고 타인에게 부림을 당하기도 하기 때문이다. 타인에게 의존하는 사람이 있기 때문에 타인에게 부림당하는 사람이 생기고, 서로 속박하여 억압을 받으면서도 그것에 정신을 차리지 못하는 상태가 된다. 그리고 드디어 자신의 자유권을 잃고, 이어 평등권도 잃어버리고 만다. 여기에 공산주의를 창도하는 자가 나타나 권력을 타도한 뒤에 정부를 수립하지 않고 토지 자본을 공유하며 모든 인간이 노동하는 사회의 출현을 추구하기에 이른다.

그러나, 유사배는 종래의 공산주의 이론마저 불충분하다고 주장한다. 왜냐하면, 누군가가 노동한다는 것은 평등에 관련되지만, 동일하게 노동하면서도 난이고락難易苦樂은 다르기 때문이다. 만일 재능과 역량에 따라서 직업을 결정하면 관리자가 출현하게 되고, 여기서는 정부가 존재하는 것도 바뀌지 않는다. 그렇지만 직업에 따라 고락이 달라지면, 사람들에게는 고난을 피하여 안일로 나아가는 경향이 있기 때문에 그 결과 반드시 다툼이 생긴다. 그러므로, 인간을 평등하게 하는 데에는 권리와 함께 의무도 평등하게 하여 사람들을 독립시키지 않으면 안 된다. 그래서 유사배가 제기한 것은 '균력주의均力主義'이다.

유사배에 의하면, 균력주의란 한 사람이 다양한 기술을 가지는 것을 말한다. 그리고, 이를 실행하기 위해서는 기존의 사회를 파괴하고 국경을 제거하여 인구 약 천명을 단위로 한 촌락을 만들지 않으면 안 된다. 유사배는 이 촌락에 사는 사람의 일생을 보여줌으로써 균력주의의 내용을 설명하였다. 그것은 다음과 같다. 먼저, 각 촌락에는 노인과 어린이의 '휴양소'를 만들고, 인간은 태어나면 남녀를 불문하고 여기에 들어가며, 50세를 넘으면 다시 여기에서 어린이를 교육하는 일을 의무로 한다. 휴양소에 들어간 유아는 여섯 살이 되면 노인에게서 문자를 익히는데, 이것을 5년 동안 마치면 그 뒤로 20세까지 실제에 기초한 학술을 배운다. 이 10년 사이에 반나절은 지식을 익히고, 나머지 반나절은 생활필수품의 제작을 배운다. 그리고, 20세가 넘으면 밖으로 나가 50세까지 일정한 연령에 따라 일정한 일에 종사한다. 사람이 연령별로 종사하는 직업은 다음과 같다.

(1) 21세~36세(농업에도 종사한다)		(2) 37세 이후(농업에는 종사하지 않는다)	
21	도로공사	37～40	조리
22	광산노동, 산림노동	41～45	화물수송
23～26	건축공사	46～50	기사·의사
27～30	철기·도기·잡화의 제조	50～	휴양소에서 아동의 보육·교육
31～36	방직·양제		

유사배는, 이 방법을 채용함으로서 인류의 평등은 달성될 것으로 보고 다음과 같이 서술하였다.

> 이 방법을 시행하면 고락苦樂은 평균되고 물자는 부족할 염려가 없다. 사회에서 인인人人은 각각 평등해지고, 사회를 떠나면 인인人人은 각자 독립한 사람이 된다. 인인人人은 노동자가 되기도 하고, 농민이 되기도 하고, 사士가 되기도 한다. 권리는 서로 동등하고, 의무도 서로 같다. 이것이야말로 이른바 '대도위공大道爲公'의 세상이 아닌가?

유사배에 의하면, 균력주의는 인간의 일반적인 성질 및 인도에 적합하며 세계진화의 공리公理에 합치한다. 그리고, 무엇보다 그 최대의 장점은 세계 분쟁의 원인을 제거하는 것이다. 왜냐하면 분쟁발생의 근본원인은 고락苦樂의 차이에 있다고 생각하기 때문이다.

유사배가 제시한 미래사회는 철저하게 권력과 계급을 부정하여 절대적인 평등을 실현하려는 것이었다. 여기에는 정신노동과 육체노동의 차별이 소멸되기조차 한다. 그러면, 그는 이 이상사회의 힌트를 어디에서 얻었을까? 그 하나는 서양 아나키즘의 이론에 있다고 보인다. 예컨대, 그는 균력주의 실행의 주의사항으로서 장래 각각의 일은 기계화에 따른 노동력의 절감과 함께 생산력의 증대를 도모할 것, 만든 기물은 인인人人의 공유로 할 것 등을 필수 요건으로 거론하였다. 더욱이 그는 『빵의 약탈』 제8장 제2절을 「미래사회의 생산 방법과 수단」이라는 제목으로 『천의』 제 15호와 16~19합책호에 번역하여 실었다. 여기에서 그의 이미지 가운데에는 크로포트킨의 공산주의이론이 있다고 볼 수 있다. 그러나, 그와 동시에 유사배의 비전에는 농후한 전통사상의 영향을 엿볼 수 있다.

인류균력설의 내용은 중국의 두 가지 대표적인 전통적 이상사회상을 상기시킨다. 먼저, 첫째로 백성이 작은 촌락에 살며 무욕의 상태에 이르게 한다는 사고는 노자의 소국과민설小國寡民說을 연상시킨다. 다만, 뒤에서 서술하듯이 이 시기의 유사배의 사고에는, 노자老子처럼 백성을 무지의 상태에 두는 것을 좋다고 여기는 발상이 없었다. 둘째로 생각할 수 있는 것은 유가의 이상세계로서 많은 사상가에 의해 원용된 대동사상大同思想이다. 유사배의 발상에 보인 피아彼我의 차이를 초월한 무차별 평등주의에는 『예기禮記』 「예운편禮運篇」 에 묘사된 세계와 공통점을 볼 수 있다. 이렇게 보면, 유사배가 미래의 이상사회로 묘사한 것은 실로 전통적 이상사회의 제시였다. 그것은 이상사회를 과거에 존재한 것으로 상정하고 그것을 미래에 치환함으로써 변혁의 목표로 삼는다는 대치물이었다. 그리고, 이는 또한 그가 아나키즘을 전통사상과 관련시키는 것밖에는 구체적으로 이해할 수 없었던 결과이기도 하였다.

실제로 유사배는 장래 공산주의의 실행에서 보완할 점을 중국의 전통적 기술에서 찾았다. 예컨대 그는, 이후로 예상되는 인구증가에 따른 식량부족의 위기는 공산주의의 실행과 과학기술의 발전에 의해서도 극복할 수 없다고 생각하고 그 대책을 전통적 농경법인 구전법區田法에서 찾았다. 구전법은 전한前漢의 범승지范勝之가 지은 『범승지서范勝之書』에 처음으로 보이고, 후세에 이르러 『제민요술齊民要術』에 인용, 설명되었다. 구전법은 파종하는 곳만 갈고 여기에 집중적으로 물과 비료를 줌으로써 가뭄을 이기는 구황救荒을 목적으로 하는 농법이다. 그 장점은 좋은 농지를 필요로 하지 않고, 물을 이용하기 나쁜 경사지나 고지대에서도 실시할 수 있으며, 또한 경지를 세분하기 때문에 우경을 필요로 하지 않는다. 유사배는 이 방법으로 경지면적도 확대하고 생산량의 비약적 증대도 기대할 수 있다는 점에서 공산제를 유지하는 절호의 수단이라고 생각하였다(「구전고서區田考序」『천의』 16～19합책호). 이와 같이 본다면, 유사배가 생각한 미래사회는 과학과 전통이 결합된 사회였다고 말할 수 있을 것이다.

마지막으로 「인류균력설」에 관해 부언한다면, 그 글에서는 「비육자론」에서와 마찬가지로 역사상의 사상가들에 대한 평가의 역전이 보인다. 그것은 허행의 평가에 나타난다. 유사배는, 여기에서 허행의 주장은 농공農工의 분리라는 점이 잘못이지만, 군민君民과 함께 농업에 종사한다고 하는 병경설幷耕說은 범노동주의汎勞動主義·계급파괴론과 통하는 주장이라고 평가하였다. 앞장에서 살펴보았듯이, 허행은 유사배가 배만민족주의의 시기에 아나키즘의 경향이 있다고 하여 배척한 인물이었다. 여기서 그가 평가를 역전시킨 것은 앞에서 서술한 '인치'의 관련여부를 기준으로 판단한 결과였다.

이상과 같이, 유사배는 이상사회의 비전을 제시하였는데, 여기에서 우리는 이 시기에 그의 문화적 가치관 문제로 시야를 돌릴 필요가 있다. 그는 『형보』 제10호(1908년 8월 8일)에 「형서삼편衡書三篇」이라는 제목의 논설을 발표하여 배만민족주의자 시절부터 목표로 거론한 국수의 보존문제를 언급하였다. 그는 여기에서 국수가 타락한 원인으로 '치용致用' '척강惕强(강함을 두려워 함)' '민빈民貧'의 세 가지를 거론하였다. 그리고 그는, 기존의 체제를 용인하면서 국수의 보존을 추구하는 것은 의미 없다고 주장하였다. 왜냐하면, 국수는 현재의 사회에 존재하는 학사學事에 관한 제규정과 권위, 그리고 재산과의 병존은 불가능하다고 생각하기 때문이다. 그러면, 국수의 보존은 어떠한 사회에서 가능할까? 유사배에 의하면, 그것은 무정부공산제 아래에서만 가능하였다. 그는, 과거에 국학이 성행했던 때는 사람들이 정치에 마음을 어지럽히지 않고 생계가 안정된 시기였다고 서술하였다. 이러한 사회는 무정부혁명에 의해 다시 실현된다. 그리고 그런 상태에서, 노동시간의 단축에 의해 사람들에게는 충분한 여가가 생기고 고금의 책은 공유됨으로써, 중국의 학술연구가 현재보다 성행하게 될 것은 필연이라고 인식하였다.

국학이라는 국가적·민족적 단위에서 학문을 구별하는 유사배의 사고방식은 아나키즘의 취지와 분명하게 모순을 초래한다고 말하지 않을 수 없다. 그러나, 이 모순 가운데 우리는 국학의 부흥과 아나키즘의 결합이라는 유사배 사상이 현실과 관계가 있음을 알 수 있다. 전통 가운데에 이상사회를 그려내고 그것을 미래의 무권력 사회에서 재현하려고 하는 한, 그 입장은 문화적 보수주의와 통하며 정치적 복고로 귀결될 가능성을 가진다. 그러나, 유사배가 청조지배라는 현상의 타파를 지향하는 한에서 그의 문화적 보수주의는 정치적 급진주의를 지탱할 수 있었다.

5. 계몽과 실천 ―혁명의 프로그램―

유사배는 독자적인 형태로 인식한 아나키즘에 기초하여 혁명운동의 프로그램을 설정하고, 게다가 이를 어느 정도 실행하였다. 그 프로그램은 일국一國의 혁명을 넘어 세계적 규모에까지 미쳤다. 지금 그의 혁명운동전개의 방법을 알 수 있는 단서는 「무정부주의의 평등관[無政府主義之平等觀]」의 마지막에 첨부된 도표이다. 유사배는 이 논문에서 정부를 전복하기까지의 과정을 다음과 같이 개략적으로 제시하였다.

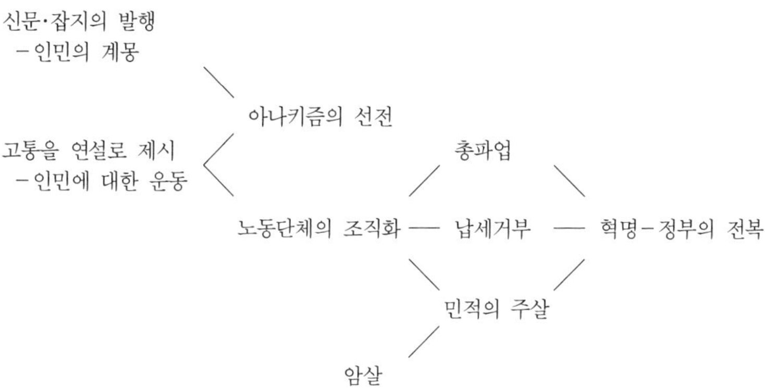

유사배는 위와 같은 프로그램에서 개별항목의 구체적인 내용에 대해 어떠한 설명도 하지 않았다. 그러므로, 그것들은 그의 다른 논설과 기사를 토대로 재구성하지 않으면 안 된다. 여기서는 혁명과 직접 관련된 항목부터 살펴본다.

유사배는 노동단체의 조직화를 기반으로 한 총파업[스트라이크], 납세거부운동, 그리고 인민의 적을 암살하는 것을 혁명의 직접수단이라고 인식하였다. 유사배에 의하면, 혁명의 실행을 위해서는 노동자의 결집이 불가피하다고 한다. 그가 노동자의 조직화를 고려한 것은 중국의 농촌사회가 부분적으로 해체되고 도시인구가 증가하고 있다는 상황을 전제로 한다. 이와 같은 상황에서 자본가는 권력과 결탁하여 부를 수탈하기 때문에, 노동자의 곤란은 극점에 이른다고 생각하였다. 유사배는 그들의 곤란 정도가 이전의 실업자와 비교할 수 없다고 한다. 왜냐하면,

옛날의 실업자는 괴로운 환경에 처하였지만 육체적으로는 안녕을 유지할 수 있었던 것에 비해, 현재의 노동자는 쉴 겨를도 없어서 육체에서 모든 생명력을 소진할 정도의 상태에 처해지기 때문이다. 그런데 예로부터 억압받던 민중의 반항은 왕조의 존재를 좌우할 정도의 에너지를 지녔다. 그러므로, 이제 그들을 조직하여 혁명에 동원하는 것은 정부의 타도에 이르기까지의 과정에서 불가피하다고 인식하였다(「총동맹파공서總同盟罷工序」『천의』8～10 합책호).

또한, 유사배는 노동자 민중을 단결시키기 위한 기관으로서 농민협회라는 조직의 설립을 계획하였다. 이는 구체화된 것이 아니지만, 아마도 그는 중국에서 혁명의 실현을 위해 노동자의 조직화를 도모한 최초의 인물이라고 할 수 있다. 그러나, 유사배가 노동자의 조직에 착안하였지만, 이로써 그가 근대적인 의미에서 도시노동자를 혁명의 중심으로 삼았다는 점에 대해서는 의문이 남는다. 현실문제로서 전체인구에서 그들이 차지하는 비율은 아직 낮았으며, 그리고 무엇보다 유사배의 입장에서 이러한 현상을 만들어 준 것과 다름없는 농촌사회의 해체는 결코 좋은 현상이 아니었기 때문이다.

그렇다고 한다면, 유사배가 생각한 '노민勞民'이란 어떠한 존재였을까? 그것은 하층민 전반을 지칭하는 말이었다고 볼 수 있다. 노민에는 노동자는 물론 수공업자, 영세상인, 유민 등도 포함되어 특정의 계급에 의해 구성된 것은 아니었다. 그러므로, 노민협회를 설립함에는 가노회哥老會를 비롯한 회당會黨을 활용하는 것도 필요하다고 생각하였다(「중국이 노민협회를 조직해야 할 필요성을 논함[論中國宜組織勞民協會]」『형보』 5, 6, 1908년 6월 8일, 18일).

그에게서 보다 현실적인 혁명세력으로서 고려된 것은 농민이었다. 농촌사회의 보전이 필요하다고 생각한 유사배가 농민혁명을 중시하는 자세를 보이는 것은 지극히 자연스럽다. 그는 『형보』 제6호를 농민특집호로 꾸미고, 여기에 「무정부혁명과 농민혁명[無政府革命與農民革命]」을 게재하여 "무정부혁명의 실행을 희망한다면, 반드시 농민혁명으로부터 시작하지 않으면 안 된다. 이른바 농민혁명이란 항세抗稅의 수단으로 정부 및 지주에게 반대하는 것이다"라고 서술하고, 그 이유로서 다음의 네 가지를 거론하였다.

1. 중국의 대자본가는 여전히 지주가 다수를 차지한다. 때문에, 지주제를 타도하면 자본가의 태반太半도 역시 이것으로써 타도하게 된다. 그러므로, 지주에 대한 저항은 다수의 자본가에 저항하는 일이기도 하다.
2. 중국의 인민은 여전히 농민이 다수를 차지한다. 그러므로, 농민혁명은 바로 전국 대다수 인민의 혁명이다. 다수로써 소수에게 저항하면 신속하게 효과를 거둘 수 있다.
3. 중국정부의 재원은 지조地租를 위주로 한다. 때문에, 농민이 정부에 대해 항세투쟁抗稅鬪爭을 거행하면, 정부는 주 세입원稅入源을 상실하여 필연적으로 정부 자체를 유지할 수 없는 현상이 나타난다. 그러므로, 정부의 타도가 용이하다.
4. 재산의 공유제는 반드시 토지공유土地共有를 기본으로 한다. 그런데, 토지는 전전田畑을 위주로 하기 때문에, 농민이 토지공유를 실행하면 일체의 재산을 공산제共產制로 바꾸기가 용이하다.

이상과 같은 유사배의 관점은 중국사회의 특질을 정확하게 인식한 것이었다. 더욱이 여기에는 지주의 토지 몰수를 혁명의 출발점으로 삼은 「비전편」의 발상이 지속됨을 알 수 있다.

이어서 노동단체를 기반으로 한 총파업과 납세반대운동에 대해 살펴보면, 유사배 자신이 중국 국내에서 실제로 운동에 관계한 흔적은 없다. 그러나, 『형보』의 논설과 기사를 보면, 이러한 종류의 운동에 대한 집단적 관심이 높았음은 분명하다. 예컨대, 1907년말 강소江蘇 절강浙江 두 성에서 호항용철도滬杭甬鐵道의 이권회수투쟁이 도쿄에 알려졌을 때에, 유사배는 장계 등과 함께 파업·파시罷市(撤市)를 주장하며 이 투쟁을 총파업으로까지 제고하려고 기도하였다. 또한, 다음 해에는 한구漢口에서 파시가 일어나자, 『형보』 제4호의 「한구폭동론」에서 이를 '사회혁명의 선구'라고 평가하며 중국혁명은 한구의 총파업에서부터 시작되어야 한다고 서술하였다. 하지만 당연한 것처럼, 유사배가 이들의 투쟁을 민중의 경제적 이익획득의 면에서 지지한 것은 아니었다. 그의 논리로부터 보면, 그것은 재산의 부정으로까지 나아가 투쟁하지 않으면 안 되며, 항세투쟁도 역시 동일한 관점에서 파악되었다. 앞에서 서술한 것처럼, 유사배의 사고에서 본다면, 세금은 권력의 한 요소인 재산의 수탈이라는 행위를 실현하는 것이었다. 여기에서 납세의 거부는 권력의 부정과 연결되는 계기를 지닌다.

혁명을 위한 직접적인 수단으로 남은 것은 암살이다. 앞에서 서술하였듯이, 유사배는 배만민족주의의 단계에서 테러리즘을 찬미하였다. 그러나, 아나키스트로 전환한 뒤에 그는 암살이 지닌 의의를 직접 언급하지 않았다. 이것은 아마 이 시기 그의 혁명 프로그램에서 노동자와 농민을 중심으로 하는 대중운동의 비중이 커지고, 암살이 부차적인 지위를 차지하기에 이르렀음을 의미하는지도 모른다. 그러나, 노동자에게 단체의 결성을 호소하면서도, 그들이 아나키즘의 지식을 갖지 않으면 혁명으로 인도할 수 없다. 그에 의하면, 사회주의의 실행은 노동자의 결집을 효시로 삼는데, 아나키즘의 실행에도 마찬가지이다. 그러나, 아나키즘 혁명을 시행하려고 한다면, 먼저 다수의 평민에게 아나키즘의 내용을 이해시키지 않으면 안 된다고 생각하였다(「유럽 社會主義와 無政府主義의 異同에 관한 考察[歐洲社會主義與無政府主義之異同考]」). 그렇지만, 현실문제로서 유사배는 혁명의 현장에 나아갈 수 없었다. 그가 도쿄에서 할 수 있는 일이란 아나키즘의 선전 이외에는 없었던 것이다.

앞의 도표에 따르면, 아나키즘의 선전에 관한 첫 번째의 활동분야는 신문과 잡지의 발행이다. 『천의』와 『형보』의 발행이 여기에 해당된다. 두 번째 분야는 민중의 곤궁한 생활상황을 일반인에게 알리는 일이다. 그는 이로써 인민에게 격분하는 감정을 환기하여 혁명으로의 궐기를 촉진할 수 있다고 생각하였다. 그는 이 의도에 따라 관리와 부민에 의한 착취 실태와 농민구제방책을 찾아 「농민질고조사회農民疾苦調査會」를 만들고, 그 조사결과를 『천의』에 발표하였다. 유사배는 나아가 민중의 곤궁한 모습을 보여주는 활동의 일환으로서 각지의 속담을 모아 『천의』에 게재하였다. 그는 사서史書에 실린 속담을 통하여 과거 민중의 참된 생활상을 엿볼 수 있다는 경험으로부터, 현재에도 각지에 유포되어 있는 속담을 수집하여 공표함으로써 민중의 생활실태를 밝히려고 인식하였다.

6. 사회주의강습회

유사배에 의한 아나키즘 선전은 보다 직접적인 형태로도 진행되었다. 그것은 사회주의강습회를 통해 이루어졌다. 유사배는 이 모임의 운영에 꽤 힘을 쏟았다. 이 모임에 관해서는 이미 몇몇 연구논문과 자료가 발표되어, 그 실태가 상당히 해명되었다. 아래에서는 그것들을 참고로 하면서 사회주의강습회의 취지와 개최과정을 서술하고자 한다.

사회주의강습회는 『천의』가 창간된 직후인 1907년 6월에 발기되었다. 중심인물은 유사배와 장계였다. 『천의』 제2호에 실린 「사회주의 강습회 광고」에는 다음과 같이 언급되어 있다.

> 근년에 사회주의는 서구에서 성행하고 있고, 일본에서도 확대되고 있다. 그러나, 중국의 학도로서 그 설을 아는 자는 거의 없다. 뜻 있는 인사들은 민족주의를 이해한 듯하지만, 그것은 단순히 종족의 이동異同을 분별할 뿐 민생의 근심과 즐거움을 고려하는 데로 나아가지 못하였다. 그러므로, 설령 광복光復의 논의가 실행된다고 하더라도 '이포역포以暴易暴하고도 그 잘못을 알지 못하는' 상태라고 할 만 하다. 여기에서 우리 동인同人은 이를 거울로 삼아 사회문제의 연구를 도모하고, 동서 선철先哲의 학설을 수집하여 상호 비교검토하며, 그 취지를 밝혀 이를 우리 국민에게 제공하려고 하는데, 지금 이 주의가 보급되지 않은 점을 염려하여 이에 사회주의강습회를 창설하고 그 취지를 토론하고자 한다.

이후로 사회주의강습회에 관한 기사는 『천의』에 빈번하게 실린다. 앞에서 서술하였듯이, 『천의』는 여자복권회의 기관지로 창간되었지만, 이후로는 마치 사회주의강습회의 기관지가 된 것처럼 보인다. 또한, 당시 일본의 공안당국은 재일 중국인의 동향에 관한 정보를 수집하였는데, 그 조사기록문서를 통해서도 강습회 활동의 일단을 엿볼 수 있다. 아래에서는 그것들을 기초로 각 회回의 강습회 모습을 살펴보고자 한다.

처음에 사회주의강습회는 매주 1회 개최하여 아나키즘과 사회주의 이론, 아나키즘의 역사, 중국의 민생문제, 사회문제 등을 강습할 예정이었다. 그러나, 『천의』 및 공안조사에 의하면, 사회주의강습회라는 명칭으로는 실제로 한 달에 한 번이나 두 번의 비율로 모두 8회에 걸쳐 개최된 것이 확인된다.

사회주의강습회의 설립대회는 8월 31일 1시부터 개최되었다. 개최장소는 도쿄시[東京市] 우시고메구[牛込區] 아카기모토마치[赤城元町]

고토쿠 슈스이[幸德秋水]

의 청풍정清風亭이고, 참가자는 90여명이었다. 먼저, 유사배가 개최의 취지를 설명하면서 이 모임이 단순히 사회주의의 실행에만 그치는 것이 아니라 무정부를 목적으로 한 것임을 표명하고 아나키즘의 사상적 정당성을 밝혔다. 그리고, 무정부를 실현한다면 반드시 공산제를 실행하고, 공산제의 뒤에는 반드시 균력주의의 실행이 필요하다는 점, 혁명 이전의 단계에서는 노동자·농민을 연합하여 노동계의 조직에 노력하지 않으면 안 되는데, 이 목적을 달성하기 위해서는 먼저 전국의 민생이 곤궁한 실태를 조사할 필요가 있다는 점을 지적하였다. 이어서 장계가 연단에 올라 강습회의 목적이 아나키즘을 천명하는 데에 있다고 설명하였다. 또한 사회주의강습회는 내외 지식인의 초빙을 기약하였는데, 중국인 이외 강연자로 초빙된 인사는 모두 일본인이었다. 제1회 강습회에 초빙된 인물은 고토쿠 슈스이였다. 이때의 연설 원고는 뒤에 팜플렛으로 출판되어 희망자에게 무료로 배포되었다. 고토쿠의 연설이 끝난 뒤에는 다시 유사배가 강연하였고, 마지막으로는 하진이 혁명 실행의 수단에 대해 언급하였다.

제2회 강습회는 9월 15일에 아카기모토마치[赤城元町]의 강호천정江戸川亭에서 열렸다. 참가자는 주최자 측의 발표로 백여 명, 공안조사로 약 50명이었다. 이때는 먼저 유사배가 중국의 민생문제를 강연하였고, 다음에 장계가 사카이 도시히코[堺利彦]의 학문적 특징을 소개한 뒤에 장계의 통역으로 사카이 도시히코가 인류사회의 발달에 따른 계급제도의 발생과 공산주의 실행의 필요성을 강연하였다. 그 뒤에 다시 유사배가 헌정의 해악을 연설하였고, 마지막으로 장계가 자유연합의 이점을 강연하였다. 유사배가 먼저 행한 연설은 뒤에 「중국민생문제」로 『천의』 8~10합책호 및 13· 14 합책호에 수록되었다.

일본의 공안당국은 제2회 강습회를 전후로 일본과 중국의 사회주의자 교류에 주의를 기울이기 시작한다. 9월 16일자의 「청국 혁명파와 사회주의」라는 제목의 공안보고는 다음과 같이 기록하고 있다.

> 청국清國 혁명파에 속하는 장계張繼와 유광한劉光漢[유사배]은 청국에서 혁명을 실행할 수단 하나를 제공하기 위하여 지난해부터 사회주의의 연구에 진력하였고, 나아가서는 사카이 도시히코[堺利彥], 고토쿠 슈스이 등과 교유하는 동시에 그들이 개최한 강습회에 참석하여 습득한 바를 기관지 『민보』에 게재함으로써 유학생 및 본국[일본]의 동지에게 주의의 고취를 도모하고 있다. 하지만, 장계 유광한 등과 본국 사회주의자들 사이에 서로 언어의 소통이 충분하지 못함으로 말미암아 미세한 연구와 해석을 시도할 수 없었고, 이 때문에 더욱 진보할 수 없음을 탄식하였다. 그렇다고 해도 장계 유광한은 금후 유학생을 위하여 사카이, 고토쿠 등을 초빙하여 때때로 강습회를 개최할 것이라고 한다.

그리고 19일에는 「청국인 사회주의 연구의 건」이라는 제목으로 다음과 같이 보고하였다.

> 청국 혁명파에 속하는 장계와 유광한 두 사람은 이후 자국 유학생을 위하여 사카이 도시히코, 고토쿠 덴지로[幸德傳次郞, 幸德秋水] 등을 초빙하여 때때로 사회주의연구회를 개최할 뜻은 이미 보고한 바 있다. 두 사람은 지난 15일 오후 1시부터 그 첫 번째 모임을 우시고메[牛込] 아카기[赤城]의 강호천정江戶川亭에서 개최하였다. 모인 자는 유학생 약 50명 정도인데, 사카이 도시

히코와 고토쿠 슈스이는 참석하지 않았다고 한다.

하지만, 앞에서 서술하였듯이 실제로 사카이 도시히코는 출석하였다. 요즘과 달리 당시의 공안당국의 조사는 치밀성이 결여되었다고 말할 수 있을지도 모른다.

제3회 강습회는 9월 22일에 장소를 청풍정淸風亭으로 되돌아가 열렸다. 당일은 강사로서 예정된 야마카와 히토시[山川均]가 결석하였기 때문에, 모두 중국인에 의한 강연이었다. 중요한 것을 거론하면, 유사배가 중국의 소유제도의 변천, 장병린이 국가학 비판과 입헌제의 반대, 경정성景定成(梅九)이 구미사회주의의 상황을 강연하였다. 또한『천의』에 의하면, 당일은 비가 내린데다가 중추절이었기 때문에 참가자는 적었다고 기록하고 있다.

제4회 강습회는 10월 6일에 개최되었다. 이 날은 큰 비 때문에 출석자는 매우 적었다(공안의 조사에 의하면, 20여 명이었다고 한다). 이때는 지난번에 결석한 야마카와 히토시가 출석하여 연설하였다. 야마카와에 이어 장계, 유사배, 경매구 등이 강연하여 강권의 폐지와 배외의 차이 등을 밝혔다.

제5회 강습회는 약 백 명이 참가한 가운데에 11월 10일 열렸다. 이때는 유사배의 보고 뒤에 장계가 남양제도南洋諸島에서 화교가 받고 있는 고난과 중국혁명의 방법에 대해 설명하였고, 이어 다시 유사배가 중국경제계의 변천을 연설하였으며, 마지막에는 오스기 사카에[大杉榮]가 -아마도 장계의 통역으로- 바쿠닌의 연방주의連邦主義를 강연하였다. 이때 22세였던 오스기는 이해 3월에 크로포트킨의『청년에게 호소한다』를 번역·발표하여 기소된 상태로, 아나키즘의 이론을 모색하던 시기였다.

제6회는 11월 24일에 열렸다. 공안당국의 조사에 의하면, 참가자는

오스기 사카에[大杉榮]

백여 명이었다. 먼저 유사배의 보고가 있고, 이어 장계가 무정부당 대회에 대해 설명한 뒤에, 오스기 사카에가 지난번에 이어 계속 장계의 통역으로 바쿠닌의 연방주의를 강연하였고, 마지막으로 교의재喬宜齋가 기독교 가운데의 아나키즘을 연설하였다. 이때 오스기의 연설은 공안의 기록에 의하면 대략 다음과 같다. 오스기와 사회주의강습회의 관련에 대해서는 그의 평전에서조차 이제까지 거의 언급되지 않고 있어서, 이때의 강연 내용은 어쩌면 당시 그의 사상적 관심의 소재를 아는 데에 참고가 될 것이다. 또한, 문장 가운데에 '바쿠렌[バクレン]'로 표기되어 있는 것은 바쿠닌[バクーニン], '게베르[ゲーベル]'로 표기되어 있는 것은 헤겔[ヘーゲル]을 잘못 들은 것으로 보인다.

사회주의에는 여러 종류의 분파가 있는데, 자신 등은 오늘날 국가를 파괴하여 무정부 아래에 사는 것을 이상으로 한다. 러시아인 バクレン[바쿠닌]은 러시아 사관학교를 우등으로 졸업함으로써 근위 연대에 편입될 수 있었지만, 시골인 폴란드의 연대에 편입되자 불평하면서 근무를 태만하며 ゲ-ベル[헤겔]의 철학을 연구하였다. 그 뒤에 사관학교를 사직하고 러시아의 전제정치 아래에 살고 있는 국민을 구제하려고 생각하였다. 27세 때에 독일 베를린으로 나아가 대가들의 철학을 연구하다가, 여기에서 프랑스 파리로 유학하여 공화 정체가 필요하다는 생각을 가졌지만, 그 뒤에 각국의 전제정치의 상태를 보고 무정부주의를 창도하기에 이르렀다. 제군들도 バクレン[바쿠닌]과 마찬가지의 상황에 처해 있다. 청국은 시종 강국 때문에 괴로움을 당하고, 또한 안으로는 전제정치 때문에 국민이 괴로움을 당하고 있으니, 제군들은 이를 구제해 나가리라 믿는다.

지금 구주歐洲[유럽]는 소국이 할거하기 때문에 소란이 그치지 않지만, 구주연방이라는 일국一國이 되면 전쟁 등을 일으키는 일이 없어질 것이다. 또한 구주라는 문자를 동양東洋이라고 할 경우는 우리와 관계가 있는데, 동양연방東洋聯邦이란 일국一國을 만들 때에는 소란이 그치게 된다. 그리고, 미국도 미국연방을 만든다. 이 삼대연방三大聯邦이 친밀하게 교제한다면 소란이 그쳐 국민을 구제할 수 있다고 하겠다.

제7회 강습회는 12월 8일에 50여명이 참가한 가운데 열렸다. 왕공권의 보고 뒤에 야마카와 히토시와 장계의 강연이 있었지만, 그 구체적인 내용은 밝혀져 있지 않다. 그리고, 일단 사회주의강습회라는 이름으로 최후에 열린 것으로 보이는 제8회는 같은 달 22일에 개최되었다. 먼저 장계가 보고하였고, 다음으로 오스기 사카에, 반괴한潘怪漢 등이 연설하였다. 오스기는 지난번에 이어 바쿠닌의 연방주의를 강연하였다. 덧붙여서 말하면, 이번 강연회에 관한 공안조사에는 좌중달左仲達이라는 인물이 연설한 내용이 기록되어 있다. 이 인물은 『천의』의 기록에 등장하지 않으므로 상세한 것을 알 수 없다.

그런데, 이상과 같은 사회주의강습회의 개최과정을 보면 제1회에서 6회까지는, 유사배가 중심이 되어 강습회를 운영한 것은 분명하다. 마지막 2회에 그의 이름이 보이지 않는 것은 이때에 그가 아내 하진과 함께 상해로 돌아갔기 때문이다. 이때의 일시귀국은 다음 장에서 서술할 유사배의 전향문제와 관련되기 때문에, 여기서는 언급을 삼가고, 지금은 사회주의강습회만으로 문제를 압축하고자 한다.

유사배가 언제 다시 일본으로 돌아왔는가는 명확하지 않지만, 사회주의강습회는 그 뒤에 제민사齊民社로 명칭을 고쳐 다시 탄생하게 된다. 제민사로의 명칭변경은 1907년 10월 30일 발행된 『천의』 제8～10합책호에 제시되어 있어서 이미 예정된 일이었다. 『천의』가 정간된 뒤에 유사배는 『형보』를 창간하였는데, 1908년 4월 28일자의 창간호에 「제민사기사」가 실렸다. 이 기사에는 4월 12일에 아카사카[赤坂] 청풍정에서 회의를 열었다고 기록되어 있다. 그러나, 이보다 앞서 3월 20일에 마찬가지로 청풍정에서 유사배가 출석한 회합이 열렸다는 기록이 있다(「주희조일기朱希祖日記」「'사회주의강습회'자료社會主義講習會資料」 수록). 만일 이것이 제민사의 회합을 가리킨다면, 회합은 기록에 남겨진 것만도 모두 6회나 열린 것이 된다.[5)]

『형보』의 기사에 의하면, 제민사는 이후로 4월 26일, 5월 10일, 5월 17일(단 배척일화연구회排斥日貨硏究會로서), 6월 14일에 개최된 것이 확인된다(다만, 『형보』의 제9호, 11호는 발견되지 않았기 때문에, 혹은 이보다 횟수가 늘어날지도 모른다). 제민사 창설 뒤에 유사배는 사회주의강습회 때와 마찬가지로 일본인 강사를 초빙하여 적극적인 언론활동을 전개하였다. 지금까지 서술한 사회주의강습회 및 제민사의 개최과정을 도표로 정리하면 다음과 같다. 역시 어떠한 이유인지는 분명하지 않지만, 제민사로 명칭을 바꾼 뒤로 집회에 관한 일본 공안당국의 조사 자료는 남아있지 않다.

---

5) 「朱希祖日記」에 의하면, 1908년 1월 12일에도 '사회학강습회'라는 것이 열려 야마카와 히토시[山川均]가 대의정치와 혁명에 관한 강연을 거행하였다고 한다. 그러나, 이것이 과연 유사배가 주재한 것인지 혹은 일본인 사회주의자들에 의한 것인지를 확정할 수 없다. 그러므로, 여기서는 전체의 회수에는 포함시키지 않는다.

사회주의강습회와 제민사의 개최과정

	개최 일자	장소	강연자	강연내용	참가자
제1회	1907, 8, 31	청풍정 淸風亭	劉師培 張繼 幸德秋水 劉師培 何震	강습회 개최의 취지, 아나키즘혁명의 필요성 강습회의 목적 아나키즘의 기원 및 사회주의와의 차이 중국에서 아나키즘혁명 달성의 용이성 혁명실행의 수단	90여 명
제2회	1907, 9, 15	강호천정 江戶川亭	劉師培 張繼 堺利彦 劉師培 張繼	중국의 민생문제 堺利彦의 학문적 특징 인류사회의 변천 헌정憲政은 백성을 해친다 자유연합의 이점	100여 명 (약 50명-공안조사)
제3회	1907, 9, 22	청풍정 淸風亭	劉師培 章炳麟 潘某 景定成 某氏 湯某 張繼	중국 소유제도의 변천 국가학설의 황당무계함 호북湖北·강소江蘇 농민의 곤경 구미歐美 사회당의 분열 아나키즘의 이점, 인민에게 해방의 행복 아나키즘은 민족주의에 미치지 못함 탕모湯某의 의문을 풀다	수십 명
제4회	1907, 10, 6	청풍정 淸風亭	山川均 張繼 劉師培 景定成	호조주의互助主義 *이하 3명은 모두 강권强權과 배외排外의 차이점	소수 (20여 명-공안조사)
제5회	1907, 11, 10	청풍정 淸風亭	劉師培 張繼 劉師培 大杉榮	보고 남양제도에 사는 화교의 곤경, 중국혁명방법 중국경제계의 변천 바쿠닌의 연방주의聯邦主義	불명
제6회	1907, 11, 24	청풍정 淸風亭	劉師培 張繼 大杉榮 喬宜齋	보고 무정부당 대회 바쿠닌의 연방주의(속續) 기독교 가운데의 아나키즘	(백여 명-공안조사)
제7회	1907, 12, 8	청풍정 淸風亭	汪公權 山川均 張繼	보고 연설(제목불명) 무정부당 본부의 상황, 에스페란토 교육의 제안	50여 명
제8회	1907,	청풍정	張繼	보고	약 60명

	개최 일자	장소	강연자	강연내용	참가자
	12, 22	淸風亭	大杉榮 潘怪漢 李某 汪公權	바쿠닌의 연방주의(속續) 연설(제목불명) 위와 같음 보고	(70여 명-공안조사)
?	1908, 1, 12	불명 不明	山川均	대의정치代議政治와 혁명	불명
제9회 (齊民社로는 제1회)	1908, 3, 30	청풍정 淸風亭	宮崎民藏 劉師培 章炳麟	사회주의와 아나키즘의 제조류諸潮流 법률은 종교에서 발생한다 인간의 본성은 악하다	불명
제10회 (동제2회)	1908, 4, 12	청풍정 淸風亭	劉師培 某氏 汪公權外 大杉榮	국가의 해악 일본 군인의 괴로움 공학公學을 위한 모금 프랑스의 반란 정신	불명
제11회 (동제3회)	1908, 4, 26	금휘관 錦輝館	潘怪漢 山川均 竹內善朔 坂本靑馬	러시아 사회당의 토지요구법안에 대해 동식물의 상호부조 일본의 계급제도와 명사·자본가에 의한 압제 암살주의	불명
제12회 (동제4회)	1908, 5, 10	부사견루 富士見樓	劉師培 守田有秋 李某 南某 汪某	단결의 필요성 노동조합과 아나키즘 봉군蜂群[벌때]의 조직 연설(제목불명) 위와 같음	불명
제13회 (동제5회)	1908, 5, 17 排斥日貨硏究會로	금휘관 錦輝館	劉師培 潘怪漢 등 14명	일본상품배척이 입헌파立憲派의 음모에 의하였음을 확인하며, 노동자의 대외단체에게 적극적으로 움직이고 대내단체에게 변신할 것을 선언	700명
제14회 (동제6회)	1908, 6, 14	문명관 文明館	劉師培 汪公權	인류공통의 감정에 대해 영화의 해설, 내용은 다음과 같다 1. 공장의 방화 －자본가의 노동자 학대에 대해 2. 마적의 약탈 －세계 빈부의 불평등에 대해 3. 이탈리아 광산의 화재 －광부의 생명 위험에 대해 4. 은화 위조자의 말로 －배금주의에 대해	수백 명 (일본인 십여 명 포함)

	개최 일자	장소	강연자	강연내용	참가자
				5. 뉴욕의 대재해 －당시의 무정부 양상에 대해 6. 프랑스 해군의 고충 －비군비주의非軍備主義에 대해 7. 파리의 무뢰한, 탐정을 죽이다 －비밀결사의 특색 8. 경찰의 무정 －경찰의 백성 비보호에 대해 9. 종교의 잔혹 －비종교주의非宗敎主義에 대해 10. 도적의 모험 －빈곤이 범죄의 원인	

사회주의강습회와 제민사를 무대로 한 선전활동은 재일 중국인 유학생에게 꽤 영향을 준 것으로 보인다. 그것은 참가자가 많았다는 데에서 알 수 있다. 즉, 사회주의강습회의 이름으로 활동한 시기에는 악천후의 날씨를 제외하면 평균 수십 명, 많을 때에는 백 명의 참가자를 헤아렸고, 제민사가 된 뒤에 배척일화연구회로 개최한 5월 17일의 모임에는 700명의 참가자가 모였다. 이것은 양천석楊天石이 지적한 것처럼, 당시 손문이 도쿄를 떠나 동맹회의 중심인물이 남양南洋으로 옮겨간 것과도 관련이 있다(「'사회주의강습회'자료」). 유사배를 비롯한 아나키스트는 재일 혁명파 가운데에 소수였음에도 불구하고 손문이 없는 틈을 타 선전활동을 전개하여 꽤 찬동자를 얻었다. 불우한 지식인으로서 출발한 유사배는 이때에 이르러 바야흐로 뜻을 이룬 절정이었다고 해도 좋을 것이다.

제1회 사회주의강습회의 강사로 초빙된 고토쿠 슈스이는 1907년 10월 이후 고향인 고치현[高知縣] 나카무라[中村]로 돌아갔다. 그는 다음해 설날 유사배 등이 계몽운동에 접한 경험을 기초로 그 지방 신문에 다음과 같은 글을 썼다.

> 눈을 돌려 지나支那[중국]를 보자. 한인漢人은 결코 '빈사의 병자'가 아니다. '잠자는 사자'는 지금 바로 깨어나려고 한다. 문명의 수입은 한편으로 국민의 자각을 촉진하는 동시에, 다른 한편으로는 민주사상·권리사상·혁명사상을 양성하여 중류中流의 자제를 서로 이끌어 혁명운동에 투신하는 상황이 마치 1860년대의 러시아 혁명운동의 초기를 방불케 한다. 그리고, 프랑스와 일본 등에 유학하여, 만일 망명하여 혁명당 청년이 다수가 되면, 가장 먼저 옛 만인滿人의 배척·중국회복·헌정창시, 혹은 공화정치를 달가워하는 것을 비난하고, 나아가 이른바 민생주의, 즉 사회주의를 주장하지 않을 수 없다. 특히 진보한 자에 이르러서는 공산적共産的 무정부주의나 개인적 무정부주의까지도 열심히 창도하여 끊임없이 수만의 잡지·소책자를 그 고국으로 몰래 수송한다. 이처럼 지나支那가 머지않아 세계혁명사상에서 제2의 러시아가 되는 것은 적어도 식견 있는 자가 결코 의심할 수 없는 바이다(「병간방어病間放語」).

확실히, 유사배의 사상과 활동은 고토쿠로 하여금 기대를 갖게 하기에 충분하였다고 말해도 좋다. 하지만, 고토쿠의 기대와 달리 유사배의 활동은 바로 좌절되었고, 사상도 환영처럼 사라져버렸다. 그러나 당연하겠지만, 유사배는 아직 자신의 장래를 알 수 없었다. 이 단계에서 그는 여전히 혁명의 도래를 확신하는 아나키스트였다.

7. 아주화친회亞洲和親會와 「아주현세론亞洲現勢論」

그런데, 정부전복에 이르기까지의 혁명 프로그램에서 유사배는 계몽을 중심으로 활동을 진전시켰다. 그러나, 모든 강권의 배제를 취지로 하는 아나키즘에서 일국一國 규모의 승리는 최종목표가 아니다. 당연히,

여기에는 세계적 규모의 혁명이 목표로 거론되지 않으면 안 된다. 유사배도 그 점을 고려하였다. 그래서 그가 특히 주목한 것은 아시아에서 혁명운동의 추진이었다. 당시, 일본에는 아시아 각국에서 온 망명객이 있었다. 유사배는 그들과의 연대를 추구하기 위하여 아주화친회를 창설하였다. 그러나, 위에서 서술한 사회주의강습회가 공개 기관으로서 활동하며 『천의』 『형보』에 관련기사를 종종 게재한 것에 비해 아주화친회에 관한 기사는 전혀 보이지 않는다. 아마 재일在日 외국인으로서 당시 상황에서 아시아의 독립을 위해 연대를 주장하는 일은 사회주의를 말하는 것보다도 위험하다고 느껴, 이쪽은 비공개 기관으로 정하였는지도 모른다.

아주화친회는 1907년 4월 도쿄에서 조직되었다. 이 회의 창립에 대해서는 유사배와 장계의 역할이 컸지만, 회장에는 당시 불교연구 등을 통하여 인도인과의 교류에 열심이었던 장병린이 취임하였고, 「아주화친회규약亞洲和親會規約」도 그가 기초하였다.

이 규약에 의하면, 아주화친회의 취지는 "제국주의에 반대하고, 아시아에서 주권을 상실한 민족에게 각각 그 독립을 달성하려고 하는" 것으로 정하여 제국주의에 반대하는 입장을 분명히 하였다. 두루 아는 것처럼, 동맹회의 강령에는 "오랑캐를 구축하고 중화를 회복하며 민국을 건립하고 지권을 평균한다[驅除韃虜, 恢復中華, 建立民國, 平均地權]"를 거론할 뿐이어서, 당시에는 아주화친회처럼 반제민족주의를 거론한 조직은 달리 찾아볼 수 없었다. 또한, 같은 규약에는 "무릇 아시아인으로서 침략주의를 주장하는 자를 제외하고는 민족주의자·공화주의자·사회주의자·무정부주의자를 막론하고 모두 가입할 수 있다"고 하여 대상이 아나키스트만이 아니라 아시아 해방을 목표로 한 광범위한 인사들이라는 점을 알 수 있다. 그리고, 광범위한 지역의 인사들을 결집시키려는 의식은 회의 규약이 중문·일문·영문으로 간행된 데에도 나타나 있다.

그러나, 규약 가운데에는 아나키즘의 영향도 산견된다. 그것은 예컨대, "상호부조로서 각각 그 독립과 자유를 획득하는 것"이 모임의 의무로 거론되고, 또한 '조직'의 항목에는 "회장·간사의 직책이 없고, 각 회원이 모두 동일한 권리를 지닌다"고 한 서술에서도 알 수 있다. 게다가, 이 회의 모임에는 오스기 사카에 등도 참가하여 형세상 아나키즘의 영향이 강하였으리라 판단된다.

아주화친회의 규약에 의하면, 모임은 월1회 개최될 예정이었다. 그러나, 그 가운데에 현재 확인할 수 있는 것은 1907년 여름에 개최된 두 차례의 모임뿐이다. 이 두 번의 모임에 참가한 다케우치 젠사쿠[竹內善朔]의 회상에 의하면, 제1회에는 아오야마[靑山]의 인디안 하우스에서 열려 중국·인도의 혁명파 인물이 참가하였고, 일본인으로는 사카이 도시히코·야마카와 히토시·모리타 유슈[守田有秋]가 참석하였다. 두 번째 모임에는 구단시타[九段下]의 유니테리안 교회에서 열려 중국·인도·베트남·필리핀의 혁명파가 참여하였고, 일본인으로는 다케우치, 사카이, 모리치카 운페이[森近運平], 오스기 사카에 등이 참석하였다고 한다. 오스기는 이 날 지론인 비군비주의非軍備主義를 강연하였는데, 왕정위汪精衛가 일어서서 "우리는 반드시 이탈리아의 통일 당시 마치니를 배우지 않으면 안 된다"고 말하였다고 한다(「明治末年에 있어서 中日革命運動의 交流」). 이와 같이, 아나키즘에 대해 민족주의적 입장을 강조한 사실 등은 아주화친회가 사상적으로 일원화를 추구한 집단이 아니라 오히려 다양성 가운데에 공통의 목표를 추구하기 위한 단체였음을 여실히 보여준다고 할 수 있다.

아주화친회의 두 차례 모임에 관해 이상 밖에는 거의 알 수 없다. 그러나, 여기서 다케우치도 서술하였듯이, "조선인들이 한 명도 보이지

파리에 도착한 뒤의 장계

않았다"는 것은 염두에 두어야 한다. 당시 조선에서 온 유학생과 망명민족주의자는 중국에 이어 가장 많아, 그 수는 700명에 이르렀다고 한다. 그들은 개인적인 차원에서 일본인과 접촉하였지만, 의식적으로 아주화친회에 참석하지 않았다. 이는 일본인과의 동석을 떳떳하다고 여기지 않는 의지의 표현이었다. 물론, 그들이 이 모임에 출석한 일본인 사회주의자들에게 회의 운영을 좌우하는 듯한 오만한 태도가 있었다고 할 리는 없다. 그러나, 현실적으로 일본에 의해 식민지화된 상태에 처한 조선인들로서는 아시아의 해방을 주장하며 중국문제에 적극적으로 개입하면서도 자국의 조선지배에 직접 비판의 창끝을 겨누지 않는 일본인 사회주의자의 자세에 어떤 종류의 불쾌감을 지녔을지도 모른다.[6)]

그 뒤로 아주화친회는 1908년 8월경까지 확실하게 계속 활동한 것 같다. 그것은 같은 해 8월 10일 발행된 『민보』 제23호에 「아주화친회의 전도[亞洲和親會之前途]」라는 글이 실린 데에서도 확인된다. 그러나, 그 활동은 이미 그렇게 활발한 편이 아니었다. 정체된 까닭은 모임 운영의 중심인물이었던 장계가 같은 해 1월에 일어난 일본인 사회주의자의 금요회옥상연설사건金曜會屋上演說事件에 연좌될 것을 두려워하여 다음

6) 역자 보주. 저자가 보내온 최근의 연구정보에 의하면, 한국인 趙素昂이 아주화친회에 참가하였을 가능성이 매우 높다고 한다. 李京錫, 「アジア主義の昂揚と分岐―亞洲和親會の創立を中心に―」, 『早稻田大學政治公法研究』 제69호, 2002; 「平民社における階級と民族―亞洲和親會との關聯を中心に」, 『帝國を撃て』, 論創社, 2005, 참조

2월에 도쿄를 떠나 프랑스로 도피하였기 때문이었다. 3월 19일자의 공안조사보고인 「청국 망명자에 대하여」는 다음과 같이 기록하고 있다.

> 청국淸國 혁명당원으로 사회주의자인 장계張繼는 지난번에 사카이 도시히코, 오스기 사카에 등과 함께 치안경찰법 위반으로 영장이 발부되었는데, 그 뒤에 소재를 숨겨서 수사 중이었다. 장계는 지난 달 상순上旬 교토[京都]에 은거하여 당시 그곳에 머물던 정가정程家檉……에 의지하여 여러 날을 잠복한 끝에 그로부터 경비로 500엔을 빌려 고베[神戸]에서 프랑스 선박에 탑승하여 파리로 출발하였다. 그리고, 그 항로는 고베에서 홍콩을 거쳐 싱가포르에 도착, 그곳에서 손일선孫逸仙[손문]을 만난 뒤에 다음 목적지인 파리로 가서 공화 정체를 연구하다가 기회를 얻으면 귀국하려고 한다. 만일 귀국 기회를 잡지 못하면 장차 프랑스에서 영주할 목적이므로, 이 달 3일자 홍콩에서 보낸 서류가 지난 16일 그곳에 도착하였다. 더욱이 들은 바에 의하면, 장계는 현재 청국 현정부측에 매수되어 종래의 주의主義를 버렸다고 한다.

물론, 여기에서 말한 "청국 정부에 매수되었다고 하는" 말은 사실과 반대되는 기술이다. 장계는 이 뒤에 파리의 『신세기』 인사들의 활동에 합류하기 때문이다. 그러나 어찌되었든 도쿄에 남은 유사배는 통솔력 면에서 장계에 비해 현저하게 떨어진다고 하니, 이번 장계의 프랑스 출국을 계기로 아주화친회의 활동은 급속하게 저하된 것이 실상이었다.

이렇게 본다면, 아주화친회는 소기의 목적을 달성하지 못하고 소멸된 듯한 인상을 준다. 확실히, 그들의 운동은 신해혁명 전체의 동향에 영향을 줄 수 없었다. 그러나, 특별히 유사배의 사상 자체에 국한하여 말한다면, 아주화친회를 무대로 한 아시아인 혁명가와의 교류는 그의 아나키즘에 커다란 특징을 부여한다. 그것은 그의 「아주현세론」이라는 제목의 논문에서 아시아 혁명에서 세계 혁명으로 나아가는 장대한 혁명 계획으로 나타난다.[7] 아래에서 이 논문의 내용을 중심으로 살펴보자.

유사배에 의하면, 오늘날 세계는 강권이 횡행하는 세계이고, 아시아는 백인의 강권이 가해지고 있는 지역이다. 따라서, 백인의 강권을 배제하려면, 어떻게 해서라도 백인이 아시아에 가하고 있는 강권을 배제하지 않으면 안 된다. 그리고, 영국을 필두로 한 백인종의 아시아 지배 실태를 제시하고, 그대로 나아가면 아시아는 모두 백인의 지배 아래에 들어갈 위험성이 있다고 주장하였다. 그러나, 도리어 그는 약소민족이 연대하면 반드시 강권을 배척하는 능력을 가지며, 강권의 배척은 강국정부의 전복으로 이어지니, 이것이야말로 세계평화의 조짐이라고 서술하였다. 또한, 그는 아시아의 약소민족이 발흥하는 증거로 다음의 세 가지를 거론하였다. 첫째는 인민이 독립의 염원을 품고 있는 점이다. 인도·베트남·조선의 동향이 그것을 말해준다고 한다. 둘째는 점차로 사회주의를 이해하게 되었다는 점이다. 각국 민중의 생활 궁핍화는 필연적으로 사회주의로 나아가게 만든다. 그리고, 유사배는 셋째로 각국에서 대동주의가 이해되고 있다는 점을 거론하였다.

이 세 번째는 유사배 가운데의 전통과 관련하여 주목할 가치가 있다. 유사배는 아시아 여러 국가에서 대동주의를 이해하고 있다는 점을 중국과 아시아 여러 민족 사이의 문화적 근접성이라는 측면에서 파악하였다. 즉 그에 의하면, 조선·베트남은 원래 중국의 판도에 속하여 문자·문화·풍속관습이 거의 동일하기 때문에, 그곳에 사는 사람들은 항상 중국과 친밀하였다. 샴과 일본의 문화도 그 기원은 중국이었다. 이는

---

7) 「아주현세론」에는 종종 "어느 나라 사람 누구[某國人某君]에 의하면"이라는 글로 시작하는 문장이 나온다. 이것으로써 이 논문이 아시아 여러 국가의 인사들과 교류한 산물임을 이해할 수 있다. 이 글은 최원식·백영서 엮음, 『동아시아인의 '동양'인식: 19-20세기』(문학과지성사, 1997, pp. 135~159)에 박제균 번역 「아시아 현정세와 연대론」으로 소개되었다. - 역자.

동아시아 인민의 결합을 용이하게 만들었다. 더욱이 불교, 이슬람교 등의 종교를 매개로 한 민족들의 교류와 인도·필리핀에서의 영어 보급 등은 쉽게 아시아 각지를 결합시킨다고 인식하였다. 그는 이와 같이 교차하는 문화적 공통성을 아시아에서 대동주의 보급의 기반으로 여겼다. 여기서 대동주의라는 용어는 국경을 초월하여 연대를 도모하기 위한 국제주의의 의미로 사용되었다. 그러나, 이와 같이 '대동'이란 말을 중국과의 문화적 근접성과 관련하여 사용한다는 것은 분명히 그가 생각한 혁명운동이 중국의 전통적인 사상체계에서 분리될 수 없는 것임을 보여준다고 할 수 있다.

이상과 같이, 전통의 영향이 「아주현세론」의 첫 번째 특징이라면, 두 번째 특징은 아시아 약소민족의 해방투쟁이 서구 강국의 혁명으로 연결된다는 점이다. 이것을 유사배는 다음과 같이 설명한다. 제국주의는 침략정책으로 약소민족의 인민을 해칠 뿐만 아니라 국내적으로도 군비확충으로 나아가 증세정책을 취하기 때문에 자국의 백성을 해치는 상황이 온다. 만일 침략을 받는 약소민족이 강국의 강권에 반항하면, 강국정부는 자연히 파병하지 않을 수 없다. 그 때 강국의 사회주의자와 아나키스트가 기회를 틈타 혁명을 일으키면, 쉽게 승리할 수 있다. 또한 강국의 정부는 본국의 혁명에 대응하기 위하여 철군하지 않으면 안 되고, 이로써 약소민족의 독립도 이룬다는 것이다. 이와 같이, 아시아 식민지의 이반과 강대 민족 정부의 전복은 직접 관계가 있다고 생각하고, 이러한 목적을 달성하기 위해서는 아시아 민족들과 강국의 민당民黨(사회주의자 및 아나키스트)과 연대가 필요하다고 주장한다.

그러나, 이상과 같은 유사배의 구상은 아시아 민족의 독립으로 끝나지 않는다. 당연히, 여기에는 정부의 폐지가 상정되어 있다. 만일, 혁명 뒤에 여전히 정부를 두면, 설령 공화제를 채용한다고 하더라도 결국 프랑스나 미국이 일으킨 먼지를 숭배할 뿐이어서 '이포역포以暴易暴'할 뿐이라고 인식하였다. 그래서 약소민족은 독립한 뒤에 반드시 정부를 폐지하고 인민의 대동사상을 이용하여 바쿠닌의 연방주의나 크로포트킨의 자유연합설을 실행하는 것이 필요하다고 한다. 유사배는 국내의 혁명을 논할 즈음에 민족혁명과 아나키즘 혁명의 병행을 주장하며 최종적으로 아나키즘이 전체를 포괄하는 내용을 서술하였다. 유사배는 여기서 세계규모로서의 혁명을 말할 때에도 마찬가지의 경우를 생각하였다.

세 번째의 특징은 유사배가 이 논설에서 일본의 침략정책을 엄격하게 비판한 점이다. 유사배에 의하면, 동일한 아시아 지역에 위치하면서도 일본은 아시아에 강권을 행사하는 백인종의 일원이 되었다고 간주하였다. 서양열강과의 조약체결이나 조선반도·중국대륙에 대한 침략정책 등에서 볼 경우에 일본은 이미 아시아 국가들의 공통의 적이 되었다. 그러므로, "아시아의 평화를 지키고 아시아 약소민족의 독립을 도모한다면, 백인의 강권을 배제하는 것은 물론, 일본이 강권으로서 우리 아시아인을 학대하는 것도 동시에 배제하지 않으면 안 된다"고 주장하였다. 이러한 유사배의 일본비판은 당시에 많은 혁명파 인사들이 제국주의 인식을 지니지 않은 채, 일본에 기대를 품고 있던 것과 비교하여 중요한 의의를 지닌다. 그리고, 유사배의 이러한 경향은 아시아 활동가들과의 교류라는 실천을 통한 산물이었다는 점에서 현실적인 중요성을 지닌다.

8. 에스페란토의 보급

이제까지는 아나키스트로서 유사배의 사상과 행동을 서술하였는데, 마지막으로 그의 에스페란토 보급 활동에 대해 언급하고자 한다.

여기서 다시 말할 필요도 없지만, 에스페란토란 폴란드인 자멘호프가 1887년에 공표·사용하기 시작한 국제공용어이다. 일본에서는 중국인 아나키스트가 활동을 개시하기 전해인 1906년 요코스카[橫須賀]에서 구로이타 가츠미[黑板勝美] 등을 중심으로 한 일본 에스페란토협회가 창설되었고, 하세가와 다츠노스케[長谷川辰之助](二葉亭四迷)가 일본에서 최초로 자습서 『세계어世界語』를 출판하는 등의 활동을 폈다. 이러한 상황에서 중국 에스페란토 운동의 한 원류가 형성된다.

그런데, 이미 서술하였듯이, 일본과 중국의 사회주의자 교류는 사회주의강습회를 무대로 이루어졌다. 그런데, "장계 유광한 등과 본국 사회주의자들 사이에 서로 언어의 소통이 충분하지 못함으로 말미암아 미세한 연구해석을 시도할 수 없었고, 이 때문에 더욱 진보할 수 없음을 탄식하였다"고 한 공안조사보고(앞의 「淸國革命派와 社會主義」)로부터도 알 수 있는 것처럼, 쌍방 모두가 의사소통에 어려움을 느꼈다. 그래서 제1회 강습회의 강연자였던 고토쿠 슈스이는 언어가 통하지 않는 것을 유감으로 느끼면서 장래 에스페란토의 통용으로 언어의 소통이 가능할 것이라고 말하였다. 또한, 중국인 아나키스트도 에스페란토에 관심을 가지게 된 듯 하여 장계는 제7회 강습회에서 「에스페란토 교육의 제안」이라는 제목으로 강연하였다.

『천의』에는 제10호를 지날 무렵부터 에스페란토에 관한 기술이 산견되기 시작한다. 예컨대, 제11·12합책호의 권두 그림에 에스페란토의 기술이 보이고, 제15호의 「본사중요광고」에는 에스페란토 문법서를 중개한다는 내용이 있다. 그리고, 제16~19합책호에는 자멘호프의 초상이 "에스페란토 발명가 자멘호프"라는 설명과 함께 실려 있고, 또한 「빈민창가집貧民唱歌集」에는 자멘호프의 "La Espero"를 유사배가 번역하여 「희망시」라는 제목으로 실었다.

유사배 등에게 에스페란토를 가르친 인물이 누군가 하면, 당시 그들과 사회주의강습회를 통하여 지기知己가 되었던 오스기 사카에였다. 오스기가 에스페란토의 학습을 시작한 것은 1906년 3월의 도쿄 전차요금 인상 반대운동으로 체포되어 이치가야[市ケ谷] 형무소에 들어갔을 때로, 오카야마[岡山] 제6고등학교의 교사였던 건틀릿[George Edward Luckman Gauntlett]이 주재하는 통신교육에서였다. 이는 투옥될 때마다 하나의 외국어를 습득한다고 하는 이른바 '일범일어一犯一語'의 정신에 기초하였다. 보석保釋 뒤에 바로 오스기는 그의 모교인 도쿄외국어학교의 연구지 『어학語學』에 에스페란토 강의를 연재하기 시작하였고, 9월에는 도쿄의 고향 소학교를 빌려 에스페란토의 강습회를 시작하였다. 이 강습회에는 중국인도 출석하였는데, 오스기는 이와 별도로 재일 중국인에게 에스페란토강습회를 열었다.

『형보』 창간호의 기사에 의하면, 에스페란토 강습회는 매주 월·수·금요일 4시부터 5시 반까지 유사배의 자택(유사배 등은 이때에 이미 민보사에서 나왔다)에서 개최하도록 정하였으며, 제1회 강습회는 1908년 4월 6일에 거행되었다. 이 잡지의 제2호에는 오스기의 개강의 변이 실렸다. 여기에서 그는 영어를 익힌 적이 있는 사람이라면 3개월에서 6개월의 학습으로, 영어를 익힌 적이 없던 사람이라도 그 배의 기간 안에 모든 문장을 읽을 수 있다고 주장하였다. 강습회의 참가자는 유사배 하진 부부를 비롯하여 장계, 소만수, 경매구 등 20명이었다고 한다.[8] 이후로 7월 1일부터 8월 15일까지 오스기를 강사로 하는 하계 강습회를 계

8) 梅景九는 당시의 모습을 다음과 같이 기록하였다. "어느 날, 모처의 이층에서 비밀모임을 열었지만, 경찰에게 탐지되어 이층으로 올라온 많은 사람들이 계단 아래로 추방되었다. 나는 상대하지 않고 오스기 사카에 선생에게 세계어[에스페란토]의 독법을 배우고, 그곳에서 매우 열심히 발음을 교정하였다(『留日回顧』).

획하였지만, 6월의 적기사건赤旗事件으로 오스기가 체포되었기 때문에 지후 도시오[千布利雄]가 대신 강의하였다고 한다.

일반적으로 에스페란토는 고안자 자멘호프의 뜻과 관계없이 아나키즘 운동과 결부되는 경향이 있었다. 장래에 국경 없는 사회의 실현을 목표로 하는 자에게는 비민족언어야말로 소통의 수단으로 채용되어야 할 것이었기 때문이다. 유사배의 경우에도 동일한 경향이 보인다. 아래에서는 그의 「ESPERANTO사례통석총서詞例通釋總序」라는 기사를 통하여 에스페란토 채용의 이유를 살펴보고자 한다.

유사배에 의하면, 고대부터 오늘날까지 세계의 분쟁은 두 가지 원인에 의해 일어난다. 하나는 생계의 문제에서 발생하고, 다른 하나는 감정의 문제에서 일어난다. 생계문제란 재산의 불평등을 말하고, 감정의 문제란 언어가 통일되지 않은 것을 말한다. 그러므로 세계의 분쟁 원인을 없애기 위한 수단은 재산의 평균화와 언어의 통일이고, 이것은 그대로 공산제와 에스페란토의 채용이라는 데에서 벗어나지 않는다.

언어불통이 분쟁의 원인이 되는 것은 국내에서도 마찬가지이다. 중국에서는 심지어 산 하나를 넘으면 언어가 통하지 않는 경우가 있고, 이것이 원인이 되어 집단끼리의 대립이 일어나며 계투械鬪가 발생하기도 한다. 그러나 국제적·국내적 분쟁은 단순히 인근 몇 개의 언어와 방언을 배우는 것으로 그 근본적인 해결을 도모할 수 없다. 그러므로, 그는 "중국인이 본국의 언어를 숙달하려고 하면, 먼저 표준어를 배우지 않으면 안 되고, 또한 외국어를 익히려고 생각하면 우선 에스페란토를 배우지 않으면 안 된다"고 서술하였다. 여기에는 장래의 무국가無國家로의 지향성이 상정되어 있지만, 그 이전의 단계에서는 언어적으로 통일된 국가의 출현이 추구되었음을 알 수 있다.

이상과 같은 유사배의 발상은 당시 중국에서 매우 특이한 경우가 아니었다. 예컨대, 같은 시기에 파리의 『신세기』에 아나키즘 관련 기사를 발표한 오치휘吳稚暉는 장래에 중국어 폐지와 에스페란토 채용의 전단계로서 중국어의 독음통일을 주장하였다. 이와 같은 발상은 당시 인사들 사이에 나타난 국민국가 건설의 요구와 보조를 맞추었다고 할 수 있다.

그런데, 유사배는 에스페란토의 보급이 극히 신속할 것이라고 주장하였다. 그 이유는 단어의 악센트가 일정한 곳에 있고(끝에서 두 번째의 모음에 있다), 단어가 획일적으로 만들어지며(품사의 종류별, 단수-복수, 주격-목적격이 어미에 의해 구별된다), 문법이 지극히 간결하기 때문이다. 더욱이 에스페란토에는 중국어의 구조와 흡사한 점이 있으므로, 중국인에게는 습득하기 쉬운 언어라고 한다. 예컨대, 에스페란토의 어미전환법語尾轉換法(명사에는 o, 형용사에는 a, 부사에는 e, 동사에는 i의 어미가 붙음)은 중국어에서 하나의 문자가 성조로 품사를 달리하는 것과 유사하며, 또한 단어 만들기(예컨대, fero[철鐵]+vojo[로路]=fervojo[철로鐵路]가 되는 것처럼)에도 유사한 점이 많다고 한다. 그러나, 이러한 주장은 다소 견강부회라는 비난을 면할 수 없을 것이다.

이상과 같이 에스페란토 보급의 용이성을 주장하면서도 유사배는 지금 바로 중국어를 폐지하고 에스페란토로 대치하는 일은 곤란하다고 인식하였다. 앞에서 서술하였듯이, 국내언어의 통일도 제대로 이루지 못한 상태에서 단숨에 해치우듯이 중국어의 폐지를 말하는 따위는 현실성을 결여한 의논이라고 밖에 생각할 수 없었을 것이다. 그러므로 그는 기존의 학교에서 에스페란토를 필수로 하는 방법을 찾았다. 그리고, 에스페란토는 다른 유럽의 언어와 공통점이 많았기 때문에 장래에 다른 언어를 배우는 데에도 매우 유리하다고 주장하였다.

그러나, 에스페란토를 보급하려고 생각하였지만 오늘날 중국에는 장애가 있다. 그것은 교사와 서적의 부족이다. 이에 대해 유사배는 다음과 같은 해결책을 제시한다. 즉, 첫째 교사의 부족에 대해는 도쿄에서 일본인을 강사로 삼아 강습회를 개최하는 동시에 상해의 동지에게도 강습회를 개최하게 하여 교사양성을 준비할 것, 둘째 서적의 부족에 대해서는 동인同人에게 자서字書·문법서·독본을 편집하는 임무를 맡기는 것이다.

도쿄에서 에스페란토 강습회는 앞에서 서술한 것과 같은 경위로 개최되었지만, 과연 처음의 계획대로 그들은 상해에서도 강습회를 개최하였을까? 『중국에서의 세계어 운동[世界語運動在中國]』에 의하면, 유사배는 1908년 귀국한 뒤에 상해에서 '세계어전습소世界語傳習所'를 열었다고 하는데, 이것이 사실인지는 알 수 없다. 왜냐하면, 다음 장에서 서술하듯이, 귀국한 뒤에 유사배는 혁명을 배반하고 청조정부의 스파이로 전환하였기 때문이다. 그러나, 그렇다고 해도 유사배 등의 활동이 중국 에스페란토 운동 원류의 하나라는 점은 논란의 여지가 없는 사실로 평가되지 않으면 안 될 것이다.

이상, 이 장에서는 유사배의 아나키스트로의 전환과 그 이후 그의 사상과 행동을 중심으로 서술하였다. 이 시기 그의 사상적 특징은 민족주의를 용인하면서 아나키즘과 병행을 주장한 점, 그리고 이전의 민족주의자로서의 시기와 마찬가지로 혁명적으로 해석된 전통을 기초로 삼은 점에 있다. 이 시기 그의 혁명실천에 대해 말하면, 그것은 객관적인 눈으로 보아 여전히 초보적인 단계에 머물러있다고 하지 않을 수 없다. 그러나, 사회주의강습회를 통한 아나키즘의 선전은 배만혁명이 일색이던 시대에 이질적인 혁명사상을 제시한 점, 그리고 일본과 중국의 혁명가 교류라는 점에서 의의를 지닌다. 또한, 아주화친회의 활동은 반제국주의의 입장에서 아시아 민족들의 연대를 거론하고, 나아가서는 선진국 민중과의 연대로 세계적 규모의 혁명을 추구한 점에서, 중국근대사에서는 획기적인 의의를 지닌다고 평가할 수 있을 것이다.

제3장 암운

전향 그리고 제제帝制

1. 혁명운동의 배반

유사배는 1908년 8월까지 도쿄에서 『형보』의 발행 등을 통하여 아나키스트로서 활동하였다. 그러나 그 뒤에 『형보』의 출판을 둘러싸고 문제가 생기자 일본을 떠나 중국으로 돌아갔고, 그 이후 혁명가에서 청조정부의 스파이로 전환하기에 이른다.

유사배가 일본을 떠난 직접적인 원인은 일본정부에 의한 『형보』의 발매반포 금지처분이었다. 『형보』가 매달 3회의 발행을 예정한 것으로 본다면, 제11호는 늦어도 8월중에 발행되어야 했다. 그러나, 발행 절차에 문제가 생겼다. 그는 일본의 경찰당국에 『형보』의 발행처를 '오문澳門 평민사平民社'로 제출하였지만, 실제로 이는 거짓이었다. 실제로 발행처는 유사배의 거주지임이 판명되었다. 9월 9일자의 공안조사자료 「유광한[유사배]의 행동에 대하여」는 다음과 같다.

> 유광한劉光漢이 각국 사회주의자의 저서를 연구하는 한편 오문澳門 평민사平民社에서 발행하는 『형보衡報』의 통신사무에 종사한다는 내용은 이미 보고한 바이다. 형보의 발행처에 관해 의심스러운 점이 있어서 이를 정밀 조사하니, 모두 유광한의 집에서 발행하고 있음을 확인하였다. 이에 따라, 지난 달 21일 관할 고지마치[麴町] 경찰서警察署로 소환, 발행절차를 결여한 건으로 한 차례 훈계에 처하였다. 그 설명에 기초하여, 이후로 정식 절차를 밟아서 계속 발행하든가 장차 다시 이번에 폐간하든가 하는 두 가지 방향을 숙고하기 위하여 10일 간의 말미를 청함에 따라 그 요청을 수락하였다. 그런데, 같은 달 31일 같은 경찰서로 출두하여 이 달 8일까지 보증금을 납부하고 정식으로 발행할 뜻을 진술하였지만, 기일이 이르러도 그 신고를 하지 않기에 정찰을

붙였다. 유광한의 아내 하진何震은 먼저 보고한 것과 같이 지난 6월중에 몰래 중국으로 갔다가 지난 3일 도쿄로 돌아왔다. 유광한은 아내가 도쿄로 돌아오기를 기다려 아내가 가지고 온 돈을 나누어 보증금으로 납부하려고 생각하였다. 그런데, 아내가 가지고 온 자금은 겨우 보증금의 반액에 불과하였다. 이 때문에, 자금조달에 바쁜 결과 현재로서는 신고하지 못할 것이나, 이 수일 안에 신고하는 운이 이를 것이라고 한다.

그 뒤에 유사배와 하진은 자금마련으로 바쁜 듯하다. 9월 15일자의 공안조사자료 「유광한에 대하여」에는 "이미 보고한 청국 혁명당원 유광한은 오늘 본청에 출두하여 보증금을 납부하고, 정식으로 형보 발행의 절차를 밟았다"라는 보고가 이루어졌다. 여기에서 유사배는 제 11호를 제1호로 고쳐 발행하였지만, 이번에는 그 내용이 문제였다. 지금은 『형보』 복간 제1호를 볼 수 없기 때문에, 어떠한 부분이 당국을 자극하였는지는 명확하지 않다. 여기서는 이러한 처분이 같은 해 6월 적기사건赤旗事件을 계기로 일본정부가 안팎의 혁명파를 탄압한 결과라고 지적해도 좋을 것이다.

아무튼 『형보』는 10월 10일 발매반포 금지처분을 받기에 이르렀다. 이 잡지가 발매금지된 뒤에 유사배는 일본에서 아나키즘 선전의욕을 상실한 듯하여 일본을 떠나고자 결심하였다. 발매금지처분 직후의 공안조사 「유광한의 언동에 대하여」는 다음과 같이 기술하고 있다.

청국 혁명당원으로 사회주의자인 유광한은, 자신이 경영하던 『형보衡報』 제1호는 지난 10일 발매 반포가 정지되었다. 이로부터 일본에서는 도저히 발전의 가망이 없다고 보아 『형보』를 결연히 폐간하였다. 그리고, 시기를 보아 미국이나 프랑스로 가는 배를 타, 그곳에 머물고 있는 동일한 주의자들과 상의하고, 나아가 일대기관신문一大機關新聞을 발행하여 평소의 뜻을 관철한다는 내용의 말을 하였다고 한다.

그는 수일 뒤에 공안조서보고에서도 “시기를 보아 구미의 문명국으로 여행하여 사회주의의 정밀한 의미를 깊이 연구한 뒤에 활동중심을 만들려고 결심하였다”(「청국 혁명당원의 이야기[談]」, 1908년 10월 24일)고 서술하여 아마도 이 시점에서는 분위기로 보아 구미에서의 활동 가능성을 찾았는지도 모른다. 그러나, 그것은 실행으로 옮겨지지 않았고, 같은 달 말에 도쿄를 떠나 귀국 길에 올랐다. 그의 귀국 경위는 공안당국의 조사에 의해 어느 정도 알 수 있다. 아래에서 공안조사기록을 차례대로 살펴보고자 한다. 10월 31일자 보고서 「유광한 아내의 귀국 건」에는 다음과 같이 기록되어 있다.

> 청국 혁명당원으로 이명異名인 유신숙劉申叔, 즉 유광한劉光漢의 아내 하진何震은 이번에 갑자기 귀국한다. 오늘 오전 8시 신바시[新橋]를 출발하여 고베[神戶]로 향하였는데, 오른쪽에 유광한도 환송을 위하여 같은 곳까지 동행하였다. 고베에 도착한 뒤의 동정에 의하면 아마도 둘이 일시에 귀국할 것이라고 한다.

이것을 보면, 하진은 귀국의 의지가 확고한 반면에 유사배는 아직 결심하지 않았음을 알 수 있다. 처음에는 두 사람이 고베까지 갈 예정이었는데, 그들은 그대로 규슈[九州] 방면으로 향하였다. 이틀 뒤 후쿠오카[福岡] 현縣 지사 명의로 발송된 보고서 「청국 혁명당원의 동정」에 의하면, 그들은 같은 날 간몬해협[關門海峽]을 건너 나가사키[長崎]로 향하였다. 보고서에는 “용건은 나가사키에 있는 같은 당원에게 중요한 업무를 의논하기 위해서”라고 한다. 이후로 그들은 “관할지역을 통과하는 중에 이상을 확인할 수 없다”고 하여 사가[佐賀] 현에 인계되었다. 역시 이보다 먼저 통과한 효고[兵庫] 현으로부터는 “두 사람이 모두 2등 객실에 가로누웠다. 정차시간이 매우 짧아서 충분하게 시찰할 수 없지만,

이상한 행동을 인지할 수 없다"(「청국 혁명당원 통과의 건」, 1908년 11월 4일)는 보고를 보내왔다. 이 사이에 유사배도 귀국을 결심한 것으로 보인다.

이때에 각 현 사이의 연락은 전화나 전보로 이루어진 듯한데, 이름에 종종 혼란이 일어났다. 나가사키 현 지사의 명의로 발송된 「청국 혁명당원에 관한 건」(11월 4일자)이라는 제목의 보고는 그러한 혼란을 보여주는 것으로서, 귀국에 즈음하여 유사배와 하진의 동향을 쫓는 지방 공안당국자의 활동모습이 떠오른다. 다소 길지만, 전문을 인용하고자 한다.

> 청국 혁명당원 'コウコカン[광한]' 외 청국인 남녀 1명, 동행자 일본인 1명은 어제 밤 고베[神戶]를 출발, 오늘 오후 3시 40분 모지[門司]에서 출발하는 하행 열차를 타고 나가사키[長崎]로 향하였다는 내용의 통지를 받았다. 지난 1일 오후 4시 45분 사가[佐賀] 경찰서로부터 전화통보가 있어서 주의하던 가운데 동일 오후 8시에 이르러 다시 같은 경찰서로부터, 지난번에 통보해 둔 청국 혁명당원은 지금 사가 역驛을 통과하였다는 보고가 있었다. 그러나, 'コウコカン[광한]' 외에 한 명의 청국인 남자, 두 명은 모두 일본 옷을 입고 2등 열차에 탔고, 여자 한 명은 검은 색 간호복을 입고 같은 2등실에 있었다. 그러나, 먼저 전화 통보 가운데 일본인 한 명도 있다는 잘못된 내용의 전화통보가 있었다. 이 열차는 같은 날 오후 10시 51분 나가사키에 도착하였다. 시찰한 결과, 간호부 복장을 한 청국 부인만 확인하고, 그 외에 반드시 있어야 할 자가 없다. 아지검阿志劍(23세)이라고 하는 동일인물은 시내 히로바바마치[廣馬場町] 사해루四海樓에 투숙하고, 그 다음 2일 오후 5시 나가사키에서 출항하는 가스가마루[春日號]를 타고 상해上海로 향하였다. 그리고 머물고 있던 도쿄시[東京市] 고지마치구[麴町區] 이다마치[飯田町] 6-31 제민사齊民社 마을에 있는 유광한의 노모에게 출발한다는 내용의 전보를 친 것 이외에 이상을 확인할 수 없다. 게다가 앞에서 기록한 'コウコカン[광한]'의 도

착여부를 엄중하게 시찰하였는데, 오늘 도착한 자취는 아직 없다. 지난 2일 청국 혁명당원 'リウコウチン[유광한]'의 도착여부를 야마구치[山口] 현으로 전보조회를 받고, 일어난 내용을 답장하였다. 그리고, 위의 청국 부인과 같은 열차에 있던 나가사키의 모토시타쵸[本下町] 연탄상인 스와 야스타로[諏訪安太郞](50세 정도)의 이야기에 의하면, 자신은 오사카[大阪]에서 열차를 타고 지난 1일 아침 히로시마[廣島]역 부근에서 양장한 부인을 열차에서 알았다. 그런데, 시모노세키[下關]에 도착한 앞 열차에서 심부름하는 보이[소년]는 그 부인이 자신에게 나가사키로 가는 데에 보호해달라는 부탁을 받았다고 한다. 그는 부인에게 나가사키에 심야 도착하면 아는 사람이 있는가, 장차 어디에서 숙박할 것인가 등을 물었다. 하지만, 언어가 통하지 않았으므로 필담筆談하였다. 부인은 히로바바마치[廣馬場町] 사해루四海樓에 일박할 예정이었으나, 다른 동행자는 없다는 내용으로 대답하였다. 또한 모지 역에서 출발하기 전에 임검臨檢의 경부警部는 자신에게 그 부인에게 동행자가 없는가를 물었다고 하는데, 히로시마 서쪽으로는 시종일관 그 부인과 같은 열차에 있었지만 한 사람도 동행자로 보이는 사람이 없었고, 또한 말을 건네는 자를 볼 수 없었다고 한다.

인용문에 나오는 'コウコカン' 'リウコウチン'는 모두 유광한을, 그리고 '아지검阿志劍'은 하지검何志劍을 잘못 듣거나 틀리게 기록한 것이다(다른 보고에는 'ユウコカン'으로 기록된 것도 있다. 아마도 'リュウコウカン'에서 'ユウコカン'으로, 그리고 'コウコカン'으로 잘못이 진행되었을 것이다). '지검'이 하진의 자라는 사실은 앞에서 밝힌 바이다. 그 하진은 "검은 색의 간호 복장"을 하고 나가사키에 도착하여 상해로 떠난 사실을 확인하였지만, 무엇 때문인지 유사배는 도착하지 않았다. 이미 중국인 혁명파의 거물이 된 유사배를 놓쳤다면, 체면이 서지 않는 것은 필지의 사실이다. 그 때문이었는지, 이후 사가현과 후쿠오카현에서 외무대신 앞으로 보고서를 보내 규슈에 도착할 때에 이미 유사배는 모습을 감추

어 버렸다고 하였다. 11월 9일자의 경시총감警視總監 명의의 보고서 「유광한에 대하여」에는 다음과 같이 기록하고 있다.

청국 혁명당원 유광한은 지난달 31일 아내 하진의 귀국을 환송하기 위하여 고베로 갔다. 고베에 도착한 동정에 의하면, 혹시 함께 일단 귀국하러 출발한다는 것은 이미 보고하였다. 유광한은 아내를 시모노세키[下關]에서 전송하고(아내는 나가사키에서 상해로 향하였다) 그곳에서 바로 도미渡美한다는 내용의 전보를 보냈다고 한다. 이상에 덧붙여 유劉의 모친이 지난 7일 가재를 정리하고 같은 날 오후 6시 신바시[新橋]에서 상해로 출발하였다. 아마도 유광한은 지난번에 보고하였듯이, 지난 달 10일 『형보』의 발매 반포가 정지되면서 도저히 본방本邦[일본]에서는 발전의 가망이 없기에, 시기를 보아 미국이나 프랑스로 건너가 그곳에서 머물고 있는 동일한 주의자들과 협의하여 일대기관신문一大機關新聞을 발행한다고 하는 말이 있었는데, 이의 실행을 도모하려 도미渡美한 것은 아닐까?

공안의 조사가 유사배의 동향을 정확하게 전하는 것이라면, 당시 유사배는 꽤 위장공작을 수행한 것이다. 그는 미국 등으로 향하지 않고 얼마 뒤에 상해에 나타났기 때문이다. 그리고, 마지막 보고서에서 "유사배의 어머니가 지난 7일……상해로 출발"하였다고 하는데, 이것은 앞에서 기술한 11월 4일자의 보고에 있는 "머물고 있던 도쿄시[東京市] 고지마치구[麴町區] 이다마치[飯田町] 6-31 제민사 마을에 있는 유사배의 노모에게 출발 내용의 전보를 쳤다"는 기술에서 판단하면 하진에게 연락을 받은 것으로 보인다.

그런데, 귀국한 뒤에 유사배는 각 방면의 인사들에게 장래의 활동방침을 인쇄한 문서를 보냈다. 다케우치 젠사쿠[竹內善朔]에게도 발송했다는 그 문서에는 다음과 같이 쓰여 있었다.

> 비천한 본인은 『형보』를 발간하면서부터 일본정부의 박해를 받았습니다. 생각하건대, 보사報社를 상해로 옮겨 전도傳道에 편리를 기하고자 합니다. 상해에서 하나의 기초가 굳어지기를 기다려 곧 비밀리에 출판하고, 아울러 세계신어사무소世界新語事務所를 부설하여 통신기관으로 삼고자 합니다. 해내외海內外의 동지로서 무릇 통신通訊, 기고寄稿 및 부보部(우郵?)報할 것이 있으면, 모두 상해의 조계租界 태고마덕성太古馬德星 제1154호로 보내주기를 청합니다.

여기서 유사배는 분명히 상해에서 『형보』를 다시 발행할 의지를 보여주고 있다. 하지만, 그러한 자세와 달리 유사배는 바로 양강총독兩江總督 단방端方의 스파이로 등장한다.

유사배가 언제 청조의 스파이로 전환하였는가 하는 문제에 대해 기존의 자료로는 아직 명확하지 않는 바가 많다. 도국은陶菊隱은 유사배가 1907년 겨울에 일시 귀국한 무렵 이미 투항하였다고 판단한다(『주안회 '육군자' 전籌安會'六君子'傳』). 그리고, 그 증거는 같은 시기에 쓰인 것으로 보이는 「유사배가 단방에게 보내는 편지[劉師培與端方書]」이다. 앞에서 밝힌 대로 단방은 유사배가 혁명파로 전환할 무렵에 투항을 호소한 상대였다. 그 인물에게 유사배는 이 편지에서 지금 혁명의 잘못을 깨달았다고 하고, 단방의 지우知遇 은혜에 보답하기 위하여 "민사民事를 경시하지 말 것"을 필두로 하는 '보구補球의 방책' 5항목을 서술하는 동시에 혁명파의 해체를 위한 공작으로서 '미란弭亂(어지러움을 막는)의 계책' 10조를 제시하였다. 이 문장을 액면 그대로 받아들이면, 유사배의 투항 자세는 의심할 수 없다는 인상을 받는다. 또한, 일부에서는 이 편지의 신빙성을 의문시하는 경향도 있지만, 내용으로부터 판단하면 중국사회에서 역사적 특수성의 지적이나 농업중시의 자세 등은 분명히 유사배의 지론 그 자체였다. 만일 이것이 위작이라면, 그 작자는 유사배의 주장에 상당히 정통한 인물이다.

그러나, 이 편지에는 의심나는 부분이 있다. 그것은 유사배가 서간의 마지막 부분에서 장병린이 혁명을 포기하고 인도로 떠날 결심을 하였기 때문에, 그 비용을 염출하려 단방에게 요청하였다는 것이다. 당시에 장병린은 원래 인도로 건너가려고 생각한 듯하다. 1907년 겨울부터 다음 해 봄에 걸쳐 한 때 귀국한 유사배·하진 부부에게 보낸 편지에서 장병린은 장지동과 단방에게 자금을 원조하도록 적극 의뢰하였기 때문이다(「章炳麟이 劉光漢 및 何震에게 보낸 편지 다섯 통[章炳麟與劉光漢及何震書五封]」, 『新世紀』 제117호, 1910년 1월 22일). 그렇다면, 유사배가 단방에게 보낸 편지의 내용은 장병린의 부탁에 응한 것이라고 볼 수도 있다. 그러나, 유사배의 본심은 어떠하였을까? 유사배가 특별히 장병린의 인도행 비용 염출을 위하여 위험을 무릅쓰면서까지 단방과 접촉할 수 있었을까?

오히려, 활동자금이 필요한 것은 유사배와 하진이었다. 당시에 그들이 심각한 자금부족으로 고민한 것은 잘 알려져 있다. 그것은 앞에서 서술하였듯이 다음 해 『형보』의 복간에 즈음하여 보증금의 마련으로 겪은 곤란에서도 확인된다.[1)] 가장 상식적으로 판단하여 1907년 겨울 그들 귀국의 주목적은 자신들의 자금조달에 있었다고 보인다. 아마도 자신들 자금조달의 필요성에서 그는 장병린의 요청을 구실로 단방에게 접촉하려고 시도하였을 가능성이 크다. 그리고 그와 같은 의도로서 이 편지가 쓰였다면, 유사배의 투항 자세는 자금을 얻기 위한 방편으로 볼 수 있다. 설령 그렇다고 한다면, 유사배는 이 시점에서 아직 전향하지 않았다고 생각해도 좋다. 그러나, 이때 그들의 자금조달계획은 실패로

---

1) 유사배는 경제적으로 꽤 곤란하였던 듯하다. 南桂馨이 기억하는 바로는, 유사배는 민보사에 30엔의 대여금을 신청하였다가 송교인에게 거절당하였는데, 유사배를 동정한 장병린은 宋에게 격렬하게 항의하였다는 것이다(「山西辛亥前後的回憶錄)」).

귀국 후의 유사배, 앞줄 왼쪽부터 하진何震, 유사배, 유아자柳亞子. 뒷줄 왼쪽은 소만수蘇曼殊, 『유아자선집柳亞子選集』(人民出版社, 北京, 1989)에는 '1908년 9월 상해上海'라고 하였지만, 아마도 11월 중에 촬영된 것으로 보인다.

끝났다.

유사배가 완전히 단방의 스파이가 된 것은 『형보』의 발매금지처분을 받아 귀국한 후로 보인다. 그리고, 바로 그가 혁명파 인사들에게 스파이 혐의를 받은 사건이 발생한다. 그것은 1908년 11월말에 일어난 '민보사독차사건'이다. 이는 당시 민보사에 출입하던 탕공개湯公介(이름은 增璧, 그 때는 鄧誠意라는 가명을 사용하였다)라는 인물이 사옥에서 차를 마시자마자 괴로워 급히 토하였는데, 검사한 결과 차에 독약이 섞여있음이 판명된 사건이다. 이 사건은 당시 도쿄의 매스컴에 대대적으로 취급되어 혁명파의 추문으로 화제가 되었다. 사건의 수사는 일본경찰의 손에 의해 이루어졌는데, 결국 범인은 유사배의 처가 동생인 왕공권으로 지목되었다. 12월 2일 『도쿄일일신문』의 기사는 다음과 같다.

왕공권汪公權은 우리나라[일본]에서 청국 혁명당원의 영수로 지목되었는데, 근래에 청국 정부에 매수된 혐의로 같은 당원으로부터 배척되었다. 이 때문에 왕공권은 불만을 참지 못하고 드디어 복수적으로 독살을 기도한 것은 잘못이라고 말하는 이도 있고, 또한 왕공권이 심기일전한 결과 혁명당원 가운데에 모국에 해가 되는 자라면 모두 독살시키려고 기도하였다고 말하는 이도 있다. 어쨌든 혐의의 중심은 왕공권에게 있는 것 같지만, 그 진상은 아직 판별되지 않았다.

이 기사를 보는 한, 혁명에 대한 왕공권의 배반 사실은 이미 혁명파에서도 화제가 되었고, 사건발생 직후부터 그에게 의혹이 집중되었음을 알 수 있다. 당시 일본인 사회주의자의 한 사람으로 교제하였던 다케우치 젠사쿠[竹內善朔]에 의하면, 왕공권은 다음과 같은 인물이었다.

[왕공권은] 유광한을 스승으로 모시며 그의 집사와 같은 위치에 있던 인물이다. 언뜻 보면, 포목점의 지배인과 같은 모습을 한 사내였다. 그리고 앞에서도 서술하였듯이, 말투에서 사상문제에 대해 깊은 이해는 없었던 것처럼 보인다. 어쩌다, 생활에 쪼들리면 동지를 파는 것과 같은 일도 없지 않을 것이다(「明治末期에 있어서 中日革命運動의 交流[明治末期における中日革命運動の交流]」).

결국, 왕공권은 도쿄에서 모습을 감추었기 때문에, 그에 대한 혐의는 더욱 강화되었다. 혁명파 가운데에는 왕공권이 청국 공사관으로부터 5,000원에 매수되었다는 소문이 났다(만화曼華 「동맹회 시대 민보 시말기同盟會時代民報始末記」). 유사배 개인은 이 사건에 직접 관여하지 않았다. 그러나, 그와 다른 동맹회원들은, 특히 후술하는 장병린과 사이의 불화로 인하여, 왕공권의 행동 배후에는 유사배가 있다고 일반적으로 생각하였다. 귀국 후에 유사배는 스파이가 되어 상해에서 활동하였지만, 아직 전향한 사실은 드러나지 않았으니, 그의 행동은 혁명파 인사들에게 전혀 괴이하지 않았다. 아마도 그는 시치미를 떼고 혁명파의 회의에도 참석하였을 것이다. 그리고, 금전과 바꾸어 혁명을 방기하는 내용을 기술한 장병린의 편지를 모사하고 해설을 덧붙여 황흥黃興 등에게 보내어 혁명파의 분열을 도모한 것도 이 무렵이었다.

유사배가 배반한 사실이 드러난 것은 1908년 말에 발생한 '장공張恭의 옥獄'에 의해서다. 이는 절강 강소 두 성에서 혁명파가 봉기계획을 세우고 있었는데, 유사배가 단방에게 밀고하였기 때문에 계획은 중지되었고 용화회龍華會의 부수령 장공이 체포된 사건이다. 이후로, 그는 변절한變節漢의 오명을 덮어썼다.

장공체포사건이 유사배의 밀고에 의한 것임이 밝혀진 뒤에, 혁명파의 인사들은 신속히 그와 왕공권에 대한 복수를 도모하였다. 그 가운데도 동맹회 회원으로 절강지역 회당의 두목이었던 왕금발王金發이란 인물이 유사배의 소재를 알아내어 그를 권총으로 사살하려 시도한 일이 있었다. 그 때 유사배는 땅에 무릎을 꿇고 목숨을 빌며, 자신의 생명을 걸고라도 장공의 생명을 보증하겠다고 말하였다. 이 때문에, 왕금발은 그를 죽이지 않았다. 유사배는 이후로, 두 번 다시 상해에 나타나지 않았다. 그러나, 왕공권은 여전히 스파이로 계속 활동하였기 때문에, 결국 왕금발에 의해 본보기로 사살되었다.

2. 전향의 요인

그런데, 여기서 유사배가 단기간에 변절한 원인을 살펴볼 필요가 있다. 그것은 아마도 하나의 원인이 아니라 여러 가지 요인이 서로 얽혀 일어났을 것이다. 먼저 첫 번째로 고려할 것은 금전에 의한 유혹이다.

앞에서 서술하였듯이, 유사배 등은 『형보』 발행의 보증금을 염출하는 데에도 고생하였으며, 생활비도 부족하다고 할 정도였다. 1908년 6월 이후 하진의 일시 귀국으로도 자금문제는 해결되지 않았다. 더욱이 겨우 자금을 조달하였지만, 『형보』는 발매금지의 처분이 내려졌다. 맹우盟友인 장계도 이미 파리로 떠나버렸다. 여기에 청조의 혁명파 파괴공작이 더해지면, 이미 단방과 접촉을 경험한 유사배가 진심으로 전향을 생각하기에 이르렀다고 해도 불가사의한 일은 아니다.

그러나 앞에서 서술한 것처럼, 유사배는 사실 귀국한 뒤에 다케우치에게 『형보』를 계속 발행하려는 편지를 보낸 사실이 있다. 만일, 이것은 단순한 기만이 아니었다고 가정한다면, 유사배는 아직도 아나키즘에 미련이 남아있었을지도 모른다. 설령 금전에 의한 유혹이 있었다고 하더라도, 그것이 자신 신조의 방기를 수반하는 것이었다면, 전향에 즈음하여 유사배가 갈등하였다고 생각되기 때문이다. 그러한 그에게 전향을 결단케 한 것은 아마도 유사배보다 먼저 전향한 하진과 왕공권의 종용이었다. 그들의 전향 권고는 혁명파 인사들 사이의 복잡한 인간관계가 배경이었다. 여기에서 이전으로 돌아가, 도쿄에 머물 때 유사배의 생활과 그를 둘러싼 인사들과의 관계를 살펴보자.

유사배가 하진·왕공권·모친 이여훤과 함께 도쿄로 간 것은 앞에서 서술한 대로이다. 그들은 처음에 장병린·소만수와 함께 민보사에서 살았다. 유사배에게 장병린은 학문상의 선배이고, 또한 그를 도쿄로 초빙한 인사이기도 하여, 함께 살자고 하면 거절할 이유가 없었다. 그런데, 이 장병린이란 인물은 유명한 기인으로 불결·비상식·세상물정 어두움을 일신에 드러낸 듯한 인물이었다. 예컨대, 그는 밤중에 턱없이 울다가 웃기도 하는 외에 심부름꾼을 꾸짖기도 하는 등 주변을 불안하게 하는 모습이 있었다. 그 때문에 하진은 매우 심하게 장병린을 몰아세운 적이 있었다. 결국 이때의 다툼은 유사배와 모친의 중재로 무마될 수 있었다(매식梅試, 「청계구옥 의징유씨 오세 소기清溪舊屋儀徵劉氏五世小記」, 「'叛徒'의 혁명에서 혁명의 叛徒로[從'叛徒'的革命到革命的叛徒]」에서 인용).

그러나, 1908년 봄 무렵부터 유사배와 장병린의 사이에는 심각한 모순이 생겼다. 거기에는 금전을 둘러싼 갈등과 학문상의 견해차, 더 나아가서 하진과 왕공권의 관계도 추가되어 극히 구린내가 났다. 풍자유馮自由는 이것이 유사배 전향의 원인이었다고 하며 다음과 같이 기술하였다.

> 하진과 왕공권은……실제상의 부부와 다름이 없이 공공연하게 남편과 아내를 선언하여 거리낌이 없었다. 또다시 광한은 어떤 일로 인하여 장태염章太炎[장병린] 도성장陶成章 등과 격렬하게 충돌하였다. 이 때문에 다시 일본인과 편이 되어 당권을 빼앗으려고 하였지만, 사람들에게는 상대로 간주되지 않았다. 그러므로, 하진과 왕공권은 이에 편승하여 광한에게 관계官界로 들어가 보복하자고 밤낮으로 종용하였다. 광한은, 한편으로 당인黨人을 증오하고 다른 한편으로 미모의 아내를 두려워하였다. 결국, 몸을 던져 위험을 무릅쓰지 않을 수 없었었고, 정말로 양강총독兩江總督 단방端方의 스파이가 되었다(「유광한 변절 시말의 기술[記劉光漢變節始末]」).

또한 유사배보다 7세 연하로 도쿄에서 그들의 주변에서 생활한 손백순孫伯醇은 유사배·왕공권·하진 세 사람에 대해 다음과 같이 생생하게 증언하였다.

> 저 왕미양(유사배의 부인 하진의 친척인 왕공권을 말한다)이라는 사람이 있었지요. 네, 남을 험담하려는 것은 아니지만요. 그 유사배는 말이지요 성적으로 불구입니다. 그러니까, 하진은 그 사람과 관계를 가졌다고 합니다. 꽤 오래 전부터지요. 소문이 났습니다.

아이들도 알고 있던 하진과 왕공권의 관계를 혁명파 동지가 모를 리 없었다. 장병린도 그 사실을 알았다. 그는 유사배에게 그 사실을 알려주었다. 유사배 자신도 이미 하진의 부정한 사실을 알고 있었던 것으로 보인다. 하지만 유사배는 하진의 완전한 지배와 통제 아래에 있었다. 손백순의 회상에는 다음과 같이 서술되어 있다.

> [하진의] 체격은 중간 정도였고, 얼굴은 둥글지요. 별로 미인은 아닙니다. 그(유사배)는 요컨대 세상물정에 어두웠지요. 부부싸움을 하면 도로 가의 도랑에 들어가 엉엉 울었습니다. 유사배의 쪽이요.

풍자유가 '미모의 아내'라고 평가한 하진의 실제모습은 이상과 같았다. 사실 사진에서 보면, 그녀에게서 기가 강하다는 인상을 받지만, 손백순의 말처럼 결코 미인이라고 할 수 있는 여성은 아니었다. 그러나, 오히려 이와 같이 기가 센 여성이 아니라면, 유사배와 같은 인물을 뒷받침할 수 없었을 것이다.

하진은 여자복권회를 주재하고 그 기관지『천의』의 발행책임자였다. 또한, 그녀는 유사배와 공저로 아나키즘 관련논문을 발표하는 이외에도 스스로「여자복수론」「여자해방문제」등의 논문을 써서 여성해방론을 전개하였다. 그 주장에는 격렬한 점이 있었다. 만일 그녀가 절개를 잘 지켰다면, 그녀는 아마도 추근秋瑾과 함께 틀림없이 선구적 여권론자로 칭송될 정도의 인물이었다.

하던 이야기로 돌아가 보자. 하진과 왕공권의 관계는 장병린에게 알려졌는데, 장병린이 이 사실을 유사배에게 알려주었다. 이 때문에 장병린과 유사배 집안의 관계는 어색해졌다. 왕동汪東의「동맹회와『민보』의 단편 회상」은 저간의 사정을 다음과 같이 서술하였다.

이 무렵, 장태염章太炎은 민보사에서 유광한의 처소로 옮겨서 살았는데, 우연하게도 왕공권과 하진의 비밀을 알고 유광한에게 그 사실을 몰래 알려주었다. 유광한의 모친도 이 일을 들었지만, 그녀는 이를 믿지 않을 뿐만 아니라 도리어 장병린을 꾸짖으며 야유를 퍼부어 장병린과 유광한의 긴밀한 관계를 분열시켜버렸다. 이 소동이 공공연하게 알려지자 왕공권과 하진 두 사람은 당연한 일이지만 격노하여 장병린을 원망하였다. 특히, 왕공권의 증오는 심하였다.

게다가 장병린 등의 민보사 인사들은 매스컴을 통하여 하진과 왕공권의 관계를 공표해버렸다. 그 결과 장병린과 왕공권은 폭력마저도 야기하기에 이르렀다. 「청국인의 담화」라는 제목의 공안조사(1908년 12월 16일)에는 다음과 같은 기술이 있다.

민보사원들은 금년 7월 무렵, 사회주의자 유광한에 대해 동거인 왕공권汪公權(독차사건毒茶事件의 피의자)이 유광한의 아내 하진何震과 간통하였다고 모 신문에 실은 일이 있었다. 이 때문에 유광한·왕공권·하진의 세 명은 민보사에 이르러 장병린章炳麟과 사원에게 따진 끝에 논쟁을 시작하였다. 하진과 장병린은 서로에게 완력을 휘둘러 부상하였으며, 왕공권은 이를 원인으로 삼아 혁명당에서 탈당하였다.

이러한 기록을 살펴보면, 하진과 왕공권의 스캔들 관계가 모든 원인이었다고 할 수 있지만, 장병린 등에 의한 사실관계의 폭로가 유사배를 둘러싼 인간관계에 어떤 심각한 결과를 초래하였음을 알 수 있다. 앞에서 인용하였듯이, 다케우치가 "어쩌다, 생활에 쪼들리면 동지를 파는 것과 같은 일도 없지 않을 것이다"고 왕공권을 평가한 것은 실제로 이상과 같은 경위였고, 그는 혁명파의 진영에 있을 수가 없어 적진으로 가서 배신하였던 것이다. 그리고 하진과 왕공권은 사분私憤을 공분公憤으로 바꾸고 유사배를 끌어들여 자신들을 욕보인 혁명파 인사들에게 복수를 기도하였다.

이상이 유사배가 전향한 하나의 원인이다. 두 번째로 고려할 점은 당시 중국의 지식인 사이에 주의나 주장을 넘어서 존재한 인맥이다. 다케우치 젠사쿠[竹内善朔]는 다음과 같이 기술하였다.

> 중국인의 행동이란 미리 추측할 수 없는 점이 있다. 그 어떤 자는 보황파保皇派였다. 그다지 유별나지도 않다. 그런데, 겉으로 글로 비판하면서도 실제로는 교제한다. 중국인의 심리상태란 주의나 주장의 측면에서 보면 이해할 수 없다(「明治末期에 있어서 中日革命運動의 交流[明治末期における中日革命運動の交流]」).

실로 흥미로운 지적이다. 또한 어떤 논자에 의하면, 유사배의 가족과 청조관료의 교제, 그리고 개인적 접촉 횟수가 많았고, 친밀함은 심상치 않다고 한다(마틴 버날Martin Bernal, "유사배와 국수[Liu Shih-pei and National Essence]"). 실제로 하진 자신이 서술한 바로는 그녀의 형이 나가사키 총영사 변발창卞綍昌과 친교가 있었는데, 그는 장지동의 사위였다고 한다(「章炳麟이 劉光漢 및 何震에게 보내는 편지 다섯 통[章炳麟與劉光漢及何震書五封]」). 이것이 사실이라면, 그녀는 처음부터 청조정부와 관계를 가지고 있었고, 이 인맥을 통하여 유사배도 단방과 접촉하였을 것이다. 이를 통하여 하진이 무엇 때문에 일부러 나가사키를 경유하여 귀국하였는지도 이해할 수가 있다.

그런데, 일반적으로 전향이란 권력, 특히 국가권력의 강제에 의해 일어난 사상적 변화로 정의된다. 그 때에 권력측에서 취하는 수단은 폭력이거나 혹은 이권의 제공이다. 그렇다고 한다면, 유사배의 경우도 청조정부가 이권을 제공한 것에 대응하는 형태였다고 하는 설이 가장 일반적인 견해이다. 하지만, 개인의 사상적 변화가 항상 권력의 강제에 의해서만 일어나는가라는 문제가 있다. 확실히 전향에 즈음해서는 권력에 의한 강제가 최종적으로 작동한다. 그러나 전향하는 측의 개인은, 말하자면 그것이 본의가 아니라고 하더라도, 마침 전향을 정당화하는 논리를 가지고 있는 경우가 많다. 전향자는 개인적으로 고유한 자발적인 요소를 가지고 있다. 그러한 개인의 내면적인 문제를 세 번째 요인으로써 고려하지 않으면 안 된다.

그러면, 유사배의 정치적 입장 변화를 정당화하는 논리, 또는 자발성의 측면은 어디에서 찾을 수 있을까? 그것은 그의 옛 것 전반에 대한 집착심이었다. 그가 아나키즘을 주창하는 가운데에 "유신維新은 수구守舊에도 미치지 못하고, 입헌立憲은 전제專制에도 미치지 못한다"(「신정이 백성을 괴롭히는 근원임을 논함[論新政爲病民之根]」)고 서술한 것은 매우 인상적이었다. 이러한 자세를 뒷받침하는 것이 그의 문화적 가치관에 존재한다. 이미 서술한 대로, 배만혁명가에서 아나키스트로 전환하였으면서도, 그의 의식 속에 국학의 보존·발전이라는 목표는 일관하여 존재하였다. 그래서 이번의 전향에 즈음해서도 문화적 가치관 내의 지속이나 단절이 문제가 된다.

유사배는 전향이 발각될 무렵 『국수학보』에 여러 편의 논문을 발표하였다. 그러나, 그것들은 추측컨대 게재하기 꽤 이전에 쓰인 것으로, 『천의』 『형보』에 발표된 내용과 큰 차이가 없다. 즉, 여기에는 고유한 역사 가운데에서 진리를 추구하려고 하는 문화적 보수주의가 정치적 급진주의와 결부하여 나타난다. 그러나, 1909년 후반기 이후로 그가 계속 『국수학보』에 기고한 논문들은 모두 순수 학술적인 것뿐이고, 정치나 사회와 관련하여 논한 것은 없다. 이러한 경향은 유사배의 정치적 입장 전환과 무관하지 않았을 것이다.

1909년 유사배는 이제 자신의 주인이 된 단방에게 편지를 보냈다. 그는 여기에서, 서양의 학문이 중국에 유입되면서부터 사람들은 그것들이 중국의 부강에 유익하다고 보는 한편 중국의 학문이 무용하다고 하여 배척하는 경향이 있음을 탄식하며 단방에게 인심을 바로잡기 위하여 국학진흥책을 채택하도록 호소하였다. 그리고 그는, 중국의 학술이 실용에 적합하지 않다는 주장은 잘못이며 중국의 학술과 성현의 가르침은 보편의 진리라고 주장한다. 예컨대, 일본 메이지유신의 뜻은 『춘추』에서 채용하였으며, 당시 지사들이 의지한 바는 송명宋明의 유학정신이었다. 게다가, 한학에 대한 외국들의 관심 증대는 중국 전통학술의 중요성을 보여준다. 그러므로, 현재 중국인이 이를 버리고 돌아보지 않는다는 것은 매우 불합리하다고 주장하였다(「단방에게 올리는 편지[上端方書]」).

이와 같이, 국학의 쇠퇴를 탄식한 점에서 유사배의 자세는 이전의 혁명가 시대와 동일하다. 그렇지만, 말할 것도 없이 청조 관료인 단방에게 국학진흥책을 요구한다는 태도에 더해 국학을 민족혁명의 부정적인 측면으로 위치시킨 점은 이전과 달랐다. 그는 여기서 고전을 원용하여 민족주의를 논한 인사를 학문의 정도에서 벗어났다고 비판한다. 그러나, 그가 여기에서 비판한 형태의 학자는 이전의 혁명가 때에 자신의 자세 바로 그 자체였다. 이와 같이 하여 그는 전통학술의 옹호라는 하나의 축을 중심으로 정치적으로 180도 전환을 완료하였다. 이상과 같이 본다면, 유사배의 사상에서는 정치적 전향이라는 사실을 사이에 두고 일정한 문화적 가치관이 지속하고 있다고 할 수 있다. 이 단계에 이르러 그의 문화적 목표는 변혁에 의해서가 아니라 기존의 정치적 질서 가운데에서 실현될 것으로 인식되었다.

단방의 막료가 된 유사배는 삼강사범학당三江師範學堂 교원 등의 직무를 맡았고, 이후 단방을 위하여 금석문을 고증하는 일 등에 종사하였다. 그의 조부 육숭과 백부 수증은 일찍이 양강총독 증국번의 막우가 되었는데, 유사배는 이때에 그들과 동일한 길을 걸었다. 게다가, 단방은 유수한 희귀서의 수집가이기도 하였기 때문에, 유사배는 고증학자로서의 재능을 발휘하는 최상의 장소를 얻었다. 이제 그에게서 전통학술은 모두 새로운 것이자 미지의 것이었으므로 특별한 의미를 부여할 필요가 없었다. 학문은 학문을 위하여 존재하면 좋다. 그리고 만일 학문에 사회성이 필요한 측면이 있었다고 하더라도, 그것은 전통적 지배체제를 위하여 봉사할 수 있으면 좋은 것이었다.

3. 제제지지론

혁명의 배반자가 된 유사배는 1911년 청조의 철도국유화 정책에서 비롯된 '보로운동保路運動'이 일어나자, 같은 해 9월 천한철로독판川漢鐵路督辦이 된 단방을 따라 사천으로 들어갔다. 이때 그는 보로운동의 진압을 위하여 향신鄕紳에게 유세하는 임무를 맡았다. 같은 해, 11월 27일 성도成都가 독립을 선언한 날, 단방은 자주資州에서 휘하 군대의 반란에 의해 사망하였지만, 유사배는 위난에서 벗어날 수 있었다. 이후에 단방이 죽었다는 보도를 접한 장병린은 12월 1일 『민국보民國報』에 「선언」을 발표하여, 유사배를 처형하는 것은 중국 학술계의 손실이라고 하면서 구출을 도모하였다. 그리고, 다음 해 1월 11일 이후 여러 날에 걸쳐 장병린과 채원배는 연명으로 『대공화보大共和報』에 유사배를 찾는 기사 「심조유신숙계사尋找劉申叔啓事」를 게재하였다. 유사배가 자주에서 체포된 것은 이로부터 약 2주 뒤의 일이었다. 그래서 채원배 등은 남경임시정부南

京臨時政府로 그의 구출을 요청하는 전보를 보냈고, 그 결과로 손문은 유사배의 신병을 안전하게 확보하고 석방할 것을 명하였다.

석방된 뒤에 유사배는 일찍이 혁명파 동지들과 대면하는 것을 부끄럽게 여겨 성도로 이사하였고, 여기서 사무량謝无量의 소개로 사천국학원四川國學院의 교원 겸 부원장이 되었다. 사무량은 유사배가 일찍이 『경종일보』에 관계한 무렵에 교제했던 인물이었다. 이후로 잠시 그는 문을 닫고 칩거하며 학문에 전념하는 생활을 보낸다. 그는 이 사이에 요평廖平 등이 발행하고 있던 『사천국학잡지四川國學雜誌』에 논문을 기고하였다.[2] 그는 마치 정치의 무대에서 물러난 것처럼 보였다. 그러나, 여기에 그의 인생에 전기를 부여한 인물－하진이 다시 나타난다.

유사배가 하진과 언제부터 별도로 행동하였는지는 명확하지 않지만, 민국이 성립된 직후에 하진은 한구漢口에 있었다. 그 뒤에 그녀는 북경으로 갔고, 그곳에서 마침 산서山西의 경무처장警務處長으로 염석산閻錫山을 대표하는 입장에 있었던 남계형南桂馨을 만나 그에게 도움을 구하였다. 남계형은 일찍이 사회주의강습회에서 유사배 하진과 함께 활동한 경험이 있었고, 귀국한 뒤에 염석산 아래에서 혁명운동에 종사하였으며, 민국이 성립된 뒤에도 산서도독山西都督이 된 염석산의 막료가 되었다.[3] 남계형은 신속히 그녀에게 염석산의 가정교사라는 일자리를 소개하여 태원太原의 자택에 머물게 하였다.

유사배의 체포 및 석방 소식은 하진의 귀에도 들어갔다. 그리고, 간신히 그가 성도에 살아있다는 것을 알자, 하진은 염석산에게 백원의 여

---

2) 小島祐馬가 기술한 바로는 "그가 四川에 교편을 잡던 무렵에 친히 만나본 사람의 말로 요평은 신체도 비만하여 유쾌한 듯한 노인이었지만, 유사배는 신체가 파리하고 야위어 정말이지 신경질적인 사람처럼 보였다"고 한다(「劉師培의 學」).

3) 또한 그는 유사배가 죽은 뒤에 『劉申叔先生遺書』(전 6질 74책)를 편찬한 인물이기도 하다.

비를 빌려 유사배를 맞이하기 위하여 멀리 사천까지 갔다. 1913년 6월 유사배 하진 부부는 사천을 떠나 태원으로 갔다. 이때 유사배가 직접정치에 관여하려는 생각을 가질 리는 없었다. 오히려 그는 성명을 숨기고 조용히 살려고 생각하였다. 실제로 유사배는 태원에 도착한 뒤에 염석산에 의해 도독부都督府 고문顧問으로 임명되었지만, 그 사이에도 『국고고침國故鉤沈』을 창간하는 등 학문에 전념한 듯하고 직접정치를 논한 문장을 저술하지 않았다.

원세개

그러나, 염석산은 유사배를 정치적으로 이용한다. 1913년 제2혁명이 실패한 뒤에 혁명파로 유일하게 살아남은 염석산과 강권을 발동하여 바야흐로 독재자로의 길을 걷던 원세개袁世凱는 당시에 긴장관계에 있었다. 원세개의 입장에서 염석산은 제제실현을 위한 장애물이었고, 염석산으로서는 산서에서의 지위를 확보하기 위해 원세개와의 관계악화를 절대적으로 피하지 않으면 안 되었다. 1914년 염석산은 남계형의 건의에 따라 원세개에게 유사배를 소개한다. 이는 염석산도 제제부활에 찬성한다는 사실을 원세개에게 알리기 위한 것이기도 하였다.

원세개는 1915년 5월에 일본의 21개조 요구를 수락하면서 제제운동의 본격적인 준비에 매달린다. 그 도화선은 같은 해 8월 10일 프랭크 굿나우가 『아세아일보亞細亞日報』에 게재한 「공화와 군주론[共和與君主論]」이었다. 이 논설은 중국이 역사적으로 군주독재체제에 친숙하고 국제사회에서 중국이 존재하기 위해서는 군주제의 부활이 바람직하다고 서술한 것이다. 유사배도 이와 같은 움직임 속에서 다시 정치무대로 등장하여 제제부활지지의 발언을 개시한다.

유사배가 북경에 나아가자 바로 원세개에 의해 공부자의公府諮議에 임명되었다. 그 지위는 결코 고관이라고 할 수 없고 오히려 한직에 가까웠지만, 답답하게 생활하던 유사배에게는 마음 편한 배려로 여겨졌다. 그것은 유사배가 이후 원세개에게 사은의 상주를 올리며, 여기에서 대총통大總統의 덕을 접할 수 있었던 것을 큰 기쁨이라고 하며, 그 은의에 보답하기 위해 전력을 다할 것이라는 뜻을 언급한 데에서도 이해할 수 있다. 실제로, 그는 원세개를 황제로 추대하는 일에 진력하였다. 굿나우의 논문이 발표된 뒤에 유사배는 양도楊度·엄복嚴復·호영胡瑛·손육균孫毓筠·이섭화李燮和와 함께 주안회籌安會를 발기하였다. 이들 6명은 '홍헌육군자洪憲六君子'로 불리는데, 유사배·호영·손육균(부이사장)·이섭화는 일찍이 동맹회 회원이고, 양도(이사장) 엄복도 청말에 진보적 지식인으로서 이름을 날린 인물이었다.

표면상으로 이 조직은 군주제와 민주제 가운데에 어느 것이 중국에 적합한 국체國體인가를 연구하는 것을 목적으로 하며, 오로지 학술이론의 시비와 사실의 이해특질利害特質을 토론의 범위로 삼는다고 정하였다. 그러나, 주안회가 실제로 원세개의 비호 아래에 있고 그 제제수립의 촉진을 주목적으로 한다는 것은 누구의 눈에도 명백하였다.

8월 14일, 유사배 등 6명의 연명으로 「주안회발기선언」이 발표되었다. 여기에는, "우리나라[중국]는 신해혁명 때에 국가의 인민이 감정에 격분하여 단지 종족의 장애를 제거할 뿐이었고, 정치의 진보를 도모한 것은 아니었다. 갑작스럽게 공화제 국가를 수립하고는 국정의 적부適否를 숙고하지 않은 채 한번 의견이 제출되면 그것을 감히 비난할 수 없었다"고 하여, 공화체제共和體制가 신중한 사려에 기초한 선택이 아니었다고 주장하였다. 또한, '깊은 식견의 인사' 원세개는 이 체제의 문제점을 충분히 인식하고 있음에도 불구하고 당시에 시국의 안정을 위하여 타협하지 않을 수 없었다고 서술하였다. 그러나, 굿나우가 서술한 것처럼, 중국에서 공화체제의 지속은 망국으로 연결될까 두려우므로, 지금 중국의 국정에 가장 적합한 체제인 군주제로 돌아갈 때라는 것이다.

「주안회발기선언」이 발표되기 전날 유사배는 마서륜馬叙倫을 만났다. 마서륜은 아나키스트는 아니었지만, 청말 일찍이 아나키즘에 관심을 가진 인물로 유사배와는 『국수학보』를 통하여 알고 있던 사이였다. 이때에 마서륜은 아직 유사배가 주안회 발기인의 한 사람으로 이름을 올린 사실을 알지 못한 채 기뻐서 그를 만났다. 그는 그 때의 모습을 다음과 같이 기록하였다. 약간 길지만 흥미 깊은 점이 있어서 인용하고자 한다.

> 만나자마자 그는 다음과 같이 질문하였다. "우리는 문장을 쓰고 집필한 해를 기록하지 않으면 안 될 때에 대개는 갑자甲子라든가 을축乙丑이라고 쓰는데, 이 갑자甲子라든가 을축乙丑이란 60년마다 한번 돌아오므로 아무래도 명확하지 않다. 여기에 원년元年, 이년二年이라고 하는 것처럼 이어가는 것도 불편하고……". 그래서 나는 곧바로 다음과 같이 말하였다. "모두 어떻게 해도 문제가 있다고 말하고 싶다. 무슨 무슨 기원紀元이란 한漢의 무제武帝가 시작한 것이고, 한 무제 이전에는 문장을 쓸 때에도 아무런 문제도 없었지 않는가? 구미의 국가들은 예수 기년을 사용하고 있어서 현재까지 천구 백 몇 년이라고 하더라도 결코 불편하다고 할 수도 없지 않은가?" 그는 나의 말을 듣고 침묵해버렸다. 다음 날, 나는 신문지상에서 주안회의 발기인 이름을 보니, 어찌된 일인지 이 국학대사의 이름이 그 여섯 번째에 나와 있지 않은가? 거기서 나는 갑자기 의문이 풀렸다. 그가 원황제袁皇帝에게 '연호年號'를 지어 올린 것은 아닐까 하고 염려하였다. 과연 바로 "다음 해를 홍헌洪憲 원년元年으로 고친다"는 명령이 내렸다(마서륜 『나의 60세 이전[我在六十歲以前]』).

주안회는 8월 23일 정식으로 성립됨과 동시에 활발한 활동을 개시하며 전국에 전보를 보내, 국가의 혼란을 수습하는 수단은 군주제의 채택밖에 없다고 호소하였다. 나아가 각성의 대표에게 호소하여 입법원立法院과 참정원參政院에 국체변경을 청원하고자 획책하였다. 그러나, 주안회의 활동은 단명하였기 때문에, 그 조직과 제제운동 전체에서 유사배가 수행한 역할이 어느 정도였는가는 판단할 수 없다. 다만, 그가 원세개의 지우知遇의 은혜에 보답하려고 한 점은 확실하다. 유사배는 원세개에게 보다 높은 관직을 받아 참정원참정參政院參政·상대부上大夫에 임명되었다. 그래서 그는 한 때에 북경의 명망가를 모아 회의를 열어 제제부활을 위한 세론世論을 조성하려고 한 적도 있었는데, 황간黃侃의 반대로 기도는 실패로 끝났다.

오히려 유사배에게 기대된 역할은 천부적인 문장력으로 원세개 제제부활의 정당성을 호소하는 일이었다. 당시의 신문을 보면 그가 언론계의 일부에 존재한 '민국제제설民國帝制說'(정체를 입헌군주제로 변경하고 국체는 민국 그대로 사용하자고 하는 설)을 반박하는 기사가 실렸다. 여기에 나타난 그의 논리는 지극히 명쾌하다. 즉, 국체와 정체는 표리일체여야 하므로, 군주제를 채용하면서 한갓 민국이란 이름을 남겨둘 수 없다는 주장이었다. 그 이유는 몇 가지가 있는데, 그 가운데에 하나로 치안의 확보를 거론하였다. 즉, 민국이란 주권재민을 의미하며, 그 아래에서 제제가 된다면 군주의 권한은 인민에게 위탁받는다. 그러나, 그렇게 되면, 인민의 이름을 빌려 군주에 즉위하려는 인간이 계속 나타나 내란을 일으킬 위험성이 있다. 그러므로 민국이란 이름을 버리지 않으면 안 된다(「민국제제설에 대한 유사배의 반박[劉師培君對於民國帝制說之駁議]」, 『국민공보國民公報』, 일자 불명). 그러나, 여기서는 제제부활을 전제로 주장하였지, 무엇 때문에 제제이지 않으면 안 되는가를 설명하지 않았다.

유사배가 제제의 부활을 지지하는 구체적 내용은 『중국학보』의 논문 가운데에 명확한 형태로 나타나 있다. 이 잡지는 1912년 11월에 창간되었다가 그 뒤에 정간되었지만, 원세개가 황제추대를 수락한 뒤 1916년(홍헌洪憲 원년元年) 1월에 북경에서 다시 간행되었다. 유사배가 이 잡지에서 직접적으로 정치문제를 논한 것은 「군정복고론君政復古論」 「연방박의聯邦駁議」를 들 수 있다.

「군정복고론」은 제목이 보여주는 것처럼 원세개의 제제를 지지하기 위한 일환으로 중국이 군주제를 채용할 것을 주장한 논문이다. 유사배가 여기에서 정체로서 군주제의 채용을 주장하는 근거는, 한마디로 말하면 군주제가 중국의 전통에 적합하기 때문이다. 그에 의하면, 군주야말로 천덕天德을 받아 만물을 다스려야 할 존재이다. 그러므로 군주가 없다면, 인간세상은 어지러워진다. 청말의 혼란은 천명 소재의 이동을 보여준다. 지금이야말로 새로운 군주가 등장하여 백성의 안녕을 도모할 때이다. 대저 왕정이 통치의 기술을 결여하였다고 할 수 없고, 또한 세습이 국가를 다스리는 수단이 아니라고 할 수도 없다. 오히려 도덕과 학술의 요체는 일정불변한 것이고, 역사에 따른 군주제의 채용이야말로 사회 안정의 관건이라고 한다.

군주가 덕의 권화權化라고 보는 한편 유사배는 민중을 본래 사악한 마음을 가진 존재로 간주하였다. 그것은 다음과 같은 부분에 나타나 있다. "백성은 다투려는 마음을 항상 가지고 있지만, 바라지 않은 이익은 결코 요구하지 않는다. 선왕은 이러한 백성의 심정에 따라서 질서를 세운다. 이를 정분定分(하나로 정해진 분수)이라고 하고, 이를 지킴으로써 분쟁을 중지시킨다." 그래서 사회는 유덕有德한 군주의 존재에 의해 비로소 질서를 유지할 수 있다고 주장하였다.

유사배에 의하면, 민국이 성립한 뒤의 사회혼란상은 옛 도를 어겼기 때문에 일어난 것이다. 청조의 운명이 다한 때에, 사람들은 악정을 바로잡기 위하여 민주정체를 도입하고 공화를 훌륭하다고 칭송하며 프랑스나 미국의 경험을 그대로 이식할 수 있다고 생각하였다. 그 결과 4년에 걸쳐 군주 부재의 상태가 전개되었는데, 이는 잘못을 바로잡는 정도가 지나친 것으로, 중국의 역사 가운데에 특이한 사건이었다. 그는 다음과 같이 말하였다.

> 중화의 풍속은 하늘로써 군주를 다스리게 한다. 처음에 인민人民이 있고, 그 뒤에 이를 통치하는 자를 세워, 일인一人이 다스리고 만민萬民이 이에 따랐다. 대대로 이 제도를 따랐으니, 그 풍속은 변함이 없었다. 중화中華와 이적夷狄이 교체하였지만, 모두 이 원칙을 따랐다.

그러면, 무엇 때문에 현재에 이르러도 전통적 제도의 채용이 백성의 행복과 관련되는가? 그것은 시대의 변화에도 불구하고 사회풍속은 과거와 전혀 달라지지 않았다고 생각되기 때문이다.

처음에 유사배는 혁명을 주장한 시기에도 중국의 고대사회, 특히 삼대를 이상화하여 파악하였다. 그와 같은 자세는 제제 지지의 시기에도 마찬가지였다. 그러나, 이전에 그는 삼대 이후를 '사천하私天下'로 간주하며 군주와 민중 사이의 지배-복종관계를 부당하다고 여겨 이의 타파를 추구하였다. 그런데, 이 시기가 되면, 그러한 역사인식은 모두 사라지고, 오히려 거꾸로 지배-복종관계를 정당한 것으로 삼는 유교의 봉건적 측면이 높이 평가된다. 이와 같이 유사배는 전통을 해석하여 바로잡음으로써 이전 혁명가 시기와 이질적인 고대로 복귀할 것을 주장하였다.

유사배는 민국 이래의 사회상황과 관련하여 "가家에서는 허자許子의 담론을 숭상하고 호戶에서는 포생鮑生의 주장을 익히는" 경향이 생겼다고 언급하였다. 말할 것도 없이 허자는 허행이고 포생은 포경언으로 모두 유사배가 이전에 아나키즘과 근사하다고 평가한 사상가이다. 그의 이 말은 아마도 국내에서 아나키즘활동을 개시한 제2세대의 아나키스트의 선구자인 유사복劉師復 등에게 한 발언일지도 모른다. 아니면, 또한 자신의 과거를 완전히 청산하는 말이었을지도 모른다. 그러나 어쨌든 그가 이 시기에 이르러 아나키즘을 사회혼란의 사상으로 파악한 것은 분명하다. 여기에서 역사상의 사상가에 대한 그의 해석은 현재의 정치적 입장에 따라 다시 한번 전환하였다.

그런데, 유사배에 의하면, 군주인 원세개에 의해 통치되는 중국은 중앙집권제의 국가이지 않으면 안 된다. 그는 이를 「연방박의」에서 논의하였다. 당시에 일부 인사들은 성省에 고도의 자치권을 보증함으로써 원세개의 전제적 통일지배에 제동을 걸기 위해 연방제를 주장하였다. 유사배의 「연방박의」는 이와 같은 경향을 비판하기 위하여 쓰였다. 그는 이 논문에서 연방제가 중국에 적합하지 않은 점, 그래서 채용할 경우의 폐해를 다양하게 논의하였다.

유사배는 이 논문에서 연방제가 중앙집권제에 비해 제도적으로 번잡하다고 비판하였지만, 이는 그에게 본질적인 문제가 아니었을 것이다. 왜냐하면, 이것은 그가 고집하는 중국의 전통과 그다지 관련된 문제가 아니었기 때문이다. 오히려, 핵심 문제점은 다음의 두 가지였다. 즉, 첫째는 연방제의 채용이 중국의 역사과정과 맞지 않는다는 점, 둘째는 연방제의 채용이 중국을 약화시킨다는 점이다.

첫째 점에 관해서는, 당시의 연방론자 가운데에 중국의 고대에 연방제와 유사한 제도가 있었음을 근거로 현재에 이를 채용하는 것은 전통에 어긋나지 않는다고 주장하는 자가 있었다. 이에 대해 유사배는 중국의 역사는 분산에서 통일로 향하는 것이 법칙이므로, 분산의 상징인 연방제를 채용하는 것은 역사에 어긋난다고 지적하였다. 여기에서 유사배는 중국의 정치체제가 고유의 전통을 따르지 않으면 안 된다고 하면서도 그 전통을 군주제의 부활과 중앙집권국가의 확립이라는 현재의 문제를 기준으로 취사선택하였다.

둘째 점에 관해서는 유사배의 사고에 의하면, 중국은 고유의 역사발전에 근거한 정치체제를 채용함으로써만이 강국이 될 수 있었다. 당시 일부에서는 연방제가 독일·미국에서 시작되었으며 이 제도를 채용하였기 때문에 두 국가의 세력이 강해졌다고 생각하고, 중국도 이를 채용하면 강국이 되지 않을까라는 의견이 있었다. 그는 이와 같은 의견에 대해 "다만, 부강의 말단에서 독일·미국을 보았을 뿐이지, 두 나라 건국의 근본을 살펴보지 않았다"고 비판한다. 독일은 봉건제의 연장선상에서 건국하였고, 미국은 새로 분리 독립한 국가로, 중국은 이들과 다른 역사를 지녔기 때문이다. 그러므로, 설령 중국이 동일한 제도를 채용한다고 하더라도 장래에 부강한 결과를 얻는다고 보증할 수 없고, 오히려 반대의 결과를 낳을 위험성이 있다고 주장한다. 왜냐하면, 성省의 권력 증대란 중앙 권력의 분산을 의미하고, 그렇게 되면 국력은 필연적으로 쇠퇴한다고 생각하기 때문이다. 또한 각성에 독립적인 권력을 부여하면, 그것은 고대 봉건제와 같은 군웅할거의 상태가 되어 서로 싸우는 현상이 일어나 국력의 증강을 기할 수 없다. 그러므로 중국의 부강은 '건국의 근본'인 중앙집권체제 아래에서만 가능하다고 주장하였다.

이상과 같이, 유사배는 중국의 역사와 제도를 끌어내어 군주제 아래에서 중앙집권체제가 필요하다고 주장하였는데, 거기에 있어야 할 사회질서도 전통에 따르지 않으면 안 되었다. 그는 그것을 「형례론刑禮論」이라는 제목의 논설에서 설명하였다. 그에 의하면, 중국은 삼대 이래로 예교禮敎와 형율刑律이 표리일체였고, 지금부터 채택해야 할 법도 또한 예에 의해 뒷받침되지 않으면 안 된다. 한마디로 말하면, 그의 주장은 선행을 칭찬하고 악행을 엄격하게 처벌하려는 것인데, 여기에서는 그가 말한 예의 내용이 문제이다.

유사배가 여기에서 가장 중시한 것은 신분질서의 유지이다. 그가 이상으로 여기는 것은 "부자에게 은혜가 있으며, 형제에게 친함이 있으며, 부부에게 분별이 있으며, 친족에게 차례가 있다"는 유교적 신분질서였다. 이 질서에 따르는 것이야말로 조화로운 사회가 된다. 그에 의하면, 법은 이러한 신분질서를 반영하지 않으면 안 된다고 한다. 그러나, 청말 이래로 제정된 법률은 전통적 질서에서 벗어났고, 결과적으로 사회풍속을 어지럽히는 원인이 되었다. 그래서 그는 다시 상벌의 조화가 이루어진 법의 제정이 필요하다고 지적한다. 그는 그렇게 함으로써 비로소 민중의 덕이 향상된다고 생각하였지만, 실제로 그가 시행하려는 것은 민중의 덕과 무관한 봉건적 질서의 절대화에 다름 아니었다. 대개 신분질서의 고정화는 지배자에게만 이용가치가 있다. 그럼에도 불구하고 유사배는 이것을 민중에게도 이익이라고 주장한다. 이러한 그의 사고방식은 당시의 최고지배자인 원세개가 진실로 민중의 이익을 도모하고 있다는 허구 위에서 성립된 것이었다.

바꾸어 말하면, 유사배가 추구한 신분질서는 인간의 외면적 자유의 제한에 다름 아니다. 그는 혁명가의 시기에도 반드시 개인의 자유권을 높이 평가하지 않았지만, 거기서는 모든 인간의 평등을 실현하는 것이 지상의 목표로 설정되어 있었다. 그러나 이 시기가 되면, 자유와 평등은 모두 하위로 처지고 사회의 질서야말로 지상의 가치로 인식되었다. 이미 그의 정치적 입장은 과거에서부터 면면히 이어져온 질서의 연장선상에 현상을 합치시키려고 하는 정치적 보수주의로 변화하였다고 할 수 있다. 게다가, 그것은 과거의 역사 가운데에서 진리의 근거를 추구하는 문화적 보수주의에 뒷받침되었다. 여기에서 유사배의 문화적 보수주의는 정치적 보수주의와 일체화하기에 이른다.

마지막으로 이 시기 유사배의 국학에 대해 살펴보고자 한다. 혁명가 시기의 유사배는 정치적 변혁 뒤에 국학발전의 시대가 도래한다고 생각하였다. 그리고, 전향한 뒤에 그는 단방의 아래에서 국학진흥책의 채택을 촉구하였다. 그런데 제제지지의 이 시기에 이르면, 그는 국학의 부흥을 장래의 문제가 아니라 이미 현실의 문제로 인식하였다. 예컨대, 『중국학보』의 발간사에는 국체문제를 해결하는 것으로 민중의 마음에 전통정신을 충족시키는 계기로 삼아, 구업을 계승하여 조국의 영광을 제고하기 위하여 이 잡지를 창간한다고 서술하였다. 원세개의 제제부활이라는 사태야말로 국학 부흥의 시기라고 생각하였던 것이다. 1908년의 후반기 이래로 혁명이란 정치적 목표를 방기한 유사배에게 자신의 문화적 가치관을 유지하고 실현하기 위해서는 강자에게의 접근이 가장 안전한 방책이었다.

그런데, 주안회의 세론공작도 성과가 있어서, 참정원은 1915년 9월 20일 국민회의國民會議를 개최하여 국체문제의 표결을 건의하였다. 같은 달 28일에는 투표를 거행하기 위하여 「국민대표대회조직법國民代表大會組織法」이 제출되어 다음 달 초에 통과·공포된 뒤에 대표선출이 이루어졌다. 10월 28일 이후로 대표가 결정된 성에서부터 수시로 국체문제에 관한 투표가 시작되었고, 11월 20일에 이르러 전국 각성에서 투표가 완료되었다. 투표한 1993개의 모든 투표소가 제제부활에 찬성하였다. 그리고, 이 결과를 받아들인 원세개는 한 번의 형식적인 사퇴의사를 표명한 뒤에 12월 12일 황제추대를 수락하였다.

1915년 8월부터 대략 7개월 동안 유사배는 권력의 측근에 있는 쾌감을 깨달았을 것이다. 그것은 과거 31년의 인생살이 가운데에서 처음으로 맛본 달콤함이었다. 유사배는 원세개의 제제추진에 가담하면서부터 북경 어떤 골목의 장려壯麗한 가옥 – 그 주변에는 항상 병사 수십 명이 엄중하게 경호하였다 – 에 살았다. 그리고, 그가 외출에서 돌아와 차가 골목에 도착할 때 병사들은 '받들어 총' 하는 예를 표하고 "유 참정이 돌아오셨다!"라고 외친다. 그 소리는 골목에서 정문에 이르기까지 전령처럼 이어졌다. 그리고 하진은 난간에 몸을 기댄 모습으로 그를 맞이하는 것이 일상적이었다고 한다(유성우劉成禺 『홍헌기사시본사부주洪憲記事詩本事簿注』). 그는 단숨에 요인의 지위에 올랐다.

과거의 시험에 합격한 지난날의 관료라고 하더라도 이와 같은 대우를 받는 지위에 오르기까지는 모두 몇 년이 걸릴까? 가령 유사배가 전향하지 않고 혁명가로서 일생을 보냈다고 하더라도 '민주'를 주창하는 자들에게 이와 같은 특권생활은 허락되지 않았을 것이다. 원세개라는 절대군주의 곁에서만이 이러한 권력의 은혜를 입을 수 있었다. 이때의 유사배는 자신을 최종적인 승리자의 한 사람으로 생각하였을지도 모른다.

그러나, 생각할 수 없을 정도의 속도로 권력에 접근한 유사배는 또한 신속하게 그 지위에서 미끄러졌다. 유사배의 기대와 달리 원세개의 제제야망은 1916년 3월에 이르러 무너져버렸다. 그리고, 같은 해 6월에 원세개가 죽자, 여원홍黎元洪을 대총통으로 받든 북경정부는 다음 달 14일 「징변화수령懲辦禍首令」을 발표하여 제제 관여자의 체포를 명하였다. 그러나, 다행히 유사배에게는 체포장이 발부되지 않았다. 그것은 뒤에 국무총리가 된 이경희李經羲가 '인재를 아낀다'는 조치에 의해서였다. 하지만 그는 자신이 체포의 대상에서 분명히 벗어날 때까지 몸을 숨기고 전전긍긍하는 나날을 보냈다고 한다.

채원배

어떻게 체포에서 벗어났다고 하더라도 지금 유사배가 민국의 죄인이라는 사실에는 변함이 없었다. 그는 세간의 눈을 피하려고 천진天津에서 생활하였다. 약 반 년 사이의 이 생활은 지극히 곤궁하였다고 한다. 그것은 정말로 천국에서 지옥으로 떨어진 것 같았다. 이때 유사배를 구원한 인사가 일찍이 혁명의 동지였고 전향한 뒤에도 생명의 안부를 살펴준 채원배였다. 채원배는 1917년 1월, 북경대학교 총장에 취임한 뒤에 '겸용병포兼容倂包'의 자세에 기초하여 사상의 여하를 막론하고 우수한 인재를 교수진으로 초빙하였고, 유사배도 중국문학을 담당하는 교수로 초빙하였다. 33세의 나이에 중국 최고학부의 교수로 취임한 것은 천재적 학자 유사배에게서 보면, 결코 신분에 맞지 않는 것도 아니고, 또한 놀랄만한 일도 아니었을 것이다. 오히려 그는 정착해야 할 곳에 간신히 안착하였다고 할 수 있을지도 모른다.

이제, 유사배에게 자극적인 정치의 세계와 인연이 없어졌고 남은 것은 학문밖에 없었다. 전통학술이야말로 그에게 가치 있는 존재요, 그리고 지켜야 할 대상이었다. 유사배는 그 뒤에 – 그렇다고 해도 그 생명의 불꽃은 앞으로 조금밖에 남지 않았지만 – 일관하여 수구의 입장을 계속 취한다.

종장 북경北京

1919년

원세개가 제제부활을 시작하고 유사배가 이를 추진하기 위하여 활약하던 시기는 중국에 새로운 사상조류가 등장한 무렵이기도 하였다. 1915년 이래로 정치의 세계는 흡사 암흑과 같은 상태였지만, 『갑인잡지甲寅雜誌』와 『신청년新青年』의 발행은 청년들에게 구문화와 투쟁하고 신문화를 창조할 것을 호소함으로서 이후 5·4운동五四運動의 폭발로 인도하는 저류가 형성되기 시작하였다. 신해혁명이 정치적 과제의 해결에 시종일관하고 문화면의 문제까지 미치지 못했던 결과가 수년을 지나 돌아왔다고 할 수 있다. 그러나, 시대는 확실히 '새로운 것'을 향하여 나아갔다.

이러한 경향은 전통적 지식인의 가치관을 근저에서부터 동요시켰다. 항상 말하지만, 새로운 가치체계의 출현은 종종 사람들의 '보수적 심정'을 '보수주의'로 높이는 계기가 된다. 유사배의 경우를 보면, 그는 문화면에서 이전부터 일관하여 보수주의자였다. 하지만, 근대 중국에서 문화적 보수주의는 정치적 급진주의를 뒷받침할 수도 있었다. 그것이 유사배의 민족주의와 아나키즘에 나타난 최대 특징이었다고 할 수 있다. 그러나, 전향한 뒤로 유사배는 정치적으로도 문화적으로도 현재 직접적으로 존재하는 것을 집착하려는 경향을 지녔다. 여기에 그의 문화적 보수주의는 정치적 보수주의와 결합하기에 이르렀던 것이다. 다만, 원세개의 제제부활이 실패로 끝난 뒤로 유사배가 이제 더 이상 정치운동에 직접적으로 관여한 일은 없었다.

유사배가 교단에 섰던 당시에 북경대학은 신문화운동新文化運動의 중

진독수

심이었다. 그 지도적인 인물의 한 사람이 진독수陳獨秀였다. 그는 『신청년』 창간호(1915년 9월)의 권두 논문 「삼가 청년에 고함[敬告青年]」에서 "내가 이제 눈물과 함께 서술하려는 것은 단지 신선활발한 청년이 자각하여 분투할 것에 대한 촉망뿐이다"라고 서술하며, 청년에게 자주적·진보적·진취적·세계적·실리적·과학적일 것을 호소하였다. 정말이지 이 논문은 신문화운동의 전투선언이라고도 평가할 수 있는 내용을 담고 있었다.

이 책에서 밝힌 대로, 진독수와 유사배의 관계는 옛날로 거슬러 올라간다. 그들은 일찍이 배만혁명가 시대에 유사배가 1905년에 상해를 떠나 안휘安徽로 가서 안휘공학에서 교직에 취업했을 때부터 아는 사이였다. 그들은 당시에 함께 백화신문의 발행에 진력하던 사이였다. 그 뒤에 진독수는 『신청년』을 무대로 한 혁신적 언론인으로서 활약하며 유사배와 대립적인 입장에 있었다. 그들이 다시 같은 학교에서 교편을 잡은 것은 완전히 기묘한 인연이라고 밖에 할 수 없는 운명이었다.

신문화운동이 시작된 뒤에, 북경대학의 교수와 학생은 점차 신구의 두 파로 나누어졌다. 당연하듯이, 유사배는 수구파 지식인과의 인맥으로 국수파 그룹에 속하였다. 1919년 봄에 그는 『국수학보』와 『국학휘편國學薈編』을 다시 간행할 계획을 세웠다. 그러나, 이것이 실패로 끝났기 때문에, 그는 북경대학의 일부 학생들과 『국고國故』 월간을 창간하기에 이르렀다. 이 잡지는 "중국고유의 학술을 융성하게 만들 것을 취지로 삼았다". 유사배는 이 잡지를 무대로 삼아 신문화운동에 대항하기 위하여 전통적인 문어와 문체, 그리고 유교 등의 오랜 윤리체계의 보존을 주장하려는 것이었다. 그러나, 결과적으로 그의 주장은 정치·사회적으로 의지할 기반을 얻지 못하여 효과적인 세력이 되지 못한 채로 끝났다.

『국고』

이야기는 조금 앞으로 돌아가는데, 1918년 1월 북경대학에서 채원배를 발기인으로 하는 진덕회進德會 재결성의 호소가 발표되었다. 이 모임은 원래 1912년 2월 일찍이 파리에서 아나키즘을 주창한 이석증, 오치휘 등을 중심으로 상해에서 결성된 것으로, 옛날의 사회적 부패를 일소하고 신생의 민국에 상응하는 도덕의 수립을 취지로 삼았다. 진덕회에는 본래 아나키즘의 부분적 요소가 반영되었지만, 사상적 경향을 넘어 다수의 회원을 모았다. 그러나, 원세개의 독재화 과정에서 이 모임은 활동이 정지된 상태였다. 진덕회가 5년을 지나 재결성이 추진되었던 것은 채원배가 이전부터 이 운동에 이해를 표시하였고, 게다가 일찍이 중심인물의 한 사람이었던 이석증이 생물학 교수로 북경대학에 부임하였기 때문이기도 하였다.

진덕회의 재결성이 발표된 뒤, 4개월 사이 입회자는 400명이 넘었는데, 그 사이에 의외의 인물로 유사배의 이름도 포함되었다. 그는 '기생집을 출입하지 않는다' '도박을 하지 않는다' '첩을 두지 않는다'는 세

가지의 계율을 지키는 '갑종회원甲種會員'의 신분이었다. 그리고, 1918년 5월 28일에 진덕회의 성립대회가 개최되자, 유사배는 채원배, 진독수 등과 함께 평의원評議員에 취임하였다. 그를 제외한 대부분의 인사들이 '진보적'이라고 지목된 인물이었던 점을 고려할 때에, 유사배의 평의원 취임에는 이해할 수 없는 점이 있다. 여기에 대해서 그가 새로운 도덕의 수립에 적극적으로 찬동한 결과였다거나 또는 단순히 이제까지의 편의상 인맥관계로 연명連名하지 않을 수 없었을 뿐이었다고 하는 다양한 견해가 있을 수 있다. 하지만, 그것들은 모두 추측의 영역을 벗어나지 못하기 때문에, 여기서는 이 이상의 언급은 피하고자 한다.

1919년 5월 4일, 베르사이유 강화회의에서 열강의 자세와 중국외교의 실패에 항의하는 학생들의 일대시위운동이 발발하였다. 이 날, 북경의 학생들은 선언을 발표하여 다음과 같이 주장하였다.(「북경학생계선언北京學生界宣言」)

> 우리 동포가 노예 우마牛馬의 고통을 참지 않고 이를 구제하고자 한다면, 국민대회의 개최, 가두연설, 확고한 통전通電이야말로 오늘날의 급무이다. 대수롭지 않게 국가를 팔고 태연하게 배반하는 자들에게 최후의 수단은 권총과 폭탄에 의지하는 방법밖에 없다. 위기는 목전에 박두하였다. 바라건대, 함께 이를 도모하자.

이 당시 북경대학에는 아나키즘 단체도 결성되었으며 그들은 활발한 선전활동을 전개하였다. 북경대학교 학생이었던 황릉상黃凌霜, 원진영袁振英 등은 학교의 안팎에서 일찍부터 아나키즘을 선전하였다. 그리고, 5·4운동의 전투적 부분을 개척한 것도 아나키스트계 학생이었다는 사실은 잘 알려져 있다. 그들은 유사배 등의 사상적 좌절을 비웃듯이 민족적 과제와 사상적 실천을 결합하기 위하여 가두로 뛰어나갔다. 역설적이게도, 유사배가 결별한 사상 = 아나키즘이 지금 가장 과학적·진보적인 사상으로 청년들의 마음을 사로잡고 있었다.

시대는 확실히 변하였다. 대학 그리고 가두에서 전개된 학생들의 집회와 데모행진의 물결을 유사배는 어떠한 심정으로 바라보았을까? 필자는 그의 가슴 속에 떠올랐다 사라진 생각을 알고 싶었다. 그것은 자신이 변절한 과거에 대한 회한의 생각이었을까? 또한, 단지 수구파의 관점에서 혐오하는 생각이었을까? 아니면, 자신의 경험에서 나온 허무한 감정이었을까? 지금은 그것들을 알 방법이 없다.

일찍이 유사배가 그렸던 '혁명'은 모두 환영幻影이었다. 아니, 그의 정치에 대해 관련한 일체가 환영의 추구일 수밖에 없었다. 그런 그에게도 유일하게 환영 아닌 것이 있었다. 그것은 중국의 역사요 학술이었다. 이것이야말로 그가 진리의 원천으로서 각별히 계속 신뢰하였던 것이다. 그러나, 북경대학의 교수로 취임할 무렵의 유사배는 이미 만족하게 강의할 수 있는 상태의 몸이 아니었다. 그는 심한 폐결핵을 앓아서 이미 회복할 가망도 없었다. 그렇지만, 그는 강의노트로서 『중국중고문학사中國中古文學史』를 집필하였다. 이것은 뒤에 노신魯迅에게 위진魏晋 문학연구의 귀중한 문헌으로 평가되었고(「魏晉의 기풍 및 문장과 즐거움 및 술의 관계」), 인민공화국이 성립한 뒤 1957년에도 복각본復刻本이 출판될 정도로 가치 있는 작품이었다.

만년의 유사배는 친구와도 거의 교류를 끊은 채 생활하였다고 한다. 5·4운동의 폭풍이 조용해진 1919년 11월 20일, 유사배는 지병인 폐결핵으로 인해 양주에서 멀리 떨어진 북경에서 숨을 거두었다. 생전에 자신의 죽음이 다가오는 것을 알았던 유사배는 심부름하는 사람에게 친구인 황간을 불러오게 하였다. 황간이 왔을 때에 유사배는 떨리는 손을 필사적으로 뻗어 머리맡에서 한 권의 사본을 꺼내어 황간에게 건네주었다고 한다. 그것은 그가 일생동안 연구한 음운서音韻書였다. 그리고, 유사배는 눈물을 흘리면서 자신의 생애는 단지 학문을 위해 바칠 것이었지, 정치의 세계에 발을 들여놓아서는 안 될 것이었다고 말하며 황간에게 후사를 부탁하였다고 한다(『원세개절국기袁世凱竊國記』). 약간은 만들어진 에피소드처럼도 생각된다. 그러나, 이와 같이 전해지더라도 이상하지 않을 정도로 유사배는 계속 정치에 농락을 당한 일생을 보냈다.

어머니 이여훤 여사도 자식의 뒤를 따르듯이 14일 뒤에 죽었다. 그녀의 입장에서 본다면 자식과 함께 살아온 35년이었다. 아내 하진은 뒤에 북경을 떠나 항주杭州로 가서 출가하여 비구니가 되었다(법명法名은 소기小器). 일설에는 발광하여 죽었다고 전하지만 분명하지 않다. 그들 부부의 사이에서 태어난 자식은 출생한 뒤에 바로 병사하였다. 유사배뿐만 아니라 그의 가족 모두가 파란만장한 생애를 보냈던 것이다. 어쩌면, 그것은 그가 양주의 마을을 출발할 때부터 정해진 운명이었는지도 모른다.

유사배가 죽은 뒤에 지인知人들은 한결같이 그의 학문적 미완성을 탄식하였다. 생전부터 유사배의 업적에 주목한 고지마 스케마[小島祐馬]는 "그가 이 정도의 재능을 가지고 있으면서 무엇 때문에 『좌전정의左傳正義』의 완성에 오로지 마음을 기울이지 않고 그 힘을 여러 방면으로 분산하여 낭비하였을까를 또한 괴이하고 또한 애석하게 여긴다"고 언급하였다(「유사배의 학술[劉師培の學]」). 또한 청말의 혁명운동 이래로 유사배와 친교가 있었던 채원배는 "만일 군이 학술에 전념하여 외부의 문제에 미혹되지 않고 건강한 신체로 저술에 진력하였다면, 그 성과는 정녕 한량이 없었을 것이다"고 서술하였다(「유군신숙사략劉君申叔事略」). 그리고, 혁명가 사상가로서의 유사배를 언급하는 사람은 적다.

하지만, 이후로 전통사상을 혁명적으로 해석하여 사상을 형성한 인물은 모두 몇 명이나 출현하였을까? 신문화운동의 영향도 있어서 이 이후 혁신세력으로부터는 모든 전통이 마치 중국 정체停滯의 상징으로 간주되어 부정의 대상이 되었다. 그런 의미에서 전향한 뒤에 유사배가 전통을 본래의 모습으로 해석하였으며 5·4운동이 일어난 해에 세상을 떠난 것은 지극히 상징적인 의미를 지닌다고 할 수 있을지도 모른다.

후일 양주에 유사배의 묘가 세워졌다고 하는데, 현재에는 남아있지 않다. 일설에 의하면 인민공화국이 성립된 뒤에 파괴되었다고 한다. 하지만, 현존하는 동권문 유가劉家의 옛집 앞에 서 있으면, 여지없이 서생의 모습인 유사배가 문을 열고 지금이라도 나올 것 같은 기분이 든다.

부장

중일 아나키즘과 유사배

1. 일본인과 중국 아나키즘

중국에 아나키즘 정보가 전해진 것은 19세기말이었다. 그것은 『만국공보萬國公報』와 『서국근사회편西國近事匯編』이라는, 기독교 관계자가 출판한 잡지에 실린 국제정치의 보도를 통해서였다. 잘 알려져 있듯이, 중국에서 아나키즘에 최초로 관심을 표시한 것은 강유위를 비롯한 개량파 인사들이었다. 분명히 혁명을 받아들일 리가 없는 그들이 아나키즘에 관심을 기울인 데에는 그에 상응하는 이유가 있었다. 즉, 그들은 아나키즘의 사상 그 자체에는 반대하였지만, 러시아 나로드니키 운동에서 나타난 것과 같은 폭력주의적 경향이 청조정부로부터 양보를 얻어내고, 게다가 대폭적인 정체의 변경을 수반하지 않는 정치적 근대화를 실현하기 위하여 효과적인 수단이 될 수 있다고 보았다.

20세기가 되면서부터, 혁명파의 대두 가운데 『민보』 등의 잡지에도 아나키즘을 소개한 기사가 실린다. 그러나, 초기단계에서 혁명파의 관심은 역시 주로 테러리즘이라는 수단의 측면으로 기울었다. 그 뒤에 아나키즘은 중국인의 손에 의해 사상적 효용성이 음미된다. 당시 『민보』에 실린 기사를 읽어보면, 만주왕조의 타도와 공화체제수립이라는 당면의 목표를 달성하기 위하여 아나키즘과 같이 무권력사회의 실현을 주장하는 사상은 효용성을 발휘할 수 없다고 하는 의견이 많이 보인다. 그러나, 반면에 그 사상 가운데에 장래 중국혁명의 가능성을 찾으려는 인사 가운데에는 1907년 6월에 이르러 도쿄와 파리에서 두 종류의 잡지를 창간하여 아나키즘을 선전하는 인사가 등장한다. 도쿄에서는 『천의』가 창간되었고, 이보다 수일 뒤에 파리에서는 『신세기』가 창간되었다.

여기에서 중국의 아나키즘운동은 출발한다.

그런데, 1907년 이후 활동을 개시하는 중국의 아나키스트는 대략 3세대로 나눌 수 있다.

제1세대란 말할 것도 없이 청말에 아나키즘을 수용한 세대이고, 제2세대는 신해혁명 뒤에 국내에서 활동을 개시하며 마르크스주의자와의 논쟁에 패배한 세대이다. 그리고, 제3세대로는 러시아 혁명 후에 사상을 수용하고 마르크스주의와의 논쟁에서 패배하였지만, 아나키스트로서의 자각을 계속 유지하며 1920년대에 교육운동에 관여한 세대이다.

중국인 아나키스트들이 전개한 사상운동을 보면, 거기에는 일본인의 저작이나 행동이 직접·간접적으로 영향을 주었다는 것을 알 수가 있다. 그래서, 이 장에서는 전사前史 단계에서부터 각 세대의 중국아나키즘운동에 관여한 몇몇 일본인을 거론하여 그의 저작이나 행동의 사적事蹟, 그리고 중국인의 반응에 대해 간단하게 소개하려고 한다.

게무야마 센타로[煙山專太郎]『근세무정부주의近世無政府主義』

1907년 이전을 중국 아나키즘의 전사前史 단계라고 한다면, 이 시기에 가장 영향력을 지닌 저작은 게무야마 센타로의 『근세무정부주의』이다. 이는 1902년 4월에 도쿄전문학교[東京專門學校] 출판부에서 간행된 책으로, 아직 아나키즘에 대한 이해가 충분하지 못하던 당시의 단계에서 "일본어로 출판된 무정부주의의 연구서로서 유일하다고 해도 좋을 정도로 정리된 역작이었다"고 평가되었다(絲屋壽雄 「『近世無政府主義』 解題」).

게무야마 센타로(1877～1954)는 이와테현[岩手縣] 시와군[紫波郡]

게무야마촌[煙山村]에서 태어나, 모리오카[盛岡]에서 구제중학舊制中學, 센다이[仙臺]에서 구제고교舊制高敎(제2고등학교)를 졸업하고, 이어 도쿄제국대학[東京帝國大學] 문과대학文科大學에 입학하여 철학을 전공하였다. 졸업 뒤에는 국제법학자인 아루가 나가오[有賀長雄]와의 인연으로 와세다[早稻田]대학에 직장을 얻어 정경·문학부의 교수로서 후진의 지도를 담당하였다. 『근세무정부주의』는 도쿄제국대학재학 중에 집필된 게무야마의 처녀작이었다.

『근세무정부주의』는 출판된 지 1년이 지난 1903년 이후 중국인의 아나키즘에 대한 지식원知識源으로 이용되기 시작하였다. 이 책은 전후 두 편으로 이루어져 있는데, 전편前編은 「러시아 허무주의[露國虛無主義]」라는 제목으로 러시아 나로드니키를 체계적으로 소개하였고, 후편後編은 「구미열강에서의 무정부주의」라는 제목으로 구미歐美의 대표적인 아나키스트를 소개하고 각국에서의 사상보급 상황을 설명하였다. 이 가운데에 중국인에게 영향을 미친 것은 주로 전편이었다. 그러나, 저자인 게무야마가 아나키즘의 보급이나 선전을 위하여 이 책을 집필한 것은 아니었다. 아니, 오히려 그것은 전혀 반대의 의도로 저술되었다. 그는 서언序言에서 다음과 같이 기술하였다.

> 근래, 무정부당의 폭행이 실로 지극히 참혹하다는 소문에 간담이 서늘해지는 자가 있지만, 세인世人들은 대부분 그 이름을 말할 줄 알면서도, 그 실상을 아는 자가 없다. 이 책은 조금이나마 이러한 결함에 대응하기를 기약하는 책으로……이 책은 순수하게 역사적 연구에 의해 이런 [아나키스트와 같은] 망상자 열광자가 어떻게 하여 사실로서 현사회에 발현하여 왔는가와 그 연원과 발달을 밝히고자 시도한 것이다.

여기에서 쉽게 알 수 있는 것처럼, 이 책은 질서유지를 위해 세상을 깨우치는 뜻을 담아 편찬된 것이다.

그런데 『근세무정부주의』는 그제까지 저술된 사회주의 관련 서적에 비해 아나키즘의 정보가 질과 량에서 모두 매우 뛰어났다. 그러므로, 중국인이 이 책에 즉각 관심을 보인 것은 당연한 결과였을 것이다. 그것은 당시 그들의 저작 가운데에 게무야마의 논지가 다양한 형태로 반영되어 있는 것에서도 엿볼 수 있다. 아래에서 몇 가지 사례를 들어보자.

청말의 혁명파 가운데에서도 호남湖南의 자립을 추구하여 파괴정신의 고양을 호소한 인물로 양독생楊篤生이 있다. 그는 저서 『신호남新湖南』에서, 오늘날 세계에서 파괴정신이 가장 강성한 것은 러시아의 나로드니키이다 라고 하고, 그 역사를 '혁명문학시기革命文學時期'에서 '유세선동시기遊說煽動時期'에 이르며, 다시 '암살공포시기暗殺恐怖時期'로 발전한다고 서술하였다. 그런데, 이것은 『근세무정부주의』 제3장 「혁명운동의 역사」의 논지 그대로였다. 또한 『절강조浙江潮』 제4호와 5호에 실린 독두獨頭의 「입헌을 요구하는 러시아인의 철혈주의[俄人要求立憲之鐵血主義]」는 러시아 전제왕조의 동향과 이에 저항하는 나로드니키의 활동을 소개하였다. 여기에는 나로드나야 볼리아라는 당명이 '민의당民意黨'으로 번역되었는데, 이는 게무야마의 번역을 그대로 이용한 것이었다(中村哲夫, 「煙山專太郎 『近世無政府主義』가 革命運動에 미친 影響에 대하여[煙山專太郎 『近世無政府主義』の革命運動に及ぼした影響について]」). 나아가 1903년 6월 애국학사에서 출판된 『동자세계童子世界』 제33호의 「러시아의 혁명당[俄羅斯的革命黨]」도 게무야마 저작의 발췌번역이었다.

1903년부터 다음 해에 걸쳐 혁명 정신의 함양과 지식의 보급을 위하여 신문과 잡지에 각국의 암살기사와 혁명가의 소개기사가 게재되었다. 그 가운데에는 게무야마의 저작을 발췌 번역한 것이 산견된다. 예컨대, 『국민일일보國民日日報』에는 「러시아 챠르 알렉산더 2세의 사망진상[俄

王亞歷山大第二之死狀])」이라는 제목의 기사가 실렸는데, 이것은 『근세무정부주의』 전편 제3장 「혁명운동의 역사」 제1절 「3월 1일의 흉변凶變」의 번역이었다. 또한, 『절강조』와 『대륙大陸』등의 잡지에도 발췌번역 기사가 실렸고, 1904년 5월이 되면 김일金一(天翮)에 의한 의역본意譯本으로서 전편 8장 145페이지로 된 『자유혈自由血』이 출판되기에 이른다.[1]) 이외에 러시아 나로드니키를 소개한 기사가 다수 발표되었는데, 그 대부분은 게무야마의 저작을 저본으로 한 것을 확인할 수 있다.

앞에서 언급한 것처럼, 『근세무정부주의』는 질서의 유지를 목적으로 저술되었다. 그러나, 이 책이 반드시 저자의 의도대로 수용될 리 없었다. 일본의 독자 가운데에는 이 책에서 충격을 받아 천황제天皇制에 의문을 느끼고, 세인의 천황에 대한 미신을 타파하기 위하여 천황의 마차에 폭탄을 투척하려고 한 미야시타 다키치[宮下太吉]와 같은 인물도 나타났다. 이는 게무야마가 생각하지 못한 바였을 것이다.

이와 같은 현상은 중국의 경우에도 나타났다. 게다가, 그것은 일본보다도 몇 단계가 높은 영향력을 수반하여 읽혀졌다. 하지만, 1907년 이전의 중국인이 『근세무정부주의』를 접하여 얻은 것은 사상 그 자체에 대한 공감이라기보다도, 오히려 혁명에 참가하는 인간 정신의 존재방식이었다고 하지 않으면 안 된다. 당시에는 자신의 생명을 희생하더라도 행동으로 옮기려는 정신이야말로 사람들이 갖추지 않으면 안 된다고 인식하였다. 게무야마의 저작은 그와 같은 정보의 공급원이었다고 해도 좋을 것이다.

---

1) 1904년 5월 20일자의 『警鐘日報』에는 『자유혈』의 출판광고가 실렸는데, 여기에는 이 책이 煙山의 저서를 저본으로 삼았다고 서술되어 있다.

고토쿠 슈스이[幸德秋水]—전사前史에서 제1세대로

1902년에는 『근세무정부주의』와 함께 중국인에게 거대한 영향을 준 또 한 권의 책이 출판되었다. 그것은 고토쿠 슈스이의 정치평론집인 『장광설長廣舌』이다. 이 책은 같은 해 2월에 출판되었는데, 즉각 중국인의 관심을 끌었다고 여겨 9개월 뒤에 중국 국민총서사國民叢書社 번역 『광장설廣長舌』로 상해 상무인서관商務印書館에서 출판되었다. 『외교보外交報』에 첨부된 광고에는 다음과 같이 실렸다.

> [이 책은] 모두 32편으로 구성되어 있으며, 대략 현재 시세時勢의 가장 중요한 문제를 빠짐없이 포괄하고 있다. 우리 오늘날 세계의 주안점을 알려고 생각하면, 이 책을 읽지 않으면 안 된다.

그런데, 일반 독자들이 여기에서 '가장 중요한 문제'로 느낀 것은 아나키즘의 문제였다. 즉, 이 책의 한 편으로 수록된 「무정부당의 제조製造」라는 글이 독자들에게 지대한 관심을 불러일으켰다.

고토쿠 슈스이(1871～1911)는 새삼스럽게 말할 것도 없이 근대일본을 대표하는 사회주의자다. 그는, 토사[土佐] 하다군[幡多郡] 나카무라[中村]에서 태어나 18세에 오사카로 나아가 나카에 죠민[中江兆民]에게 사사하였으며 저널리스트로 활동하였다. 그리고, 1901년에는 "나는 사회주의자이다"라고 선언하고, 『평민신문』의 출판 등에 종사한 뒤에 도미渡美하여 생디칼리즘의 영향을 받아 아나키즘으로 전환한다. 귀국한 뒤에 직접행동直接行動을 주창하며 점진주의자와 결별한 다음 혁명의 길을 걸었지만, 1910년에 일어난 '대역사건大逆事件'의 주모자로 간주되어 처형되었다.

그런데, 고토쿠가 아나키스트로 자칭한 것은 1905년 도미 이후의 일이다. 따라서, 「무정부당의 제조」는 아나키즘을 선전하기 위하여 쓰인 책이 아니다. 또한, 당시의 고토쿠가 아나키즘의 사상내용을 충분히 이해했다고 하기도 어렵다. 그것은 그가 문장 가운데에 '무정부당'이라는 말을 오로지 테러리스트의 의미로만 쓴 것에서도 추측할 수 있다. 하지만, 고토쿠의 관심은 그 사상 자체에 있었던 것이 아니라 테러리스트가 등장하는 사회적 요인에 있었다. 그는 그 요인이 "국가사회에 대한 절망"에 있다고 하면서 다음과 같이 언급하였다.

> 국가사회의 타락·죄악과 생활의 곤란이 머지않은 날에 격심하면, 저들은 드디어 전도前途의 희망을 버리고, 모두 절망자가 된다. 세상에는 절망자 만큼이나 용기가 없어지고, 흉맹凶猛하게 되어……그러나, 무정부당의 해독은 두려워 할만하다. 그렇지만, 저들로 하여금 이 지경에 이르게 한 국가사회의 해악은 더욱 두려워 할만하다.

이 문장은 당시 중국인의 마음에 호소한 바가 컸다고 생각된다. 왜냐하면, 전제정부의 압정이 이어지는 가운데에 4년 전에 도모한 무술변법의 실패는 체제내 개혁의 한계를 똑똑히 보여주었고, 그렇다고 하여 아직 무장봉기의 성공도 기대할 수 없는 상황은 사회에 대한 절망감을 만연시켰기 때문이다.

1903년 6월 19일, 상해의 신문 『소보』에 「허무당」이라는 기사가 실렸다. 이른바 '소보사건'이 발생하기 바로 10일 전이었다. 그 기사에 의하면, 러시아는 세계 제일의 전제국가로서, 정치·학술·종교·생계의 모든 면에서 조금의 자유도 없어서, 그 국민은 중앙정부에 대해 절망하기에 이르렀다. 정부에 대해 절망하면, 사람들은 결국 정부를 적으로 삼아 반항으로 일어나 폭동을 일으킨다. 여기에서 이 기사의 필자는 "전제정부는 실로 허무당을 제조하는 절호의 공장이다. 지금 지구상의 모든 전제국가 가운데에서 러시아에 미치는 나라는 없다. 그러므로 허무당은 러시아에서 가장 융성하게 될 것이다"라고 주장하였다.

정부의 압정이 심하면 심한 만큼 민중을 절망으로 몰아넣어 그 반발이 크다는 이 문장의 논리는 고토쿠 슈스이의 『장광설』을 근거로 한 것임을 쉽게 알 수 있다. 그러나, 중국에서 '허무당'은 출현하지 않았다. 저자는 그것이 러시아보다도 압정의 정도가 낮기 때문이 아닐까 하고 생각하였다. 그리고, 그는 진의 시황제와 같은 인물이 나타나면 비로소 민중의 저항정신이 싹터 허무당이 출현할 것이라고 주장하였다. 여기에는 현상의 타개를 추구하기 위하여 역설적으로 압정대망론壓政待望論이라고도 할 수 있는 자세가 나타나있다.

그러나, 이 기사의 필자는 중국에서 허무당의 출현을 희구하였지만, 허무당의 사상, 즉 아나키즘이 중국의 현재 과제와 합치하지 않는다고 인식하였다. 즉, 기본적으로 혁명의 뒤에 신정부의 출현을 추구한 필자는 나로드니키의 주장에 '종족의 감정, 망국의 관념'이 존재하지 않는다고 보아 이를 중국의 현상과 다르다고 생각하였다.

소보사건 뒤에 일본에서 발행된 잡지 『강소江蘇』에 「러시아 허무당[露西俄虛無黨]」이라는 제목의 기사가 실렸다. 이 기사도 역시 고토쿠의 문장에 촉발되어 쓰였지만, 그 취지는 꽤 변형되었다. 즉, 그 기사에는 "전제국은 신국민新國民을 제조하는 공장이다. 전제의 수단은 신국민을 제조하는 기계이다"라고 하는 것처럼 '허무당'이라는 용어가 '신국민'으로 바뀌어져 있다. 게다가, 그 필자는 명확하게 현재의 정부를 타도한 뒤에 신국가의 건설을 지향하였다. 여기에는 허무당의 사상적 본질을 중국에 도입하려는 의도가 없다. 오히려 저자는 배만이라는 현재적 과제의 달성을 위하여 허무당의 정신을 활용하려고 하였다. 즉, 타오르는 듯한 정열로 넘친 허무당의 정신이야말로 중국의 혁명파가 본받아야 할 것이었다.

이상과 같이 고토쿠 슈스이의 「무정부당의 제조」는 중국인 혁명파의 관심을 끌었는데, 그들은 대개 중국을 러시아와 동일한 전제국가로 보고 "국가 사회에 대해 절망"을 느낀 인사들이 혁명으로 일어설 것을 촉구하였다. 그러나, 1907년에 등장하는 제1세대 인사들이 고토쿠–이 시점에서는 이미 아나키스트로 전환하였다–로부터 받은 영향에는 이전과 같이 변형된 모습이 거의 보이지 않는다. 양자가 모두 아나키즘을 거론한 이상, 이후로는 단순히 수단과 정신에만 역점을 둘 필요가 없었기 때문이다.

『천의』 창간 이후, 사회주의강습회를 중심으로 한 일본과 중국 사회주의자의 교류에 대해서는 이 책의 제2장에서 이미 서술하였기 때문에 다시 언급할 필요가 없다. 다만, 여기서는 고토쿠에 관련된 한두 가지 일을 기록해 두고자 한다.

본론에서도 서술하였지만, 유사배가 장병린 등과 함께 고토쿠 슈스이의 자택을 방문한 것은 1907년의 4월 무렵이었다. 고토쿠는 이후 2개월 뒤에 창간한 『천의』에 지대한 관심을 기울인 듯하다. 본래 한문에 소양이 있던 고토쿠였기 때문에 중국어를 읽고 쓰는 데에는 힘들지 않았을 것이다.

『천의』 제3호(1907년 7월 10일)에는 고토쿠의 편지(「幸德秋水來函」)가 실렸다. 이는 『천의』 창간호에 실린 하진의 기사를 읽은 감상을 적은 것이었다. 그는 여기에서 다음과 같이 기술하였다(원문은 중국어).

남녀동등권은 인생의 진리이자 현재의 급무입니다. 귀하는 지금 이 진리를 밝히고, 이 급무의 실행을 바라고 있는데, 이는 여성이 기선을 잡은 것입니다. 감격이 복받쳐 오릅니다. 사회의 여성을 위하여 생각한 것이라면, 이 노고에 감사하지 않을 수 없습니다.

그러나, 남녀평등의 주장은 당연하지만, 고토쿠에게는 하진의 의견에 동의할 수 없는 부분도 꽤 있었던 듯하다. 예컨대, 초혼의 여성은 초혼의 남성과, 재혼의 여성은 재혼의 남성과 결혼해야 한다고 하는 것과 같은 기계적인 평등에 대해 그는 "진실로 제가 이해할 수 없는 것이다"고 서술하였다.

그렇지만, 이후로 일본과 중국 사회주의자 사이의 교류는 활발해졌으며, 『천의』는 도쿄에서 열린 금요강연회金曜講演會의 모습도 소개한다. 그리고, 그들의 교류를 상징적으로 보여준 것이 사회주의강습회였다. 이 제1회 강습회에 강사로 초빙된 인사가 고토쿠라는 사실은 이미 서술한 대로이다. 그날의 모습을 사카모토 세이마[坂本清馬]는 다음과 같이 기술하였다.

선생은 자택에서 멀지 않은 곳에 갈 때는 대개 일본 옷을 입는다. 그런데, 이날은 에치고[越後]에서 나온 고급 포로 짠 백병白絣[흰 명주옷]에 박수색薄水色의 주름 잡힌 병아대兵兒帶[남자가 메는 띠]를 두르고, 흑려黑絽[검은 명주]에 다섯 가지 무늬가 있는 우직羽織[일본 옷 위에 입는 짧은 옷], 명주로 된 견호고堅縞袴[단단한 불무늬 명주바지]에, 오동나무의 구하태駒下駄[굽을 달지 않고 통나무를 깎아서 만든 나막신], 감족대紺足袋[감색 버선], 캉캉모자에 양산을 쓰고 나갔다. 나는 강연의 원고를 보자기에 싸서 갖다드렸다. 집을 나서 와세다[早稻田] 방향으로 향하여 서쪽으로 도야마가하라[戶山ケ原]로 빠져, 그곳에서 오른 쪽으로 꺾어 우시고메 야라이쵸[牛込矢來町]를 지나 가구라자카[神藥坂] 쪽으로 간 것을 지금도 분명하게 기억하고 있다.

그날 고토쿠의 강연은 『천의』 제6권의 「사회주의강습회제일차개회

기사社會主義講習會第一次開會記事」에 "이번은 일본 □□□□군 연설"이라고 기록되어 고토쿠 슈스이 이름을 숨김표로 기록되어 있다. 다케우치 젠사쿠[竹內善朔]에 의하면, 이는 일본과 중국의 혁명파 교류가 성행하는 것을 정부당국이 경계하였으므로, "슈스이의 연설을 게재함으로 인하여 『천의』가 발매금지되어서는 안 된다"고 염려한 고토쿠 슈스이가 자신의 이름을 숨김표로 하도록 부탁하였기 때문이었다. 또한, 이때의 강연 기록은 뒤에 고토쿠의 이름을 붙인 별도의 팜플렛으로 배포되었다.[2] 하자마 나오키[狹間直樹]에 의하면, 이는 "적어도, 아나키스트 고토쿠 슈스이가 남긴, 내용이 가장 풍부한 무정부주의에 관한 체계적 논술이라는 점과 일본 사회주의자가 중국인 청중을 앞에 두고 연설한 것이라는 두 가지 점에서 특히 중요한 문장이다"라고 평가되었다(「幸德秋水가 第一會社會主義講習會에서 행한 演說에 대하여[幸德秋水の第一會社會主義講習會における演說について]」).

대역사건이 일어난 것은 1910년 5월이고, 고토쿠가 처형된 것은 다음 해 1월이었다. 이때는 유사배가 전향한 뒤이므로, 재일 아나키스트의 활동자취는 끊어졌다. 그리고, 멀리 파리에서 활동한 이석증 등은 같은 해 5월 21일자로 그들의 기관지 『신세기』를 정간한다. 그러므로 제1세대 중국인 아나키스트가 고토쿠의 죽음을 어떻게 받아들였는지 확인할 수 없다. 그러나 짧은 기간이었지만, 이때 일본과 중국의 아나키스트가 동지적 연대로써 교류를 심화한 것은 일본과 중국의 관계사에서 귀중한 일로 평가해도 좋을 것이다.

---

2) 『천의』 제11·12합책호(1907년 11월 30일)에는 「幸德秋水先生演說稿出版」이라는 광고가 실려 있다. 여기에는 직접 찾아오면 무료이고 우송을 희망하는 자에게는 우송료만으로 배포한다는 내용이 기록되어 있다.

시라야나기 슈코[白柳秀湖]와 장계張繼 역 『무정부주의』

1908년 2월 장계가 번역한 『무정부주의』(원저자, 엔리케 마라테스타)라는 책이 간행되었다. 서문을 포함하여 107페이지의 책이다. 출판사와 출판지는 명기되어 있지 않지만, 아마도 일본에서 인쇄 출판된 것으로 생각된다. 이 책의 출판에 즈음하여 『천의』 제11·12합책호에는 다음과 같은 광고가 실렸다.

> 무정부주의無政府主義 마라테스타[馬拉疊斯達]가 저술하고 장계 군君이 일본어 문장을 번역한 것이 출현하여, 이미 출판되었다. 가격은 무료인데, 본서의 강독을 희망하는 자는 민보사나 본사 통신소通信所로 직접 찾아오십시오.3)

그러나, 『천의』 『민보』가 모두 1908년에 정간되어 버렸기 때문에 이 책의 발행 부수는 극히 한정되었을 것으로 보인다.

장계(1882~1947)는 하북성河北省 북창현北滄縣 사람으로, 1899년에 일본으로 건너가 와세다[早稻田]대학에 입학하여 정치경제학을 배웠다. 그는 재학중에 혁명사상을 품기 시작하여 유학생을 조직하여 여지회勵志會, 청년회靑年會, 흥아회興亞會 등을 만들었다. 1903년 말, 장계는 상해에서 『무정부주의』라는 제목의 저서를 출판하였다. 이는 1908년에 출판된 책과 같은 서명이기 때문에 양자가 종종 혼동되는 경향이 있지만, 실제로 완전히 다른 책이다. 1905년 동맹회가 성립되자, 그는 『민보』 발행인 등으로 일하였고, 1907년 이후로 유사배 등이 창간한 『천의』와 사회주의강습회에 관여하였다.

---

3) 그런데, 여기에서는 "출판되었다"고 하였지만, 『천의』 11·12합책호가 출판된 1907년 11월의 시점에서는 아직 출판되지 않았다.

장계가 사회주의강습회의 개최에 적극적으로 관여한 것은 이미 본론에서 밝혔다. 그런데, 그는 보기 드문 웅변가인 듯하다. 다케우치 젠사쿠[竹內善朔]는 다음과 같이 회상하였다.

> 원래 장계의 연설이란 매우 웅변적이다. 그래서 청년을 고무하는 데에는 일본에 있던 중국 혁명당원 가운데에 제일인자였다. 뒤에 문부성文部省에 대한 항의 등을 위하여 간다[神田]의 금휘관錦輝館에서 집회를 열 때 등은 열화 같은 변설로 청중을 일거에 홍분의 도가니로 몰아넣어 환호와 박수로 시종일관하였다.

그러나 장계는 1908년에 일어난 일본인 사회주의자의 금요회옥상연설사건金曜會屋上演說事件에 연루되어 치안유지법의 위반으로 문제가 되었으므로 일본을 떠나 파리로 가서 그곳에서 『신세기』를 발행한 이석증·오치휘 등의 그룹에 합류하였다. 그러나, 중화민국이 성립된 뒤에 장계는 1913년에 참의원參議院 의장議長에 취임하는 등 급속히 정계에 접근하였다. 그리고, 그 뒤에는 손문의 군정부軍政府 고문顧問이 되었고, 1921년부터 중국국민당中國國民黨의 요직에 나아갔으며, 손문이 죽은 뒤에 당내 우파右派의 중진으로써 장개석蔣介石에게 접근하여 중앙정치회의中央政治會議의 위원委員 등의 요직을 역임하였다.

이상과 같이 장계는 후년에 이르러 권력에 접근하여 우파右派 정치가의 길을 걸었다고 하지만 중국에서 가장 일찍부터 아나키즘을 주창한 인물 가운데 한 사람이었다. 그리고, 도쿄와 파리에서 아나키스트 단체가 결성되자, 그 두 단체에 모두 관여하는 것이 가능했던 유일한 인물이기도 하다.

그러면, 장계가 1908년에 번역한 『무정부주의』는 어떠한 책일까? 원저자인 엔리케 마라테스타(1854~1932)는 이탈리아 아니키즘운동의 대표적인 지도자로 알려진 인물이다. 이 책의 원서인 *Anarchy*는 1891년에 출판되었다. 이는 마라테스타가 여러 외국을 돌아다니던 가운데에 영국에 머물러 있을 때에 집필한 것이다. 이 책은 차원 높은 고도의 이론서로서 집필된 것이 아니라 아나키즘이 무질서의 의미로 오해되는 경향이 있는 가운데에, 이 사상이 참된 자유의 실현을 추구하고 있음을 논하였다. 또한, 이는 아나키즘의 사상적 요점을 평이한 문체로 제시하였으므로 계몽서로서 뛰어나다고 할 수 있는 책이었다. 장계가 이 책을 주목하여 번역을 생각한 것도 쉽게 이해된다.

그런데, 앞에서 제시한 출판광고에서도 알 수 있듯이, 장계는 『무정부주의』를 직접 원서에서 번역한 것이 아니라 일본어 번역판을 다시 중국어로 번역하였다. 그리고, 그것은 표지에 "시라야나기 원역原譯"이라고 쓰인 것처럼 시라야나기 슈코의 일본어 번역을 저본으로 사용하였다. 그래서 아래에 시라야나기에 대해 간단하게 언급하고, 번역의 경위를 서술하고자 한다.

시라야나기 슈코(본명은 武司, 1884~1950)는 시즈오카현[靜岡縣] 기가쵸[氣賀町](현재의 호소에쵸[細江町])에서 태어나 소학교를 졸업한 뒤에 상경하여 이쿠분칸[郁文館]중학을 거쳐 1902년 와세다대학 예과豫科에 입학하였다. 일찍부터 문학에 뜻을 두었던 그는 다음 해 와세다대학 문학과로 진학하여 처음에 철학을 전공하다가 뒤에 영문과로 옮겼다. 이 사이에 그는 사회문제에도 주목한 바 있어 1903년 말에 고토쿠 슈스이, 사카이 도시히코 등의 평민사平民社 운동에 호응하여 가토 도키지로[加藤時次郞]의 사회개량단체인 직행단直行團에 가입하고 그 기관지 『직언直言』의 편집책임자가 되었다. 1905년 5월에는 야마구치 고켄[山口孤劍], 나카사토 가이잔[中里介山] 등과 일본 프롤레타리아 문학운동의 선구라고 할 수 있는 화편회火鞭會를 창립하고 잡지 『화편火鞭』을 발행하였다. 대학을 졸업한 뒤에 그는 융문관隆文館 편집부에 들어갔지만, 징병되어 1907년 말부터 1년간 군대에서 생활하였다. 그 뒤에는 평론과 역사물을 포함한 대중문학 분야에서도 활약하였다.

그런데, 시라야나기 슈코가 *Anarchy*의 원서를 손에 넣은 것은 와세다대학 재학 중이었다. 다케우치 젠사쿠[竹內善朔]는 그에 대해 다음과 같이 언급하였다.

> 시라야나기 슈코도 맨 처음 한때 슈스이가 도모한 비밀회합의 한 사람으로 연구회에 출입한 적이 있습니다. 이 때문에 그 당시 시라야나기는 슈스이로부터 마라테스타의 저서를 빌려 읽고 시험 삼아 번역할만한 것인지 하고 나도 감정하는 차례가 있었습니다. 이 일본어 번역서는 당시는 말할 것도 없고 오늘날에도 간행되지 않았습니다. 이것을 슈스이로부터 다시 장계張繼가 빌린 것으로 생각됩니다.

이상 다케우치의 추측이 합당하다면, *Anarchy*의 원서는 고토쿠 슈스이의 책이고, 시라야나기가 이를 번역의 저본으로 사용한 것이 된다. 그렇다면, 이 책을 일본어로 번역한 시기는 보다 한정할 수 있다. 즉, 그것은 고토쿠가 미국에서 귀국하여 「세계혁명의 조류」를 강연한 1906년 6월 이후였다는 말이 된다. 아마도 원서는 고토쿠가 귀국할 즈음에 가지고 왔을지도 모른다.

아무튼 위에서 기술한 다케우치의 회상으로는 원서에서 번역본[私家版]으로, 그리고 재번역본 『무정부주의』의 번역과정이 지극히 협소한 인간관계에서 이루어졌음을 알 수 있다. 장계와 시라야나기 슈코는 고토쿠 슈스이를 매개로 교제 기회를 가진 이외에도, 전공이야 다르다고 하지만 동일한 시기에 와세다대학에 재학하였다. 같은 대학에서 동일한 변혁운동에 뜻을 둔 동지가 지기知己가 되는 데에는 그다지 시간이 걸리지 않았을 것이다. 그러나, 시라야나기가 무엇 때문에 고토쿠에게 원본을 빌려 번역하려고 생각하였을까? 아마도, 그는 일시적으로 아나키즘에 기울었는지도 모른다. 그러면 무엇 때문에 번역서는 출판하지 않았을까? 여기에는 여전히 의문이 남는다.

그러나, 『무정부주의』의 번역과정을 상상해보면, 그것은 비교적 순조롭게 진행된 것으로 보인다. 당시 영문학을 전공한 시라야나기 슈코는 일본어로 번역하는 일을 그다지 어렵게 느끼지 않았을 것이다. 또한, 장계는 사회주의강습회에서 일본인 강사의 통역을 맡을 정도로 일본어에 뛰어났으니, 중국어로 번역하는 인물로서 적임자였다고 생각된다. 실제로 이 책의 영문판과 중국어판을 대조하더라도 한번 일본어로 번역하였기 때문에 약간 뉘앙스가 다른 부분이 있지만, 그래도 전체적으로는 원문에서 크게 벗어난 부분은 거의 보이지 않는다.

시라야나기 슈코와 중국인 아나키스트와의 관계에 대해 이상에서 서술한 것을 제외하고 상세한 내용은 밝혀져 있지 않다. 아마도 그는 유사배 등의 활동에도 관여하였을지도 모르고, 또한 장계의 번역출판 과정에서 어떠한 형태로든 관여하였을지도 모른다. 그러나, 그것들은 모두 추측의 범주를 벗어나지 못한다. 그러므로, 여기서는 문제제기만으로 남겨두고, 그 이상의 언급은 공백으로 남겨두고자 한다.

오스기 사카에[大杉榮]-위대한 순교자

앞에서 서술한 고토쿠 슈스이와 함께 오스기 사카에(1885～1923)는 근대 일본을 대표하는 아나키스트로 너무나도 유명하다. 먼저 그의 약력을 살펴보자.

오스기 사카에는 가가와현[香川縣] 마루가메[丸龜]에서 태어났는데, 군인인 아버지[東]가 전근해 있던 니이가타현[新瀉縣] 시바타[新發田]에서 소년시대를 보냈다. 한때에 나고야[名古屋]의 유년학교幼年學敎에 재학하였지만 퇴학처분을 받고, 1903년에 도쿄외국어학교 불어과에 입학하였다. 그러나, 이해 11월 러시아에 대한 개전開戰에 반대하여 비전론非戰論과 사회주의를 내세우는 『평민신문平民新聞』이 창간되자, 그는 여기에 큰 영향을 받는다. 그리고, 1906년에 일어난 전차요금인상 반대투쟁에서는 흉도소취죄凶徒嘯聚罪(반도의 집회를 도모한 죄—역자)로 체포되어 도쿄감옥으로 보내졌다. 다음 해부터 그는 아나키스트의 입장을 선명하게 내세웠는데, 1908년 적기사건赤旗事件으로 투옥되었기 때문에 대역사건大逆事件에는 말려들지 않았다. 그 뒤에 『근대사상近代思想』(1912년 10월~1914년 9월)을 간행하였지만, 1918년 이후로는 노동운동의 혁명화에 노력하였다. 1922년 몰래 프랑스로 건너갔다가 다음 해에 파리 교외에서의 메이데이에 행한 연설 때문에 국외로 추방되었고, 귀국한 뒤 9월 관동대지진關東大地震 직후의 혼란 가운데에 이토 노에[伊藤野枝], 다치바나 소이치[橘宗一] 등과 함께 고지마치[麴町] 헌병대에 체포되어 학살되었다.

본론에서 밝힌 것처럼 오스기 사카에와 중국의 관계는 1907년에 시작된다. 물론 이전부터 그와 중국인 사이에 왕래가 있었던 것은 추측되지만, 공식적인 기록으로 남아있는 것은 이 해부터이다. 그는, 이 해의 6월에 발기한 사회주의강습회의 제5·6·8회의 강사로 초빙되어 중국인 앞에서 바쿠닌의 연방제를 강연하였다. 그리고, 다음 해에는 중국인을 대상으로 하는 에스페란토강습회의 강사로도 일하였다.

앞에서 서술한 고토쿠 슈스이와 마찬가지로 오스기 사카에도 일본과 중국 아나키스트의 교류, 그리고 동지적 연대를 제고하는 데에 지대하게 공헌하였다고 할 수 있다. 그러나, 오스기에 관해서는 한 가지 꺼림칙한 일이 있다. 그것은 이제까지 종종 인용한 다케우치 젠사쿠의 회상에 다음과 같은 내용이 있다. 어느 날 곡종수谷鍾秀와 왕공권汪公權은 다케우치에게 다음과 같이 말하였다.

> 지금 중국인은 구미歐美 각국의 외래품을 귀중하게 여긴다. 그러나, 이는 외국의 자본가에게 먹히는 것으로 민족의 보호·민권의 신장·민생의 구제에는 재미가 없다. 다소 조악粗惡하더라도 참고 국산품을 사용하지 않으면 안 된다. 이상과 같은 취지로 대중의 흉금을 찌르기도 하고 감격할 것 같은 문장을 쓰고 싶은데, 힘을 빌려주십시오.

이에 대해 다케우치는 구주歐洲 자본가의 질곡에서 벗어난다는 일은 좋지만, 자국 자본가의 물품이라면 조악하더라도 구입한다는 것은 사회주의사상을 아직 이해하지 못한 것이 아닌가 하는 의문을 가지고 오스기 사카에에게 상담한 바, 그는 "'이야, 아직 그들의 사고방식은 거기까지 나아가지 않았어. 아무래도 불안하다'고 웃으며 말하였다"는 것이다.

물론 근대중국에서 민족주의를 포함하지 않고 중국의 변혁을 담당하는 사상이 될 수는 없었다. 아나키즘을 거론하더라도 민족주의를 허용한 유사배의 사례는 그 전형이었다. 따라서 이때의 오스기의 발언을 액면 글대로 받아들인다면, 그것은 다소 교조적이었다고 하더라도 어쩔 수 없다. 그러나, 이것을 '잘난 체'한다고 평가할 것 같으면(石母田正), 인간의 사상을 살펴보는 데에는 지나치게도 경직된 평가라고 하지 않을 수 없다. 우리는 무엇보다도 이때의 오스기가 아직 발전하고 있던 사상가라는 점을 염두에 두어야 할 것이다.

중국인이 일본을 대표하는 아나키스트로 오스기 사카에를 지목한 것은 1912년 중화민국이 성립된 뒤였다(일본에서는 大正時代). 이 시기 중국에서는 새로운 세대의 아나키스트가 등장한다. 그 선구자로 지목되는 인물이 유사복劉師復이다.

유사복(1884~1915)은 민족주의를 신봉한 시기에 유사복劉思復이라는 이름을 사용하였지만, 뒤에 사복師復으로 고쳤고, 아나키스트가 된 1912년 이후로 가족제도를 부정하는 의미로 성을 사용하지 않았다. 1913년, 그는 광주廣州에서 아나키즘 선전지 『회명록晦鳴錄』을 창간하였다. 이것은 뒤에 『민성民聲』으로 고쳐 먼저 마카오, 그리고 상해로 옮겨가면서 발행된다. 사복은 이 잡지에 스스로 많은 논설을 집필하는 동시에 내외 각지의 동지와 연대를 도모하기 위하여 다양한 정보를 게재하였다. 그 가운데에는 당연히 일본의 운동 정보도 포함되었고, 오스기 사카에의 이름도 종종 등장한다.

오스기 사카에의 이름이 최초로 보인 것은 『민성』 제4호(1913년 12월 27일)에 실린 「일본 무정부당의 근황[日本無政府黨之近況]」이라는 제목의 기사이다. 이는 일본의 아나키스트인 야마가 다이지[山鹿泰治]에게서 온 편지를 소개한 것으로, 대역사건 이후 일본의 국가권력에 의한 탄압 양상과 그 가운데에서 전개된 운동의 상황을 전한 것이었다. 그 가운데에 'Ei Osgi[에이 오스기]'가 『근대사상』을 창간한 뜻이 실려 있다.[4] 이후로 『민성』은 종종 일본의 사회운동 상황을 소개하였는데, 오스기 개인에 대해서는 "고토쿠 슈스이가 처형된 뒤로 직접행동파를 계승한" "오늘날 우리 당의 건장健將"이라고 평가하였다.

오스기와 사복의 사이에는 편지의 교환도 있었다는 사실이 확인된다. 『근대사상』 제2권 제4호(1914년 1월)의 「오쿠보[大九保]로부터」에는 다음과 같은 기술이 있다.

---

4) 여기에서 오스기의 이름을 'Sakae'로 표기한 것은 사카이 도시히코[堺利彦]의 'Sakai'와 혼동되는 것을 피하기 위해서였다.

오문澳門의 사복師復이라는 사람에게서 에스페란토어로 된 편지가 왔다. 이전의 광주에서 중국문장과 에스페란토문장으로 된 무정부주의 잡지 『평민지성平民之聲』을 출간하였지만, 원세개袁世凱 정부에게 쫓겨 오문澳門으로 피하였고, 여기서도 포르투칼 정부로부터 잡지의 발행이 금지되었다. 그러나, 어떻게 해서 근일 사이에 다시 출간한다고 한다. 잡지와 함께 소책자도 보내왔는데, 그 『군인지보벌軍人之寶筏』과 같이 Alfred Russell Wallace의 군국주의 배척, Gustave Herve의 조국주의의 반대, Portalle의 징병의 비극 및 군인과 복종, 사회혁명가 군인의 유일한 사업도 수록하여, 실로 통쾌하다. 이와 같은 잡지에는 언젠가 나도 기고할 것이다.

여기에서 말한 『평민지성』이란 『회명록』의 다른 명칭이다. 오스기는 끝내 『민성』에 기고하지 않았다. 그러나, 그는 간접적인 형태로 사복의 운동에 관여하였다. 1914년 봄에 오스기는 야마가 다이지에게 “중국의 동지 사복이 상해에 잠입하여 에스페란토와 중국어를 병용하는 아나키즘운동지 『민성』을 주간으로 출간하기 시작하였다. 응원해야 하지 않겠는가?”라는 내용의 편지를 보냈다. 그 결과로 야마가 다이지는 상해로 건너가 사복과 접촉할 기회를 가졌던 것이다(저간의 사정에 대해서는 向井孝 『山鹿泰治 – 人과 그 生涯』[山鹿泰治 – 人とその生涯』]에 자세하다).

오스기 자신이 중국을 밟은 것은 죽기 1년 전인 1922년 말에 베를린의 국제 아나키스트대회에 참가하기 위하여 일본을 탈출한 도중의 일이었다. 다음 해 1월 상해를 떠날 때까지의 짧은 기간에 그가 돌아본 것은 AF(무정부주의자동맹)라는 조직이었다. AF는 같은 해 봄 광주에서 결성되었고, 그 뒤 상해에도 조직이 성립되었다. 야마가 다이지가 AF에 가입한 것은 이해의 여름이었다. 그러나, AF는 머지않아 해산 상태가 되었다. 이어 1923년 9월에 이르러 왕기王祺(思翁) 등이 광주에서 새로이 진사眞社를 발기하고, 기관지로 『뇌춘雷春』을 창간하였다. 마침 이때는 바로 오스기가 학살된 직후였다.

과연 『뇌춘』을 읽어보면, 학살에 항의하는 긴급기사가 몇몇 보인다. 즉, 10월 10일자의 창간호에는 9월 26일에 광주 아나키스트의 항의행동을 알리는 기사를 시작으로, 항의의 격문 2편, 이어서 오스기의 초상이 실렸으며, 오스기의 공적을 칭송하는 「오스기의 죽음[大杉的死]」이라는 제목의 문장이 실렸고, 마지막으로 「광주 오스기 사카에 추도준비회 광고」가 실려 현재 추도회가 준비중이라는 내용이 서술되어 있다.

『뇌춘』의 제2기(1923년 12월 10일)의 기사에 의하면, 광주에서 오스기 사카에 추도회는 10월 25일에 개최되었다. 그리고, 같은 호에 실린 상해의 동인同人(아나키스트—역자)에 의한 「동지 오스기 사카에 군을 조문하며(오스기 사카에 추도회를 위해 지음[爲大杉榮追悼會作])」에는 다음과 같이 기술되어 있다.

> 한 줄기의 광명이 동방의 음울한 운무를 뚫었다. 노예들은 깨어나기 시작하고, 악마의 종말은 곧 도래하려고 한다. 오스기 군은 어두운 밤에 횃불을 들고 적막한 가운데에서 함성을 지른 인사였다. 오스기 군은 죽었다. 그러나, 오스기 군이 세계무산계급을 위하여 이룬 사업은 영원히 사라지지 않고, 동방의 인민도 또한 영원히 오스기 군을 잊을 수 없을 것이다.

아무리 국제적 연대를 추구한 인사들이라고 하더라도 중국인이 근현대사를 통하여 이때만큼 일본 아나키스트의 죽음을 통절하게 추도한 일은 없었을 것이다. 당시 중국인 아나키스트는 오스기를 일본, 나아가 아시아 아나키즘운동의 상징으로 보았다. 그들이 오스기의 사상에 얼마만큼 정통하였는가는 확실하지 않다. 아니 이때에 그들에게 그와 같은 것은 그다지 큰 문제가 아니었을지도 모른다. 오스기의 삶, 그리고 오스기의 죽음이야말로 중국인의 마음을 사로잡았다고 생각된다.

『뇌춘』 제3기(1924년 5월 1일)에도 오스기에 관한 기사와 시가 여러 편 실렸다. 그 가운데에는 남경에서 오스기에게 바치는 시를 보낸 인물이 있었다. 「위대한 순교자[偉大的殉者]」라는 제목의 시는 비감芾甘이라고 서명이 되어 있었다. 그 첫 머리에는 다음과 같이 쓰여 있었다.

> 위대한 순교자여,
> 눈을 감았도다!
> 그대의 함성은 영원히 우리 가슴에 남아있고,
> 그대의 피로 물든 깃발은 우리 손에 있도다.
> 우리는 그 깃발을 들고, 자유의 길로 나아갈 것이로다!

이때 아직 20세도 안된 이 시의 작자야말로 뒤에 파김巴金이라는 이름으로 알려진 인물이다. 10대 무렵부터 아나키즘에 관심을 가진 그는 이때에 남경의 동남대학東南大學 부속중학에 재학하고 있었다. 그도 또한 오스기의 삶에 매료되었고, 그리고 그의 죽음에 격분한 인물 가운데 한 사람이었다.

2. 유사배의 고향을 방문하여

—묘지 탐방의 전말—

취미를 물을 경우에 "여행지에서 묘지를 찾는 일"이라고 답하면, 대부분의 사람들은 의아한 얼굴을 한다. 죽은 자가 묻힌 장소를 좋아하는 사람들은 거의 없기 때문에 색다른 취미를 가졌다고 생각해도 당연할지 모른다. 더욱이 "역사상의 인물 묘에 한정한다"고 말해도 납득하는 사람이 별로 많지 않다. "왜 묘를 찾는가?"라고 묻더라도 내 스스로가 이것 때문이라는 명확한 이유가 있을 리 없다. 하지만, 만일 적극적인 이유를 찾는다면 묘소에는 그 사람의 인생이 응축되어 있기 때문이라고 생각한다.

중국 사상가의 묘지를 처음 찾은 것은 학생 때에 홍콩에 유학하고 있던 무렵이었다. 분명히, 1980년 5월 상순쯤이었다고 생각된다. 유학 중간에 일본인에게 이끌려 홍콩섬의 남쪽 에버딘[香港仔] 부근의 중국인 묘지에 있다는 채원배의 무덤을 찾았다. 그곳은 광대한 부지의 묘지였음에도 불구하고 함께 간 동학同學은 미리 대략의 목표를 정해둔 것처럼 생각보다 간단하게 찾을 수 있었다.

그날, 채원배의 무덤 앞에는 많은 꽃으로 꾸며져 있었다. 살펴보니, 그 꽃들은 홍콩의 학생자치회가 마련한, 5·4운동을 기념한 것이라는 사실을 금새 알 수 있었다. 저 운동에서부터 수십 년이 지나도 채원배는 전투적 자유주의자로서의 면목을 잃어버리지 않았다. 묘소에 대한 대우를 보면서 필자는 그렇게 생각하였다.

이로부터 10년이 지난 1990년 여름, 필자는 항주杭州에 1개월 정도 머물 기회를 가졌다. 필자가 근무하는 대학의 학생들을 그곳 대학에서의 어학연수에 인솔하는 일이었다. 학생들은 아침을 먹은 뒤에 바로 수업하러 나갔지만, 독서를 제외하고는 특별히 해야 할 일도 없었던 필자는 시내관광으로 한가한 시간을 보냈다. 그래서 생각난 것이 시내 묘지의 순회였다. 관광지도를 펴보니 제법 저명한 인물의 묘가 여기저기 흩어져 있는 것을 알았다. 장병린, 추근, 서석린徐錫麟, 도성장 등의 묘지 소재는 바로 확인하여 신속히 찾았다. 그들은 모두 근대 중국의 저명한 혁명가 사상가로서 생전의 공적에 상응하는 형태로 묻혀 있는 것 같았다.

그러면, 아나키스트의 묘는 어떠한 형태로 남아있을까? 필자는 근대 중국의 아나키즘을 주된 연구대상으로 삼았고, 더욱이 항주에는 민국초의 저명한 아나키스트 유사복劉師復의 묘가 있다고 들었으므로, 반드시 보아야 한다고 생각하였다(마침 그 무렵 필자는 그의 저작을 읽기 시작하였다). 그러나, 시내의 관광지도에는 실려 있지 않았다. 애초에 아나키스트가 마르크스주의자에 의해 칭송될 리는 없기 때문에, 묘가 현존하지 않는다고 해도 이상하지 않다. 그렇지만, 묻혀있다고 한 장소를 확인하고 찾아가보니, 정말로 그 묘가 존재하고 있었기 때문에 놀라버린 기억이 있다. 그것도 누가 꽃을 장식할 리도 없어서, 묘비는 잡초가 무성하게 자란 가운데에 쓸쓸하게 우두커니 서 있었다. 필자는 여기에서 세간의 평가와 전혀 상관없는 아나키스트의 모습을 보았다고 생각하였다.

뒤에 대만에 갔을 즈음에 필자는 대북시臺北市 교외에 있는 이석증의 묘를 찾은 적이 있다. 이석증은 일찍이 파리에서 『신세기』라는 잡지를 창간하여 적극적으로 아나키즘을 선전한 인물이다. 말하자면, 그는 중국의 제1세대 아나키스트의 대표격이었다. 하지만, 그 뒤에 국민당 우파의 정객이 되어 장개석蔣開石의 반공정책反共政策을 지지하는 입장에 섰던 인물이기도하다. 그 자신은 일관하여 아나키스트로서의 자각을 유지하였지만, 필자가 본 그의 묘는 결국 국민당 원로로서의 최후를 보여주는 것 같았다.

그런데, 필자가 이 책에서 다룬 유사배의 묘지를 찾으려고 생각하기 시작한 것은 아주 오래 전의 일이었다. 이 책에서 서술한 것처럼, 기구한 운명을 지닌 인물이라면 도대체 어떻게 묻혀 있는지는 매우 흥미로운 일이다. 더욱이, 그는 북경에서 죽었다고 하지만, 진종범陳鐘凡의 「유선생행술 劉先生行述」이라는 문장에 "모년 월 일에 의징儀徵으로 돌아가 선영의 둔덕에 장사지냈다"라고 쓰여 있기 때문에, 만일 그 장소를 확인할 수 있다면 묘를 찾을 수 있지 않을까 하고 생각하였다. 다만, 묘지만을 탐방한다는 것은 돈과 여가에서 혜택 받지 못한 사람에게 쉽지 않은 일이어서 좀처럼 실현되지 못하였다.

그러한 생각을 한번 실행으로 옮기려고 마음을 정한 것은 1993년 3월경이었다. 우연히 학생 때의 동학 및 후배들과 상해·남경을 여행하려 계획한 것이 일의 시작이었다. 그렇다면, 조금만 더 일정을 넓혀 의징·양주까지 가보고자 하였던 것이다. 물론 말을 꺼낸 것은 필자였다. 유사배에 대한 연구에 대해서는 말할 나위도 없고 관심조차 없는 친구들로서는 틀림없이 당황하였지만, 선량한 그들은 필자와 행동을 같이할 것을 흔쾌히 허락하였다.

그러나 그렇게 말하였지만, 어떤 일도 인간관계를 중요하게 여기는 중국에서 뜻밖에 맞닥뜨린 현안이 쉽게 진행될 정도로 간단하지 않다는 것은 알고 있었다. 그렇게 할 수 있는 사람으로부터 소개장을 받아두는 것은 일을 부드럽게 진행하는 수단이다. 그래서 남경에 도착한 뒤에, 전에 일본에서 몇 번인가 동석한 적이 있다는 동행의 친구와 함께 남경대학南京大學 역사과 주임인 장헌문張憲文 교수를 만나 뵙고 필자의 계획을 상담하였다. 장교수는 재빨리 의징시 문화국文化局에 소개장을 써 주었기 때문에, 필자는 그것을 들고 의징 그리고 양주로 출발하였다.

효과적으로 남경에서 의징과 양주를 가는 데에는 역시 차를 전세 내는 것이 제일 좋을 방법이었다. "일본인은 돈에 대해 계산하지 않는다"고 생각하는 것이 싫었기 때문에, 역시 운전기사와는 운임에 대해 확실하게 교섭하는 일이 중요하였다. 하지만, 사정에 별로 정통하지 않은 사람들로서는 적당한 시세가 어느 정도인지를 잘 알지 못하였다. 우리 쪽에서는 가격을 낮추었지만 결국은 상대의 생각대로 되었는지도 모른다. 이런 것들을 생각하면서 우리 '묘지참배단' 일행은 차를 수배하여 용기를 내어 의징과 양주로 출발하였다.

의징의 시가지에 들어서 보니, 이제까지 누추한 농촌도시라고 생각한 것과 크게 달리 그곳은 현재 섬유를 중심으로 한 공업도시임을 알게 되었다. 신속히 문화국을 찾아서 장교수에게 받은 소개장을 보여주며 일의 순서를 알리자, 담당자가 나와서 설명해주었다. 그러나, 유사배의 묘는 의징에 없다고 하며 대략 다음과 같이 말하였다. "유사배의 묘는 한강현邗江縣 양수향揚壽鄉에 있었다. 그곳은 청말에서 민국초에 걸쳐 의징현에 속한 지역이었지만 뒤에 다시 구획 정리되어 한강에 배속되었다. 무덤 자체는 문혁시기文革時期에 파괴되어 버렸다. 그러나, 묘지墓誌(銘?)는 양주시 문화예술계 연합회에 틀림없이 소장되어 있다고 한다." 아쉽게도 이미 유사배의 묘는 존재하지 않을 가능성이 커졌다. 결국 그들도 잘 알지 못하다고 하며, 의징시 재정국에 근무하고 유사배 연구자이기도 한 만사국万仕國을 소개해 주었다. 어쩌면, 그럴듯하게 말을 돌리는가?……따위를 생각하면서도, 정신을 차리고 바로 재정국으로 향하였다.

아직 30대 중반 정도로 보이는 만사국은 주로 유사배의 고증학자적 측면에 관심을 가지고 있는 인물로, 유사배의 상세한 연보의 출판을 준비중이라고 말하였다. (『유사배연보劉師培年譜』는 만사국에 의해 광릉서국廣陵書局에서 2003년 출판되었다. －역자) 그의 말로는, 의징은 유사배의 본적지이지만, 그 자신은 여기에 산적이 없고 줄곧 양주에서 살았다는 것이다. 그럼에도 불구하고 그가 본적지를 강조한 것은 과거시험과 관계가 있었기 때문이다(아마도 유사배에게만 국한된 것이 아니라 많은 사람이 그러하였을 것이다). 거기에서, 최대의 관심사인 묘의 소재에 대해 물어보자, 50년대까지는 양주 서쪽 교외의 학가보탑郝家寶塔 부근에 있었다고 하는데, 그 이상은 알 수 없다고 한다.

만사국의 성실한 답변에 감사하면서도 별다른 수확이 없자, 묘지탐방여행도 여기에서 그만둘까 라고 생각하였다. 그런데, 그로부터 양주에는 유사배의 옛집이 남아있고, 친척이 살고 있으니 가보는 것이 어떤가라는 권유를 받았다. 이는 의외였다. 이제까지 묘지의 존재밖에 염두에 두지 않았기 때문에 옛집의 존재 여부 따위에는 전혀 생각이 미치지 않았다. 이미 묘를 찾을 희망이 거의 없을 가능성도 있었기 때문에, 예정을 변경하여 옛집을 방문하기로 하였다. 운이 좋으면 친척 일가를 만날 수도 있었기 때문이다.

다시 차를 타고 양주시내로 들어갔다. 만사국이 먼저 문물관리위원회文物管理委員會로 가서 소개를 부탁하는 편이 좋다고 말하였으므로, 먼저 그곳을 방문하였다. 담당자인 듯한 사람이 나와서 설명하는데, 자료에 관해서는 대학의 연구자에게 물어보는 편이 좋지만, 이번 우리의 방문은 정식절차를 밟지 않은 것이므로 아무 것도 보여 줄 수 없다고 말하였다. 우리의 묘지탐방은 처음에 계획적으로 시작되었지만, 도중에 뜻밖의 일을 마주치게 되었다. 그렇지만 들어야 할 내용은 들었다고 생각하고, 의징시 문화국의 인사가 말한 묘지의 존재를 물어보았지만, 그

양소운楊素雲 여사

와 같은 것은 없다고 말하였다. 이야기가 매우 달라 조금 실망하였다.

유사배의 옛집에 대해서는 흔쾌히 가르쳐주었다. 듣기로는, 가옥은 중일전쟁中日戰爭 시기에 일부를 개축하였기 때문에 유사배 시대의 집과 완전히 동일하지 않다고 하였다. 또한 작년(1992) 12월에 불이 났기 때문에, 일부가 소실되어 버렸다고도 알려주었다. 장소는 그리 멀지 않다고 말했기 때문에 바로 방문하기로 하였다. 갑작스런 방문자임에도 불구하고, 위원회에서는 특별히 우리를 안내하기 위하여 젊은 직원을 동행시켜 주었다(그렇지 않다면, 이상한 일행인 까닭에 멋대로 가버려 무슨 짓을 할지 알 수 없다고 생각하였던 것일까?).

문물관리위원회에서 도보로 약 10분 정도 간, 동권문이라는 이름의 거리에 유사배의 옛집이 있었다. 안내인이 여러 차례 문을 두드리자 잠시 뒤에 50대 중반 정도로 보이는 여성이 문을 열었다. 우리는 사정을 알리고 집안을 살펴보고자 하였다. 안으로 들어가자, 그곳에는 불탄 기둥과 서까래 등이 아직도 방치되어 있어 지난해 화재의 자취가 여전히 남아있었다. 가옥은 거리 전면에 바로 붙여 역디귿 자 모양으로 이루어졌는데, 그 일부(가장 안쪽 부분)는 정부에 의해 분할되어 별도의 번지가 되어 전혀 관계없는 사람이 살고 있었다. 하지만, 지금으로부터 90년 전에 필자가 지금 바로 서있는 이 공간에서 유사배가 생활하였다는 것

옛집, 불탄 흔적이 통렬하다

을 생각하자, 필자에게는 무엇인가 신기한 느낌이 들지 않을 수 없었다.

그런데, 문을 열어준 여성은 양소운楊素雲 이라는 분으로, 바로 유사배의 친척이었다. 듣건대, 그녀는 유사배 사촌형의 손녀에 해당된다고 한다. 어리석게도 확인하지 못하였지만, 조부는 종형제 가운데에서 가장 연장이었다고 하기 때문에, 1902년에 사고로 죽은 유사창의 손녀일 것이다(확실히 사창에게는 아들이 있었기 때문에 손녀라고 해도 이상하지 않다). 그녀 외에도 친척이 많은 듯했다. 그 가운데에는 무한武漢과 북경에서 대학에 근무하는 사람도 있다고 하였다. 또한 이야기에 의하면, 북경에 사는 친척(80대) 가운데에는 어릴 무렵에 유사배를 만났던 사람도 있다고 하는데, 만일 현재에도 살아있다면 귀중한 존재가 될 것이다.

필자는 친척이라면 알고 있을 것으로 생각하고 양소운 여사에게 묘지의 유무에 대해 물어 보았다. 그러자, 역시 만사국의 말대로 묘지는 학가보탑 부근에 있었지만, 그 뒤에 파괴되어 버렸다고 하였다. 친척의 말이므로 대부분 틀림없을 것이다. 문화혁명이라는 광란의 시대에는 봉건적 인습의 타파라는 명목 아래에 유명·무명을 막론하고 많은 사람의 묘가 파괴되었다고 한다. 그러므로, 그 가운데에 유사배의 무덤이 포함되어 있다고 하더라도 전혀 이상하지 않다. 유감스럽지만, 묘지가 현존하지 않는다는 사실은 여기에서 확정되어 버렸다. 내친 김에 유사배의 아내 하진과 관련된 일은 무엇이라도 아는 것이 없는가 하고 물어보았지만, 전혀 알지 못한다는 대답이었다. 앞서 방문한 만사국에 의하면, 친인척조차도 모두가 하진의 일에 대해 말하려고 하지 않았으므로 손자의 세대 쯤 되면 어떤 일도 모르는 것이 당연하다고 할지도 모른다.

여기까지 서술하여 정직하게 고백하지만, 당일의 필자는 유사배의 친척을 만난다는 사실 때문에 기분이 좋아서 충분하게 질문하지 못한 채 끝내버렸음을 깨달았다. 그 증거로 그 곳에서 썼던 노트를 펴보아도 체계적이지 못하고 단편적인 내용밖에 쓰여 있지 않았다. 모두 부끄럽다고밖에 할 수 없다. 우리로서는 예정에 없던 방문이었기 때문에 준비부족은 어쩔 수 없었다고 하더라도, 양소운 여사는 도대체 어떠한 기분으로 "유사배를 연구한다"는 갑작스런 이 방문자를 맞이하였을까?

결국 유사배의 묘지탐방여행은 옛집방문이라는 생각지도 못한 결과로 끝났다. 이제까지 찾은 그의 묘는 필자에게 '환영'에 지나지 않았을지도 모른다. 이로써 필자는 묘지 앞에 서서 그의 인생에 대해 생각에 잠길 수 없었다. 하지만, 필자는 정말이지 기복이 심한 그의 인생에 오히려 묘지 따위가 없는 편이 좋을지도 모른다고 생각하였다. 생애에 대한 칭찬이나 비방과 전혀 무관한 상태로 잠드는 것이야말로 유사배가 바라는 것이었을지도 모르기 때문이다.

3. 유사배 연표*

(특히 유사배 개인과 관련된 사항은 고딕체로 표기하였다)

○ 1884년(光緖 10년 甲申)

6월 24일 강소성江蘇省 양주揚州에서 출생(원적原籍은 의징儀徵), 아버지 귀증貴曾과 어머니 이여훤李汝諼의 장남.

8월 26일 청불전쟁淸佛戰爭이 시작되다.

○ 1885년(光緖 11년 乙酉) 1세

6월 9일 청조, 프랑스와 천진조약天津條約을 체결하다.

○ 1886년(光緖 12년 丙戌) 2세

7월 청조, 영국과 미얀마 조약을 조인하다.

○ 1887년(光緖 13년 丁亥) 3세

12월 1일 청조, 포르투칼에 마카오를 할양하다.

○ 1888년(光緖 14년 戊子) 4세

10월 강유위康有爲, 최초의 상서를 올리다.

---

* 万仕國의 『劉師培年譜』(廣陵書社, 揚州, 2003)를 참조하면 유사배에 관한 자세한 내용을 알 수 있다. －역자.

연말 「춘련春聯」을 지어 신동으로 일컬어지다.
이 해에 숙부 부증富曾, 향시鄕試에 합격하여 거인擧人이 되다.

○ 1889년(光緖 15년 己丑) 5세
3월 4일 광서제, 친정을 시작하다.
이 해에 아버지 귀증, 부공副貢이 되어 직예주주판直隸州州判이 되다.

○ 1890년(光緖 16년 庚寅) 6세
4월 장지동張之洞, 무창武昌에 양호서원兩湖書院을 창설하다.

○ 1891년(光緖 17년 辛卯) 7세
8월 강유위, 『신학위경고新學僞經考』를 발표하다.

○ 1892년(光緖 18년 壬辰) 8세
이 해에 숙부 현증顯曾, 진사進士가 되어 감숙도감찰어사甘肅道監察御史가 되다.

○ 1893년(光緖 19년 癸巳) 9세
11월 정관응鄭觀應, 『성세위언盛世危言』을 발표하다.

○ 1894년(光緖 20년 甲午) 10세
8월 1일 청일전쟁淸日戰爭이 발발하다.
11월 24일 호놀룰루에서 홍중회興中會가 성립되다.

○ 1895년(光緖 21년 乙未) 11세

2월 21일 홍콩에서 홍중회가 성립되다.

4월 17일 청일전쟁이 종결되고 시모노세키 조약이 조인되다.

5월 2일 강유위, 공거상서公車上書를 올려 변법자강變法自疆을 주창하다.

10월 26일 홍중회, 광주봉기廣州蜂起가 실패하다.

이 해에 사서오경의 독서를 마치고, 어머니에게 『모시정전毛詩鄭箋』 『이아爾雅』 『설문說文』 등을 배우다.

○ 1896년(光緒 22년 丙申) 12세

8월 9일 양계초梁啓超 등, 상해上海에서 『시무보時務報』를 창간하다.

○ 1897년(光緒 23년 丁酉) 13세

10월 26일 엄복嚴復 등, 천진天津에서 『국문보國聞報』를 창간하다.

○ 1898년(光緒 24년 戊戌) 14세

3월 아버지 귀증, 병사하다.

4월 12일 강유위, 북경에서 보국회保國會를 설립하다.

6월 11일 광서제, '명정국시明定國是'의 조칙을 내리다. 무술변법戊戌變法이 시작되다.

9월 21일 무술정변戊戌政變이 일어나 변법운동이 실패로 끝나다.

28일 담사동譚嗣同 등 '무술육군자戊戌六君子'가 처형되다.

12월 23일 양계초, 요코하마[橫濱]에서 『청의보淸議報』를 창간하다.

○ 1899년(光緒 25년 癸亥) 15세

6월 13일 강유위 양계초, 일본에서 보황회保皇會를 조직하다.
11월 16일 프랑스, 광주만廣州灣을 조차租借하다.

○ 1900년(光緖 26년 庚子) 16세
6월 10일 8개국 연합군, 북경으로 진격을 개시하다.
21일 청조, 열강에게 선전포고하다(의화단전쟁義和團戰爭).
8월 14일 8개국 연합군, 북경을 점령하다. 서태후西太后 광서제, 서안西安으로 피신하다.
10월 8일 홍중회, 혜주봉기惠州蜂起가 실패하다.

○ 1901년(光緖 27년 辛丑) 17세
1월 청조, 변법의 조칙을 반포하다.
9월 7일 청조, 11개국과 '신축조약辛丑條約(북경의정서北京議定書)'을 체결하다.
이 해에 양주부시揚州府試에 합격하여 수재秀才가 되다.

○ 1902년(光緖 28년 壬寅) 18세
2월 8일 양계초, 요코하마에서 『신민총보新民叢報』를 창간하다.
4월 26일 '지나망국이백사십이년기념회' 개최를 계획하였지만 실행하지 못하다.
27일 채원배蔡元培 등, 상해에서 중국교육회中國敎育會를 창설하다.
가을 남경南京에서 향시에 합격하여 거인이 되다. 사촌형 사창師蒼이 사배를 전송하는 도중에 사고로 죽다.
11월 16일 중국교육회, 상해에서 애국학사愛國學舍를 창설하다.

○ 1903년(光緖 29년 癸卯) 19세

3월 10일, 11일 『소보蘇報』에 「의징 유사배가 양주 인사와 이별하며 드리는 글[儀徵劉君師培留別揚州人士書]」을 발표하여 논단에 등장하다.

봄 개봉開封의 회시會試에 응시하였지만 불합격하다. 뒤에 상해로 가서 혁명파 인사들과 만나다.

4월 29일 도쿄에서 러시아의 동북침략에 항의하여 거아의용대拒俄義勇隊가 결성되다(뒤에 군국민교육회軍國民敎育會로 개칭).

5월 추용鄒容의 『혁명군』, 상해 대동서국大同書局에서 출판되다.

6월 29～ '소보사건'이 발생하다. 추용, 장병린 등이 체포 투옥되다.

8월 7일 장사교章士釗 등, 상해에서 『국민일일보國民日日報』를 창간하다.

11월 4일 장사長沙에서 화흥회華興會가 성립되다.

12월 15일 대아동지회對俄同志會, 상해에서 『아사경문俄事警聞』을 창간하다.

이 해 이름을 광한光漢으로 고치다.

○ 1904년(光緖 30년 甲辰) 20세

2월 26일 『아사경문』, 『경종일보警鐘日報』로 개명하다.

6월 양주에서 하반何班(뒤에 하진何震으로 개명)과 결혼하다.

11월 만복화萬福華에 의한 왕지춘王之春 암살미수사건에 관계하다.

이 달 상해에서 광복회光復會가 성립되다. 채원배의 소개로 회원이 되다.

○ 1905년(光緖 31년 乙巳) 21세

2월 23일 국학보존회國學保存會, 상해에서 『국수학보國粹學報』를 창간하다.

3월 25일 『경종일보』가 발매 금지되고, 체포영장이 발부되었기 때문에 가흥嘉興으로 도피하다.

8월 20일 도쿄東京에서 중국동맹회中國同盟會가 성립되다.

9월 2일 청조, 과거를 폐지하다.

24일 오월吳樾, 북경에서 오적대신의 암살을 기도하다 폭사暴死하다.

11월 26일 중국동맹회의 기관지 『민보民報』가 창간되다.

연말 무호蕪湖로 가 김소보金少甫라는 가명으로 안휘공학安徽公學의 교원이 되다.

○ 1906년(光緖 32년 丙午) 22세

6월 29일 장병린, 출옥하여 일본으로 직행하다.

여름 환강중학皖江中學의 교원이 되다.

○ 1907년(光緖 33년 丁未) 23세

2월 어머니 이여훤李汝諼, 아내 하진何震, 처가 동생 왕공권汪公權과 함께 일본으로 건너가 동맹회同盟會에 가입하다. 이후 『민보』에 기사를 집필하는 동시에 동맹회 개조改組를 제안하다.

4월 장병린 등과 아주화친회亞洲和親會를 결성하다.

5월 22일 동맹회, 조주황강봉기潮州黃岡蜂起가 실패하다.

6월 2일 동맹회, 혜주칠녀호봉기惠州七女湖蜂起가 실패하다. 동맹회에는 반손문反孫文의 기운이 고조되다.

10일 여자복권회女子復權會의 기관지로서 『천의天義』를 창간하다.

20일 이석증李石曾 오치휘吳稚暉 등, 파리에서 『신세기新世紀』를 창간하고 아나키즘을 선전하다.

이 달 사회주의강습회社會主義講習會가 발기되다.

8월 31일 장계張繼 등과 사회주의강습회를 조직하다.

12월 2일 동맹회, 진남관봉기鎭南關蜂起가 실패하다.

겨울 하진과 함께 일시 귀국하다(이 사이에 단방端方과 접촉?).

○ 1908년(光緒 34년 戊申) 24세

1월 17일 일본인 사회주의자에 의한 금요회옥상연설사건金曜會屋上演說事件이 일어나다.

2월 장계, 일본을 탈출하여 파리로 가다.

이 달 도쿄로 돌아가다.

3월 30일 사회주의강습회, 제민사齊民社로 개칭하다.

4월 6일 에스페란토강습회를 개시하다.

28일 『천의』가 정간되고, 『형보衡報』를 창간하다.

6월 하진, 일시 귀국하다.

10월 10일 『형보』가 발매금지되다.

19일 『민보』가 정간되다.

31일 하진과 함께 도쿄를 떠나 귀국 길에 오르다.

11월 14일 광서제, 서거하다(다음 날 서태후도 서거하다).

30일 '민보사독차사건民報社毒茶事件'이 발생하다.

12월 2일 선통제宣統帝, 즉위하다.

연말 '장공張恭의 옥'이 일어나다(다음 해 여름이라는 설도 있다).

○ 1909년(宣統 元年 己酉) 25세

8월 상해에서 남경으로 옮겨 단방의 막하로 들어가다(양강독서문안兩江督署文案, 삼강사범학당三江師範學堂 교원教員의 직책에 임명되다).

9~10월 장병린 도성장 등, 『위민보검거상僞民報檢擧狀』『손문죄상孫文罪狀』을 각지에 배포하여 손문을 공격하다.

11월 13일 유아자柳亞子 진거병陳去病 등, 소주蘇州에서 남사南社를 조직하다.

○ 1910년(宣統 2년 庚戌) 26세

연초에 직예총독直隷總督이 된 단방을 따라서 북상하다(직예독원문안直隷督轅文案·학부자의관學部諮議官 등의 직책에 임명되다).

2월 12일 광주廣州에서 신군新軍이 봉기하다(다음 날 진압되다).

이 달 광복회光復會 도쿄총부東京總部가 성립되다(회장 장병린章炳麟, 부회장 도성장陶成章).

봄 딸(이름은 경熲)이 태어나다(곧바로 병사하다).

10월 3일 청조, 자정원資政院을 개설하다.

○ 1911년(宣統 3년 辛亥) 27세

4월 27일 동맹회, 황화강봉기黃花崗蜂起가 실패하다.

5월 9일 청조, 철도국유화정책을 공포하다.

6월 17일 사천성四川省에서 보로동지회保路同志會가 성립되다.

9월 천한철로독판川漢鐵路督辦이 된 단방을 따라 사천으로 들어가다.

10월 10일 무창봉기武昌蜂起가 발발하다. 다음 날 호북군정부湖北軍政府가 성립되다. 이후 각성에서 봉기가 일어나 군정부가 성립되다.

11월 1일 청조, 원세개袁世凱를 내각총리대신內閣總理大臣에 임명하다.

5일 강항호江亢虎, 상해에서 중국사회당中國社會黨을 조직하다.

27일 성도成都가 독립하다. 단방, 자주資州에서 살해되다.

12월 1일 장병린, 『민국보民國報』에 유사배를 찾는 '선언'을 발표하다.

18일 상해에서 남북화의南北和議 교섭이 시작되다.

29일 각성 대표, 손문을 중화민국임시대총통中華民國臨時大總統으로 추대하다.

○ 1912년(民國 元年 壬子) 28세

1월 1일 손문 남경에서 중화민국임시대총통의 취임을 선서하고, 중화민국의 성립을 선언하다

11일~ 장병린 채원배, 『대공화보大共和報』에 유사배의 수색기사를 게재하다.

이 달 체포되었다가 석방되어 성도成都로 옮기고, 사천국학원四川國學院의 교원이 되다.

2월 12일 선통제宣統帝가 퇴위退位하다.

하순 이석증, 오치휘 등, 상해에서 진덕회進德會를 결성하다.

3월 10일 원세개, 임시대총통에 취임하다.

11일 「중화민국임시약법中華民國臨時約法」이 반포되다.

5월 9일 공화당共和黨이 성립되다(이사장, 여원홍黎元洪).

이 달 유사복劉師復, 광주에서 회명학사晦鳴學舍를 조직하다.

8월 20일 유사복, 아나키즘 선전지 『회명록晦鳴錄』(뒤에 『민성民聲』으로 개칭)을 창간하다.

25일 국민당國民黨이 성립되다(이사장 손문孫文).

11월 북경에서 『중국학보中國學報』가 창간되다.

12월 22일 사촌형인 사신師愼, 국가의 다난多難을 탄식하며 자살하다.

○ 1913년(民國 2년 癸丑) 29세

2월 4일 중의원衆議院 참의원參議院 선거에서 국민당이 제1당이 되다.

3월 22일 송교인宋敎仁, 원세개의 자객에 의해 암살되다.

4월 26일 원세개 정부, 5개국 은행단과 「선후대차관협정善後大借款協定」에 조인하다.

6월 맞이하러 온 하진과 함께 산서성山西省 태원太原으로 이사하여 염석산閻錫山의 도독부고문都督府顧問이 되다.

7월 12일 제2혁명이 발발하다(～9월 12일).

10월 6일 원세개, 정식으로 중화민국대총통에 취임하다.

11월 4일 원세개, 국민당에 해산을 명하다.

이 해 『국고구침國故鉤沈』을 창간하다.

○ 1914년(民國 3년 甲寅) 30세

1월 10일 원세개, 국회해산령을 반포하고 양원 의원의 직무를 정지하다.

5월 1일 원세개, 「중화민국약법中華民國約法」을 반포하다(「임시약법臨時約法」폐지).

10일 장사교, 도쿄에서 『갑인甲寅』을 창간하다.

26일 원세개, 참정원參政院을 설립하다.

7월 8일 도쿄에서 중화혁명당中華革命黨이 성립되다.

12월 29일 원세개, 종신 총통을 가능하게 하는 「수정대총통선거법修正大總統選擧法)」을 공포하다.

이 해 염석산으로부터 원세개에 소개되어 공부자의公府諮議가 되다.

○ 1915년(民國 4년 乙卯) 31세

3월 27일 유사복, 상해에서 죽다.

5월 9일 원세개, 일본의 「21개조 요구」를 수락하다.

8월 10일 프랭크 굿나우, 「공화와 군주론[共和與君主論]」을 발표하다.

23일 주안회籌安會가 성립되다(이사理事에 취임).

9월 15일 상해에서 『청년잡지靑年雜誌』가 창간되다(다음 해에 『신청년新靑年』으로 개칭).

10월 23일 원세개에 의해 참정원參政院 참정參政에 임명되다.

11월 상대부上大夫가 되다.

12월 12일 참정원, 원세개를 황제로 추대하다.

25일 당계요唐繼堯 등, 호국군護國軍을 조직하여 토원討袁을 주장하다(제3혁명).

이 해에 교육부 편심編審에 임명되다.

○ 1916년(民國 5년 丙申) 32세

1월 강보충康寶忠 등과 『중국학보中國學報』를 다시 간행하다(～5월).

3월 22일 원세개, 제제帝制 취소를 선언하다.

6월 6일 원세개, 북경에서 병사하다.

이 달 천진天津의 조계租界에 몸을 숨기다.

7월 14일 제제 주모자의 체포를 명하는 「징변화수령懲辨禍首令」이 발표되다(유사배는 포함되지 않다).

8월 1일 북경北京에서 국회가 부활되다.

12월 26일 채원배, 북경대학교 총장에 임명되다.

○ 1917년(民國 6년 丁巳) 33세

1월 1일 호적胡適, 『신청년』에 「문학개량추의文學改良芻議」를 발표하다.

7월 1일 장훈張勳의 복벽復辟(12일에 실패하다)

9월 10일 손문, 광주廣州에서 군정부대원수軍政府大元帥에 취임하다(호법군정부護法軍政府가 성립되다).

이 해 채원배에 의해 북경대학교 중국문학 교수로 초빙되다.

○ 1918년(民國 7년 戊午) 34세

5월 15일 노신魯迅, 『신청년』에 「광인일기狂人日記」를 발표하다.

28일 진덕회進德會가 재결성되자 회원[評會員]이 되다.

10월 15일 이대교李大釗, 『신청년』에 「서민의 승리」 「볼세비즘의 승리」를 발표하다.

12월 22일 진독수, 이대교 등, 북경에서 『매주평론每周評論』을 창간하다.

○ 1919년(民國 8년 己未) 35세

1월 26일 북경대학에 국고사國故社를 조직하고, 『국고國故』를 창간하다(3월~).

2월 20일 상해에서 남북평화회의南北平和會義가 열리다.

5월 4일 5·4운동五四運動이 발발하다.

6월 3일 상해에서 대규모적인 파업이 발생하다.

7월 1일 북경에서 소년중국학회少年中國學會가 성립되다.

20일 '문제問題와 주의主義'의 논쟁이 일어나다.

10월 10일 손문, 중화혁명당中華革命黨을 중국국민당中國國民黨으로 개칭·개조하다.

11월 20일 북경에서 병사하다.

○ 1936년(民國 25년 丙子)

이 해에 『유신숙선생유서劉申叔先生遺書』가 간행되다.

주요참고문헌

【일문】

有田和夫,『清末意識構造の研究』, 汲古書院, 東京, 1984.
大島義夫·宮本正男,『反體制エスペラント運動史』, 三省堂, 東京, 1987.
大谷敏夫,『清代政治思想史研究』, 汲古書院, 東京, 1991.
小島祐馬,「劉師培の學」,『中國の社會思想』, 築摩書房, 東京, 1967.
小野川秀美, 「劉師培と無政府主義」, 『清末政治思想研究』, みすず書房, 東京, 1969.
梶村秀樹,「亞洲和親會をめぐって」,『アジアの胎動』1, 2, 1974, 4월, 7월.
河田悌一,「清末の戴震像－劉師培の場合－」,『森三喜三郎博士頌壽記念東洋學論叢』, 朋友書店, 京都, 1979.
北一輝,『支那革命外史』,『北一輝著作集』2, みすず書房, 東京, 1959.
景梅九,『留日回顧 一中國アナキストの半生』, 平凡社, 東京, 1966.
小島晋治,「中國人最初の日本帝國主義批判－劉師培「亞洲現勢論」－」,『アジアからみた近代日本』, 亞紀書房, 1978.
坂本清馬,「我觀中國」7, 中國の會 編,『中國』76, 1970, 3.
島田虔次,『中國革命の先驅者たち』, 築摩書房, 東京, 1965.
孫伯醇,『ある中國人の回想』, 東京美術, 東京, 1969.
高杉一郎,「日中エスペラント交流史の試み」,『文學』34-3, 1966, 2.
竹內善朔,「明治末期における中日革命運動の交流」,『中國研究』5, 1948, 9.
玉川信明,『中國アナキズムの影』, 三一書房, 1974.
________,『中國の黑い旗』, 晶文社, 東京, 1981.

陳舜臣,『中國歷史の旅』, 東方書店, 東京, 1981.
湯志鈞 著, 兒野道子 譯,『近代中國の革命思想と日本－湯志鈞論文集－』, 日本經濟評論社, 1986.
富田昇,「劉師培變節問題の再檢討」,『論集(人間·言語·情報)』[東北學院大學] 98, 1990, 12.
______,「社會主義講習會と亞洲和親會－明治末期における日中知識人の交流－」,『集刊東洋學』64, 1990.
中村哲夫,「華興會と光復會の成立過程」,『史林』55-2, 1972, 3.
永井算巳,「社會主義講習會と政聞社」,『中國近代政治史論叢』, 汲古書院, 東京, 1983.
狹間直樹,「幸德秋水の第一會社會主義講習會における演說について」,『鷹陵史學』[佛教大學] 1號, 1975, 3.
丸山松幸,『五四運動－その思想史』, 紀伊國屋書店, 東京, 1969.
________,「淸末無政府主義と傳統思想」,『中國近代の革命思想』, 研文出版, 東京, 1982.
________,「劉師培略傳」, 同上.
宮本正男,『大杉榮とエスペラント運動』, 黑色戰線社, 1988.
森時彥,「民族主義と無政府主義－國學の徒, 劉師培の革命論－」, 小野川秀美 島田虔次 編,『辛亥革命の研究』, 筑摩書房, 東京, 1978.
梁啓超, (小野和子 譯),『淸代學術概論』, 平凡社, 東京, 1974.

西順藏·島田虔次 編,『淸末民國初政治評論集』, 中國古典文學大系 58, 平凡社, 東京, 1971.
西順藏 編,『原典中國近代思想史』 第3册, 岩波書店, 東京, 1977.
山田慶兒 編,『中國革命』, 現代革命の思想 3, 筑摩書房, 東京, 1970.
「社會主義講習會關係資料 (外務省保管記錄文書)」, 坂井洋史·嵯峨隆 編,『原典中國アナキズム史料集成』9, 綠蔭書房, 東京, 1994 수록.

【중문】

『袁世凱竊國記』, 臺灣中華書局, 臺北, 1954.
袁英光·仲偉民, 「劉師培與『中國歷史教科書』研究」, 『華東師範大學學報』, 1988-4.
王凌, 「有關劉師培一則早期反淸史料」, 『歷史檔案』, 1983-3.
汪東, 「同盟會和『民報』片斷回憶」, 中國人民政治協商會議全國委員會文史資料硏究委員會編, 『辛亥革命回憶錄』 6, 文史資料出版社, 北京, 1981.
何若鈞, 「論劉師培政治思想演變」, 『華南師範大學學報』, 1983-2.
姜義華, 「論近代中國的小資產階級社會主義」, 『復旦學報』, 1980-1.
經盛鴻, 「論劉師培的無政府主義思想」, 『南京大學學報』, 1986-3.
經盛鴻, 「論劉師培的前期思想發展」, 『徐州師範學院學報』, 1988-2.
胡楚生, 「劉師培『攘書』硏究」, 『淸代學術史硏究』 續編, 臺灣學生書局, 臺北, 1994.
吳雁南, 「劉師培與『中國民約精義』」, 『歷史知識』, 1981-4.
______, 「劉師培的無政府主義」, 『貴州社會科學』, 1981-5.
左舜生, 『黃興傳記』, 傳記文學出版社, 臺北, 1968.
朱維錚, 「劉師培··一箇“不變”與“善變”的人物」, 『書林』, 1989-2.
朱務本, 「亞洲和親會的作用, 局限及其作用」, 『華中師範大學學報』, 1989-3.
周佳榮, 『蘇報與淸末政治思潮』, 昭明出版社, 香港, 1979.
周新國, 「試析1903～1908年劉師培的政治思想」, 『江海學刊』, 1989-1.
徐善廣·柳劍平, 『中國無政府主義史』, 湖北人民出版社, 武漢, 1989.
章士釗, 「論近代詩家」, 『江海學刊』, 1985-3.
蔣俊, 「辛亥革命前有關無政府主義的書刊資料評述」, 『中國哲學』 13, 人民出版社, 1985.
蔣俊·李興芝, 『中國近代的無政府主義思潮』, 山東人民出版社, 濟南, 1991.

張舜徽,『淸代揚州學記』, 上海人民出版社, 1962.
陳奇,「劉師培的經學與資產階級民族主義宣傳」,『貴州師大學報』 社會科學版, 1987-2.
陳敬,『無政府主義在中國』, 湖南人民出版社, 長沙, 1984.
丁守和 編,『辛亥革命時期期刊介紹』, 人民出版社, 北京, 1982.
陶菊隱,『籌安會"六君子"傳』, 中華書局, 北京, 1981.
湯庭芬,『中國無政府主義硏究』, 法律出版社, 1991.
南桂馨,「山西辛亥革命前後的回憶」,『辛亥革命回憶錄』 5.
馬叙倫,『我在六十歲以前』, 生活·讀書·新知三聯書店, 北京, 1947.
萬易, 「從"叛徒"的革命到革命的叛徒－劉師培政治思想轉變原因初探」, 淸代揚州學派討論會論文, 1987.
馮永敏,『劉師培及其文學硏究』, 文史哲出版社, 臺北, 1992.
馮自由,『中華民國開國前革命史』 1, 世界書局, 臺北 1954.
______,「記劉光漢變節始末」,『革命逸史』 2, 臺灣商務印書館, 臺北, 1969.
______,「劉光漢事略補述」,『革命逸史』 3.
曼華,「同盟會時代民報始末記」, 羅家倫 主編,『革命文獻』 2, 中央文物供應社, 臺北, 1978.
李妙根,「論辛亥前後劉師培的政治思想」,『求是學刊』, 1983-4.
劉成禺,『洪憲紀事詩本事簿注』, 文海出版社, 臺北, 1966.
路哲,『中國無政府主義史稿』, 福建人民出版社, 福州, 1990.

『劉申叔先生遺書』, 寧武南氏鉛印本, 1936. 影印本, 華世出版, 臺北, 1975. (또한 이 책에는 錢玄同「左盦年表」, 同「左盦著述繫年」, 陳鐘凡「劉先生行述」, 劉富曾「亡姪師培墓誌銘」, 尹炎武「劉師培外傳」, 蔡元培「劉君申叔事略」 등이 포함되어 있다)
葛懋春·蔣俊·李興之 編,『無政府主義思想資料選』, 北京大學出版社, 1984.
張枬·王忍之 編,『辛亥革命前十年間時論選集』, 生活·讀書·新知三聯書店,北京, 1960.
楊天石 編, 「"社會主義講習會"資料」, 『中國哲學』 1, 1979.
________, 「"社會主義講習會"資料(續)」, 『中國哲學』 9, 1983.
『俄事警聞』, 影印版, 中央文物供應社, 臺北, 1968.
『警鐘日報』, 影印版, 中央文物供應社, 臺北, 1968.
『衡報』, 影印版, 『原典中國アナキズム史料集成』 7, 1994, 수록.
『國民日日報』, 影印版, 中央文物供應社, 臺北, 1968.
『蘇報』, 影印版, 中央文物供應社, 臺北, 1968.
______, 影印版, 臺灣學生書局, 臺北, 1969.
『天義』, 影印版, 『中國初期社會主義文獻集·2』, 大安, 1966.
『民報』, 影印版, 中央文物供應社, 臺北, 1969.

【영문】

Chou Tse-tsung, *The May Fourth Movement, Intellectual Revolution in Modern China*, Stanford University Press, Stanford, 1967.
Martin Bernal, "The Triumph of anarchism over Marxism, 1906～1907", Mary Clabaugh Wright (ed.), *China in Revolution*, Yale University Press, New Haven and London, 1968.
__________, "Liu shih-p'ei and National Essence", Charlotte Furth (ed.), *The Limits of Change*, Harvard University Press, Cambridge, 1976.
__________, *Chinese Socialism to 1907*, Cornell University Press, Ithaca, 1976.
D. W. Y. Kwok, "Anarchism and Traditionalism: Liu shih-p'ei", 『中國文化研究所學報』, [香港中文大學] 4-2, 1971, 12.
Robert A. Scalapino and george T. Yu, *The Chinese Anarchist Movement*, University of California, Berkley, 1961(丸山松幸 譯, 『中國のアナキズム運動』, 紀伊國屋書店, 東京, 1970).

부장 1. 일본인과 중국 아나키즘의 참고문헌
(본론에서 거론한 것은 제외함)

石母田正,「幸德秋水と中國—民族と愛國心の問題について—」,『石母田正著作集』 제15권, 岩波書店, 東京, 1990.

煙山專太郞,『近世無政府主義』, 復刻板, 明治文獻, 東京, 1965.

幸德秋水全集編集委員會編,『幸德秋水全集』, 日本圖書センター, 東京, 1982.

中村哲夫,「煙山專太郞『近世無政府主義』の辛亥革命に及ぼした影響について」, 辛亥革命七十周年記念東京國際學術會議資料.

向井孝,『山鹿泰治—人とその生涯—』, 自由思想社, 東京, 1984.

姜義華,『社會主義學說在中國的初期傳播』, 復旦大學出版社, 上海, 1984.

蔣俊,「辛亥革命前有關無政府主義的書簡資料評述」,『中國哲學』13, 人民出版社, 北京, 1985.

楊孝臣,「幸德秋水與中國革命」, 東北地區中日關係史硏究會編,『中日關係史論叢』 제1집, 長春, 1982.

『民聲』, 原本復刻板, 朋友書店, 京都, 1992.

후기

유사배라는 이름을 알고 난 뒤 벌써 이럭저럭 20년 가까이 된다. 대학원에 들어간 무렵, 마루야마 마츠유키[丸山松幸]와 오노가와 히데미[小野川秀美], 나아가 마틴 버날 등의 논고를 읽고 그의 생애와 사상의 일단을 알았지만, 정직하게 말하면 유사배에 대한 최초의 인상은 "전혀 일관성이 없는 인간인 것 같다"라는 정도에 지나지 않았다. 그러나, 아무리 필자와 같은 단순한 두뇌의 소유자라고해도, 그의 사상이 지닌 의의나 중요성을 알기까지는 그다지 시간이 걸리지 않았다. 그래서 필자는 의심 없이 그의 사상을 석사학위논문의 주제로 선정하였다.

그러나, 막상 연구대상으로 선정하고 보니, 이것은 꽤 만만치 않은 상대로 보통이 아니라는 것을 알았다. 우선, 이 책에서도 서술한 대로 유사배는 민족혁명가·아나키스트·제제부활론자이기 이전에 고전학자였다. 그와 같은 인간으로서 정치적 입장의 변화는 모두 어떠한 의미를 지닐까? 그의 사상 본질은 일체 무엇이었을까? 이것들은 모두 쉽게 설명할 수 없는 어려운 문제였다. 점차 필자는 사상의 미로 가운데로 빠져드는 것 같은 느낌을 지녔다. 그리고, 유사배가 짊어진 전통사상의 심오함을 알면 알수록 스스로 지식의 미숙함을 뼈저리게 느꼈다. 때로 필자는 유소년 시대의 유사배에게도 미치지 못한 것은 아닌가 하고 생각하기조차 하였다.

고투의 나날을 거치면서 어떻게 석사논문을 마치고 박사과정에 진학한 뒤에는 그 일부를 정리하여 학회지에 실을 기회가 있었다(지금 생각하면, 완전히 식은땀을 흘렸다고 할 수밖에 없다). 그 뒤에 유사배에 관한 여러 편의 논문을 대학의 기요 등에 발표하였지만, 연구의 대상은 점차 이석증·오치휘·유사복이라는 다른 사상가로 옮겨갔다. 필자에게는 신해혁명시기 아나키즘의 전체상을 정리한다는 바람이 있었기 때문에 유사배에게만 머물러 있을 수가 없었다. 그러나, 몇몇 아나키스트 사상을 살펴보아도 각자의 개성은 느낄 수 있지만, 유사배처럼 '상궤常軌를 일탈한' 사상가는 여태까지도 만날 수 없었다.

이제까지의 연구를 간신히 마무리 지은 것은 1993년이었다. 학위청구논문을 제출하고, 슬슬 새로운 연구로 나아가려고 생각하였지만, 아무래도 유사배라는 인물이 마음에 걸려 견딜 수 없었다. 이제까지 학위논문과 직접 관련되지 않았지만, 그에 관한 일은 끊임없이 밝히고 조사하려 한 것이었으므로, 자료는 적지 않게 모아놓았다. 그리고, 앞에서 서술한 것처럼 '묘지탐사여행'을 마친 뒤에, 필자는 어떻게 해서라도 유사배의 생애를 정리해야겠다고 생각하였다. 이것이 이 책을 집필한 동기이다.

이 책은 학위논문인 『근대 중국 아나키즘의 연구』(硏文出版)의 제3장 「문화적 보수주의자의 혁명환영 – 유사배 –」를 확대하여 쓴 것이다. 이 책의 집필에는 학문적 실증성을 기반으로 하면서도 가능한 한 평이하게 표현하도록 노력하였다. 이 책이 과연 평전評傳으로서 성공할 수 있을지의 여부는 필자로서 조금도 마음을 놓을 수 없지만, 지금 이렇게 집필을 마치고 보니 필자가 연구생활의 출발점에 남겨둔 것을 겨우 마친 느낌이 든다. 물론, 내용에 관해서는 아직 충분하지 못한 부분이 몇몇 있다고 생각한다. 이 책을 읽는 분은 이미 알아차렸다고 생각하는데, 필자는 여기에서 유사배의 학술적 업적에 대해 거의 공간을 할애하지 못하였다. 이는 그의 고전연구자로서의 측면이 중요하지 않다는 말이 아니라 마침 필자가 전문으로 하는 분야가 정치사 및 정치사상사라는 이유에 의한 것이다. 이 분야에 관심을 가진 독자에게는 단지 너그러이 용서를 비는 동시에 이후 고전연구를 전문으로 하는 분들로부터 가르침을 받으면 다행이라고 생각하는 바이다.

이 책이 이러한 형태로 출판하기까지는 많은 분들의 지도와 가르침을 받았다. 학생시대의 지도교수인 야마다 다츠오[山田辰雄] 선생(慶應義塾大學 法學部 教授)으로부터는 이 책을 집필하면서 따뜻한 격려를 받았다. 또한, 유사배 가계도家系圖의 작성에는 의징시儀徵市 재정국財政局의 만사국万仕國 씨에게 가르침을 받았다. 이 자리를 빌려 감사를 표한다. 이외에도 일일이 이름을 기술하지 않았지만, 여러 선배님들과 함께 동학들로부터는 연구회 등의 자리에서 항상 귀중한 의견을 들었다. 또한, 시즈오카 현립대학[靜岡縣立大學]의 동료들로부터는 전문·비전문의 다양한 분야에 걸쳐 충고를 받았다. 모두 감사의 말씀을 올린다.

마지막으로 전저前著에 이어 본서를 출판하면서 세밀한 점에 이르기까지 배려하고 격려해주신 야마모토 미노루[山本實]에게도 최대한의 사의를 표하지 않으면 안 된다. "출판해보시지요"라는 야마모토의 한 마디가 없었다면, 이 책이 연문선서硏文選書에 들 수 없었을 것이다.

1996년 1월 다니다[谷田]의 연구실에서

사가 다카시[嵯峨 隆]

찾아보기

ㄱ

ㄴ

ㄷ

ㄹ

ㅁ

ㅊ

ㅌ

ㅍ

ㅎ